四川省哲学社会科学研究"十四五"规划2022年度课题
"成渝地区双城经济圈建设"重大项目
"成渝地区双城经济圈农业高质量一体化发展研究"
（项目编号：SC22ZDCY01）

成渝地区双城经济圈
农业高质量一体化发展研究

杨继瑞 / 等著

西南财经大学出版社

中国·成都

图书在版编目(CIP)数据

成渝地区双城经济圈农业高质量一体化发展研究/杨继瑞等著.--成都:西南财经大学出版社,2024.12.--ISBN 978-7-5504-6534-3

Ⅰ.F327.71

中国国家版本馆 CIP 数据核字第 2025LD8197 号

成渝地区双城经济圈农业高质量一体化发展研究

CHENGYUDIQU SHUANGCHENGJINGJIQUAN NONGYE GAOZHILIANG YITIHUA FAZHAN YANJIU

杨继瑞　等著

责任编辑:王利
责任校对:植苗
封面设计:墨创文化
责任印制:朱曼丽

出版发行	西南财经大学出版社(四川省成都市光华村街55号)
网　　址	http://cbs.swufe.edu.cn
电子邮件	bookcj@swufe.edu.cn
邮政编码	610074
电　　话	028-87353785
照　　排	四川胜翔数码印务设计有限公司
印　　刷	四川煤田地质制图印务有限责任公司
成品尺寸	170 mm×240 mm
印　　张	16.75
字　　数	281 千字
版　　次	2024 年 12 月第 1 版
印　　次	2024 年 12 月第 1 次印刷
书　　号	ISBN 978-7-5504-6534-3
定　　价	88.00 元

《成渝地区双城经济圈农业高质量一体化发展研究》专著撰写组成员名单

撰 写 组 组 长：杨继瑞

撰写组副组长：罗志高　黄　潇

撰 写 组 成 员（按姓氏笔画排列）：

王　平　付　莎　白佳飞

杜　晓　余玉湖　袁免涛

耿颖强　韩宏文　曾　蓼

前言

　　习近平总书记亲自谋划、部署和推动了成渝地区双城经济圈①建设。2020 年 1 月，习近平总书记主持召开中央财经委员会第六次会议时强调："要推动成渝地区双城经济圈建设，在西部形成高质量发展的重要增长极。"② 2023 年 7 月，习近平总书记在四川考察时强调："要坚持'川渝一盘棋'，加强成渝区域协同发展，构筑向西开放战略高地和参与国际竞争新基地，尽快成为带动西部高质量发展的重要增长极和新的动力源。"③ 2024 年 4 月，习近平总书记在重庆考察时强调，重庆、四川两地要紧密合作，不断提升发展能级，共同唱好新时代西部"双城记"。重庆市把成渝地区双城经济圈建设作为市委"一号工程"和全市工作总抓手总牵引，四川省将成渝地区双城经济圈建设作为全面建设社会主义现代化四川的总牵引。树牢"一盘棋"思维、坚持一体化推进，川、渝两地协同联动、上下贯通、条块结合、点面并重，不断推动成渝地区双城经济圈建设走深走实。

---

　　① 成渝地区双城经济圈涵盖了四川省和重庆市的 42 个城区，并不单指成都市市区和重庆市市区。具体参见中共中央、国务院印发的《成渝地区双城经济圈建设规划纲要》等中央有关文件。因此，本书将混用"成渝"和"川渝"概念。成渝地区双城经济圈建设规划的具体内容可以参见：https://www.gov.cn/zhengce/2021-10/21/content_5643875.htm.
　　② 中共四川省委关于深入贯彻习近平总书记重要讲话精神 加快推动成渝地区双城经济圈建设的决定（2020 年 7 月 10 日中国共产党四川省第十一届委员会第七次全体会议通过）[EB/OL]. http://sc.china.com.cn/index.php？a=show_wap&catid=931&id=376760&m=wap&siteid=1.
　　③ 王斌来，姜峰，吴丹. 高质量发展调研行 | 成渝地区双城经济圈建设迈出新步伐 [N/OL]. https://www.gov.cn/lianbo/difang/202312/content_6923084.htm.

习近平总书记指出，农业强国是社会主义现代化强国的根基，满足人民美好生活需要、实现高质量发展、夯实国家安全基础，都离不开农业的发展。农业是成渝地区双城经济圈高质量一体化发展极其重要的方面。成渝地区有着"天府之国"的盛名，自古以来就是农业大区，素有"粮猪安天下"的美誉。习近平总书记非常关心成渝地区的"三农"工作。2013年5月23日，习近平总书记来川视察时指出："四川是农业大省，具有丰富的农业自然资源，具有做好'三农'工作的良好条件，必须扎实做好'三农'工作，加快发展现代农业。"① 2017年3月8日，习近平总书记在参加十二届全国人大五次会议四川代表团审议时强调："四川农业大省这块金字招牌不能丢，要带头做好农业供给侧结构性改革这篇大文章，推进由农业大省向农业强省跨越。"② 这一系列重要指示，为成渝地区做好新形势下"三农"工作提供了方向指引和根本遵循。成渝地区牢记总书记的重托，坚持把"三农"工作作为重中之重，奋力推进成渝地区由农业大区向农业强区历史性跨越。2022年6月，习近平总书记在四川考察时强调："要严守耕地红线，保护好这片产粮宝地，把粮食生产抓紧抓牢。"2023年7月，习近平总书记在四川考察时指出，要"打造新时代更高水平的'天府粮仓'"③。沿着习近平总书记指引的方向，成渝地区抓住种子和耕地两个要害，加强良种和良田配套，多产粮、产好粮，努力为端牢"中国饭碗"作出更大贡献。

党的二十届三中全会提出，要进一步完善实施区域协调发展战略机制，形成全方位、多层次、宽领域的区域联动发展新格局。这为推动成渝地区双城经济圈建设走深走实，为成渝地区双城经济圈农业高质量一

---

① 中共四川省委理论学习中心组. 牢记习近平总书记重托 奋力推进四川农业大省向农业强省跨越 [N/OL]. https://www.sc.gov.cn/10462/12771/2017/9/27/10434668.shtml.

② 中共四川省委理论学习中心组. 牢记习近平总书记重托 奋力推进四川农业大省向农业强省跨越 [N/OL]. https://www.sc.gov.cn/10462/12771/2017/9/27/10434668.shtml.

③ 新华社. 习近平在四川考察：深入贯彻新发展理念 主动融入新发展格局 在新的征程上奋力谱写四川发展新篇章 [EB/OL]. https://www.gov.cn/xinwen/2022-06-09/content_5694909.htm.

体化发展指明了方向。农业农村现代化是中国式现代化的重要组成部分，没有农业农村的现代化，就没有整个国家的现代化。成渝地区推动传统农业向现代化迈进，推进乡村全面振兴，离不开一体化创新和发展。成渝地区双城经济圈要深入学习和运用"千万工程"经验，坚持系统化思维、工业化理念、项目化推进，以"四化"同步①为统揽，积极建设优质高效的现代农业生产体系、链条更加完备的现代农业产业体系、集约集聚的现代农业支撑体系、数字赋能的现代农业科技支撑体系、宜居宜业和美乡村支撑体系"五个体系"，以产业繁荣赋予和美乡村更多的经济内涵，给予强村富民、宜居宜业更多的内在支撑，做到美丽乡村与美丽经济互促共进。

本书以成渝地区双城经济圈农业高质量一体化发展为研究对象，遵循传统农业改造理论、农业发展阶段理论、可持续发展理论、农业现代化理论、新发展理念等理论，系统阐述了农业高质量一体化发展的理论基础，诠释了农业高质量发展与一体化发展的耦合作用机理，将农业高质量发展的目标与条件、高质量与一体化、定性分析与定量评价有机地结合起来，通过系统分析和评价，全面把握成渝地区双城经济圈农业高质量一体化发展的概况。

一是在农业高质量测度及空间格局方面，成德眉资农业示范区、重庆—川东北农业示范区和川南农业示范区发展趋势总体相近，综合发展指数略有差别，从高到低依次为重庆—川东北农业示范区、成德眉资农业示范区和川南农业示范区。

二是利用成渝地区双城经济圈农业高质量发展水平的 kernel 核密度估计，发现成渝地区农业高质量发展水平不断上升，且上升幅度较为明显，成渝地区农业高质量发展水平的区域差距不断缩小，农业一体化发

---

① "四化"同步是指坚持走中国特色新型工业化、信息化、城镇化、农业现代化道路，推动信息化和工业化深度融合、工业化和城镇化良性互动、城镇化和农业现代化相互协调，促进工业化、信息化、城镇化、农业现代化同步发展。

展总体比较协调。

三是从数字经济、绿色产业、现代服务业、新型农业经营主体四个维度系统阐释了成渝地区双城经济圈农业高质量发展的概况。

四是总结了美国大农场、日本高土地生产率、法国小农场、荷兰科技化设施农业等农业高质量发展模式，以及北欧国家、德国与法国、欧盟农业、北美农业、中国长三角、中国京津冀等国内外典型农业一体化发展的经验做法。

五是重点介绍了重庆梁平徐园椿家庭农场、遂宁安居绍兵家庭农场、广汉好耕夫家庭农场、广元朝天区英明农机专业合作社、重庆奉节铁佛脐橙种植股份合作社、"双昌"农业产业园等成渝地区双城经济圈农业高质量一体化发展的典型案例。

六是提出积极协同实施"成渝良种"工程、积极协同实施"成渝良田"工程、积极协同建设成渝地区双城经济圈"森林粮库"、积极协同发展数智农业、积极协同发展绿色农业、积极协同建设成渝地区双城经济圈"现代高效特色农业带"六大成渝地区双城经济圈农业新质生产力协同发展路径。

七是从土、肥、水、种、密、保、管、工、绿、市十个维度提出建设有助于推动成渝地区农业高质量一体化发展的"十大系统工程"。

八是提出创设"成渝良种"示范区、建设种业核心技术攻关体系、建立统筹育种攻关联合体、探索农业重大品种研发与种业推广后补助政策、构建高效的商业化育种体系、加快新品种研发转化步伐、强化种业科技和装备支撑、积极推进种业与现代服务业深度融合、健全种质资源"保护—鉴定—评价"体系、构建种业市场监管体系十大"成渝良种"工程政策措施。

九是提出税收与地方总产值的分享机制、产业建圈强链的体制机制、区域农业品牌的共享机制、农业对外开放拓展合作机制、农业重大项目的 AB 协同机制、农业资金保障有效衔接机制。

十是建议实施农业干部交流互派连心机制、农业科技创新一体化发展和激励机制、建立农业政策协同机制、培育一体化农业市场机制等，助推成渝地区双城经济圈农业高质量一体化发展。

《成渝地区双城经济圈农业高质量一体化发展研究》是四川省哲学社会科学研究"十四五"规划2022年度课题"成渝地区双城经济圈建设"重大项目"成渝地区双城经济圈农业高质量一体化发展研究"（项目编号：SC22ZDCY01）的结项成果，该成果获得了"免于鉴定"的等级。该成果也是2022年中央农村工作领导小组办公室、农业农村部软科学课题"习近平总书记关于'三农'工作重要论述对马克思主义政治经济学发展的原创性贡献研究"（课题编号：rkx20220102），2022年度四川省哲学社会科学"十四五"规划重大项目"四川促进区域协调发展的战略与路径研究"（项目编号：SC22ZDYC03），2022年成都市社会科学规划重大项目"成渝地区双城经济圈战略引领下的成都都市圈建设研究"（项目编号：2022B04）的后续研究成果。在此基础上形成的本书，汇聚了成渝地区双城经济圈农业建设的重大进展以及相关研究成果、咨询建议，受到了川、渝两地党政领导和有关部门的指导和关注。依托"成渝地区双城经济圈农业高质量一体化发展研究"重大项目形成的几个专门报告，获得了不少省部级领导的肯定性批示。

本书聚焦成渝地区双城经济圈农业高质量发展的重大问题开展深入研究，可以为相关部门推进成渝地区双城经济圈建设特别是农业高质量一体化发展提供决策支持和借鉴，也可以为关注成渝地区农业高质量一体化发展的专家学者提供数据资料、研究素材和研究参考。

《成渝地区双城经济圈农业高质量一体化发展研究》专著撰写组

2024年10月

目录

第1篇　理论篇

第2篇　实证篇

第3篇 案例篇

第4篇　建议篇

0 绪 论

0.1 建设农业强国的时代背景与基本逻辑

农业是国之根本、强国之基。2023 年和 2024 年的中央"一号文件"都强调，我国发展进入战略机遇和风险挑战并存、不确定难预料因素增多的时期，守好"三农"基本盘至关重要，不容有失。而我国巨大的人口基数决定了中国人必须将饭碗牢牢端在自己手中，实现"藏粮于技""藏粮于地"，加快由农业大国向农业强国转变，全面推进农村现代化建设。

0.1.1 建设农业强国的时代背景

建设农业强国是建设社会主义现代化强国的题中之义，是社会发展到一定阶段的必然选择。在努力推动"四化"同步发展的背景下，我国经济总量占世界经济比重达 18.5%，稳居世界第二位，城镇化率达 64.7%，制造业规模和外汇储备位于全球首位。我国建立起了世界上最大的高速铁路网、高速公路网，在机场港口、能源、信息、水利等基础设施建设方面取得了重大成果。

工业化、信息化和城镇化的快速发展为建设农业强国奠定了坚实的基础，同时，农业基础设施得到了改善，自育粮食品种及其适应性得到了持续拓展，农业社会组织规模逐渐扩大，农业、农村发生了历史性巨变。谷物总产量稳居世界首位，保障了 14 亿多人口的粮食安全。中国以世界 9%的耕地产出了全球将近 25%的粮食，养活了约占世界 20%的人口，将中国人的饭碗牢牢端在自己手中（耿鹏鹏、罗必良，2023）。然而，我国农业发展仍存在"大而不强、多而不优"的问题，农业亟须进行转型升级、提质增效，促进我国尽快从农业大国走向农业强国。

建设农业强国是全面推进乡村振兴的重要途径。农业具有独特的抗风险能力和韧性，对于乡村减贫和国家粮食安全具有重要意义，能够在动荡的经济环境中发挥稳定器的作用。习近平总书记在 2013 年的中央农村工作会议上提出"中国要强，农业必须强；中国要美，农村必须美；中国要富，农民必须富""农业强国是社会主义现代化强国的根基，满足人民美好生活需要、实现高质量发展、夯实国家安全基础，都离不开农业发展"。2018 年的中央"一号文件"明确提出，"到 2050 年，要实现乡村全面振兴，达到农业强、农村美、农民富"，而农业强是乡村全面振兴的重要标志。党的十九大报告首次提出"实施乡村振兴战略"，并将其作为促进中国农业农村现代化的总战略、"三农"工作的总抓手。2018 年 9 月，在主持十九届中共中央政治局第八次集体学习时，习近平总书记又强调要"实现农业大国向农业强国跨越"，明确地把农业强国作为转型的目标和方向。而党的二十大报告又进一步提出"加快建设农业强国、全面推进乡村振兴"。2022 年底，习近平总书记在中央农村工作会议上再次强调："全面推进乡村振兴、加快建设农业强国，是党中央着眼全面建成社会主义现代化强国作出的战略部署。强国必先强农，农强方能国强。没有农业强国就没有整个现代化强国；没有农业农村现代化，社会主义现代化就是不全面的。"①

推动我国从农业大国迈向农业强国，既是实现中国式现代化的题中之义，又是全面推进乡村振兴、加快农业农村现代化的重要举措。建设农业强国关系到全面建成社会主义现代化强国的质量与水平，而要建成社会主义现代化强国，最艰巨最繁重的任务在农村，首要目标就是要让农业强起来。与此同时，要确保国家农业与食物安全，更要牢牢把握国家农业发展的战略主动权。

0.1.2　农业强国的内涵

"农业强"是农业生产效益、科技创新、国际竞争力等多方面综合发展的结果，更是建成农业强国的重要标志。从现代化发展视野来看，建成"农业强国"这一目标，是根据我国农业农村发展的实际情况，对标世界各国农业发展水平后提出的。"农业供给保障能力强、农业竞争力强、农业

① 习近平出席中央农村工作会议并发表重要讲话 [EB/OL]. https://www.gov.cn/xinwen/2022-12/24/content_5733398.htm.

科技创新能力强、农业可持续发展能力强和农业发展水平高"("四强一高")是当前世界农业强国的基本特征。而我国的农业强国是在推进农业现代化发展背景下的农业强国。习近平总书记提出,农业现代化包含着农业生产体系现代化、农业经营体系现代化和农业产业体系现代化。因此,农业强国的内涵应以"四强一高"为基础,并全面把握这三个体系(周立,2023)。

一是现代农业产业体系。农业供应链优化;农业产业稳定、抗风险能力强、农业产业链完备;农业价值链全方位拓展,经济效益、生态效益、增值潜力和市场竞争力同步提高;农产品供给能力强。

二是现代农业生产体系。建设农业强国须牢牢掌握科技主动权,强化种业"芯片",增强农业科技和装备支撑能力,提升机械化、水利化、电气化水平;同时注重农业资源利用效率、环境清洁优良、生态和谐稳定、污染有效防治、农业投入品合理使用、农业废弃物循环利用,提高农业可持续发展能力,探索农业绿色发展道路,提升绿色农产品产量。

三是现代农业经营体系。健全的现代农业经营体系,是推动农业现代化、建设农业强国的有机组成。首先,农业经营主体要强,中小农户、规模经营主体是建设农业强国的中坚力量,必须培养一批具有较高综合素质及较强专业能力的职业化农民。其次,农业经营活力要强。大力发展家庭农场、农村合作社、农村集体经济组织、农业企业、供销合作社,开展家庭经营、合作经营、混合经营等多种经营方式,提高农业生产经营效益。

农业现代化是建设农业强国的必要条件,但实现农业现代化并不等同于建成农业强国。实现农业现代化是各国和地区农业发展的一般规律,也是各国农业发展的必由之路。但是,即便已经实现了农业的现代化,也只有在国际上处于领先地位、拥有较大影响力的国家,才可以被称作农业强国。

0.2 成渝地区一体化发展演变

2021 年,《成渝地区双城经济圈规划纲要》明确了成渝地区双城经济圈范围,将重庆市的 27 个区(县)以及开州、云阳的部分地区,四川省的成都、自贡、泸州、德阳、绵阳(除平武县、北川县外)、遂宁、内江、乐山、南充、眉山、宜宾、广安、达州(除万源市外)、雅安(除天全县、宝兴县外)、资阳等 15 个市划入成渝地区双城经济圈,总面积 18.5 万平方千米,约占全国总面积的 2%。

成渝地区是中华农耕文明的发源地之一，也是中国西部重要的粮食、柑橘、猪肉、蔬菜、中药材、蚕丝等生产基地，但由于成渝地区气候相近，地理位置相邻，产品同质化、市场竞争等问题加剧，不利于两地经济长期平稳发展，因此，协同推进乡村振兴成为两地共同努力目标（冯永泰等，2022；冯晟臻 等，2022），成渝地区农业发展一体化也经历了漫长的探索过程，见表0-1。

表 0-1　成渝地区一体化发展演变

时间	文件	主要内容
1997 年		重庆成为直辖市，从此成渝地区之间的竞争加剧
2001 年	《重庆—成都经济合作会谈纪要》	国家实施西部大开发战略，提出区域应协调发展，实现共同富裕。成渝合作，提出携手打造"成渝经济走廊"，共同振兴乡村
2004 年	《关于加强川渝经济社会领域合作共谋长江上游经济区发展的框架协议》《关于农业和农村经济合作的协议》等	成、渝两地携手推动农业农村现代化，建立川渝农村经济联席会议等制度，开通鲜活农产品运输"绿色通道"
2007 年 6 月	《国家发展改革委关于批准重庆市和成都市设立全国统筹城乡综合配套改革试验区的通知》	重庆市和成都市成为全国统筹城乡综合配套改革试验区，要求尽快建成统筹城乡发展体制机制，推动城乡协调发展
2007 年 11 月	《关于推进川渝合作、共建成渝经济区的协议》	首次共同确定了"成渝经济区"的地理范围，将经济区的定位从西部上升至国家，同时两地达成充分发挥各自科技优势，联手打造"第四经济增长极"的共识
2011 年	《成渝经济区区域规划》	成渝经济区把"统筹城乡发展的示范区"确定为五大战略定位之一，并对"推进农村发展"和"积极发展现代农业"等作了专题研究
2014 年	《国家新型城镇化规划（2014—2020 年）》	提出加快培育成渝城市群
2015 年	《关于加强两省市合作　共筑成渝城市群工作备忘录》	提出要把成渝经济区建设成为全国统筹城乡发展先行示范区，让成渝城市群成为国际知名、国内领先，能辐射带动西部地区发展的重要增长极

表0-1（续）

时间	文件	主要内容
2016年	《成渝城市群发展规划》	提出遵循城市群发展规律，充分发挥地区比较优势，补齐短板、消除瓶颈，强化协同、优化格局，探索走出一条中西部地区城市群建设的新路子
2021年	《建设成渝现代高效特色农业带战略合作框架协议》《共同推进成渝地区双城经济圈农业会展高质量发展战略合作框架协议》《共建动植物疫情及农作物重大病虫害联防联控战略合作框架协议》	提出共建国家优质高产高效粮食基地、优质商品猪保障基地、国家都市现代高效特色产业示范区、全国绿色优质蔬菜产业带等
2021年3月	《川渝粮食安全战略合作协议》	增进川、渝两省市在粮食生产销售、仓储设施建设、产业经济发展、协同运作、粮油市场监管、联动保障、人才培养等方面的交流合作，促进共同发展
2021年6月		川、渝两省市政府部门启动建设首批成渝现代高效特色农业带合作示范园区
2021年10月	《成渝地区双城经济圈规划纲要》	明确成渝地区双城经济圈范围
2021年12月	《成渝现代高效特色农业带建设规划》	将重庆市的中心城区及万州、涪陵、綦江、大足、黔江、长寿、江津、合川、永川、云阳等29个区（县），四川省的成都、自贡、泸州、德阳、绵阳、遂宁、内江、乐山、南充、眉山、宜宾、广安、达州、雅安、资阳15个市纳入规划中，按照"一轴三带四区"格局进行空间布局，即沿成渝主轴现代高效特色农业一体化发展示范区；沿长江现代高效特色农业绿色发展示范带、沿嘉陵江现代高效特色农业转型发展示范带、渝遂绵现代高效特色农业高质量发展示范带；重庆主城都市区都市现代高效特色农业示范区、成德眉资都市现代高效特色农业示范区、渝东北川东北现代农业统筹发展示范区、川南渝西现代农业融合发展示范区，提出推动农业高质量发展、强化农业科技支撑、大力拓展农产品市场、推动城乡产业协同发展、推进长江上游农村生态文明建设、提升资源要素保障水平等七个方面重点任务

表0-1（续）

时间	文件	主要内容
2022年1月—2024年9月	—	成渝现代高效特色农业带规划区有29个区县，出台了相关政策规划37个，形成了上下衔接的制度体系，规划的实施推进不断取得新成效。

"一轴三带四区"分布示意见图0-1。

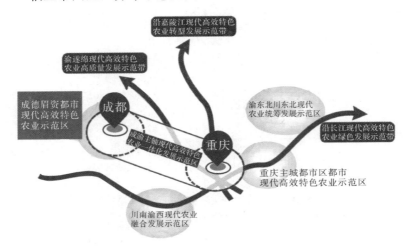

图0-1　一轴三带四区

0.3　成渝地区双城经济圈农业高质量一体化发展面临的机遇与挑战

从时代内涵来看，成渝地区双城经济圈农业高质量一体化发展是新时代背景下建设成渝地区双城经济圈、推行新发展理念及实施乡村振兴战略的必然要求，具有新的时代内涵和区域特色。

从目标指向来看，2023年和2024年的中央"一号文件"都提出，要立足国情农情，体现中国特色，建设供给保障强、科技装备强、经营体系强、产业韧性强、竞争力强的农业强国。事实上，农业强国的基本特征为农业科技创新能力强、农业供给保障能力强、农业竞争力强、农业可持续发展能力强和农业发展水平高（"四强一高"）（魏后凯，2021）。

从支撑条件来看，《国家质量兴农战略规划》和《国家乡村振兴战略规划》等文件都强调要强化"四大支撑"。一是创新驱动，通过促进农业科技进步，建立创新平台，提升农机装备水平，推进数字农业工程等，实现农业发展的动力转换；二是融合互动，通过提升农产品加工、农业服务化水平，建设产业融合平台，培育新业态新模式，构筑新引擎；三是市场开放，通过统筹利用两种资源（国内和国际资源）和两个市场（国内和国际市场），创造良好的外部环境；四是政府引导，通过加大支农投入，搭建高质量发展平台，调整农业结构，加强农田保护和建设，营造良好的内部环境。

从一体化发展来看，根据成渝地区双城经济圈发展规划和发展战略的要求，加强成渝地区双城经济圈科技创新、产业融合、市场开放和政府引导等方面的协作，共同促进成渝地区双城经济圈农业产品质量、产业效益、生产效率、经营主体素质和国际竞争力全面提升与协调发展，实现农业高质量与一体化发展（张峰，2021）。

成渝地区双城经济圈位于长江上游，地处"一带一路"和长江经济带交汇处，是西部陆海新通道的起点，具有连接西南、西北，通达国内国外的独特地理优势，同时也是中国新崛起的"第四极"，与京津冀城市群、长三角城市群和粤港澳大湾区地位相当（李芳芳，2022）。

长江经济带发展、共建"一带一路"、新时代西部大开发、"西部陆海新通道"建设及成渝地区双城经济圈建设等一系列国家发展方略的深入推进实施，为成渝地区农业要素高效聚集，推进农业高质量发展提供了新的契机与机遇（易淼，2021）；同时，成渝地区双城经济圈农业的发展也为陆海新通道、中老铁路以及中欧班列持续赋能，拓展农副产品销售渠道，助力扩大西部地区进出口贸易，提升西部乃至全国农业对外开放水平，成为经济增长新引擎（石青川，2022；韩磊，2023）。

成渝地区属于中亚热带湿润季风区，气候温和，雨量充沛，四季分明，是中华农耕文明发源地之一，境内有平原、丘陵、盆地、山地等多种地形，造就了丰富的资源物产，如粮食、生猪、柑橘、蔬菜、蚕丝、中药材等，以全国6.7%的耕地养活了全国8.2%的人口，素有"粮猪安天下"的说法。此外，经济作物也品类繁多，促进了农业种植类型的多样化，并促进了当地农村家庭作坊和手工业的快速发展，是西部地区农业生产条件最好、集中连片规模最大的区域之一。川、渝两省市的耕地复种指数较高，已经形成了一年三季夏收、秋收和晚秋的种植体系，近年来，每年的粮食总产量都能稳定在 4 500 万吨以上，约占全国粮食产量的 6.9%；每年的油料总产量达 400 万吨以上，约占全国油料产量的 12.4%；每年的生猪出栏量都能维持在 8 000 万头以上，猪肉总产量长期保持在 600 万吨以上。

重庆集大城市、大农村、大山区、大库区于一体的特殊市情决定了城乡发展不平衡、区域发展不协调，农村基础设施和公共服务较落后，部分地区现代高效特色农业产业链条不完整，农业机械化水平、乡村数字化水平、农业科技水平有待提升。四川农业生产基础条件优越，但与农业强省仍有一定差距，部分地区农田基础设施薄弱，已建成高标准农田仅占全省耕地面积的 44.6%，有效灌溉面积和宜机作业高标准农田占比较低，部分地区农业仍靠天吃饭。此外，川渝部分地区仍存在资金、土地、人才等要素缺乏流动性，要素利用效率低，对接协调长效机制不健全，部分合作项目效益不明显等，甚至出现地方保护主义和恶意竞争，导致"成渝地区农业竞争大于合作"成为一些市场主体、农户的固化狭隘认识。因此，统筹推进乡村振兴在成渝地区双城经济圈建设中具有重要地位。实际上，成渝地区一直高度重视在农业农村和乡村振兴领域的合作，并不断持续深化。

近年来，国际环境日趋复杂，加之新型冠状病毒感染疫情肆虐，全国农业发展稳定性受到冲击，成渝地区农业发展也面临不少困难与挑战。成渝地区粮食和重要农产品供给仍处于紧平衡状态，农产品相对过剩与结构性短缺问题交替出现，农业产业特而不优问题突出，生态资源环境约束不断加大，农业现代化支撑能力依然薄弱。在新发展格局下，如何抓住发展机遇，破解成渝地区农业发展困境已成为当前亟待解决的重要问题。

2020 年 1 月 3 日，在中央财经委员会第六次会议上，习近平总书记明确了成渝地区双城经济圈现代农业发展的战略定位，要研究推动成渝地区双城经济圈建设，在西部形成高质量发展的重要增长极；要加快建设现代产业体系，建好成渝现代高效特色农业带。

2021 年 11 月，《成渝现代高效特色农业带建设规划》对成渝地区农业发展做出了新定位，将推动农业高质量发展作为成渝地区主要任务。《成渝地区双城经济圈建设规划纲要》也提出要建设现代高效特色农业带。因此，在成渝地区双城经济圈农业发展进程中，形成"一轴三带四区"协调发展的农业高质量一体化发展格局；在走新型工业化、新型城镇化道路的进程中，做好"三农"工作，促进乡村振兴，推进生态文明建设，便成为成渝地区双城经济圈农业发展的重大抉择。目前，《成渝现代高效特色农业带建设规划》深入推进实施，不断取得新成效。

0.4 成渝地区双城经济圈农业高质量一体化发展研究的意义

农业高质量发展的特征是：经济结构协调优化，生产方式更加绿色，创新驱动能力提高，对外开放程度加深，共同富裕扎实推进。农业高质量发展是一个综合性概念，不仅指农业产出水平的提升，促进农业达到更高质量、更具效率、更可持续的动态演进过程，也指实现农业结构更加协调优化、创新能力全面提高、国际竞争力显著增强和生产方式绿色可持续，以满足人民对美好生活的需要，达到农业高质高效、农村宜居宜业、农民富裕富足的发展状态。

在建设农业强国、新发展格局、长江经济带战略、区域协调发展战略背景下，研究成渝地区双城经济圈农业高质量一体化发展，对实现我国农业现代化、乡村振兴、绿色发展、高质量发展具有重要的战略意义。

0.4.1 理论意义

（1）本书将对国内外相关研究成果进行综合分析，以对农业高质量一体化发展的基本内涵进行明确界定，然后进一步研究农业高质量一体化发展的动力机制与空间关系模型，为农业区域协调发展提供理论基础。

（2）本书系统研究农业高质量一体化发展评价的指标与方法，科学识别农业高质量一体化发展的现状特征与主要问题，在此基础上，对区域主导的功能布局及实现路径进行优化分析，为农业高质量一体化发展提供科学依据和技术支撑。

（3）通过比较研究我们发现，当前国内相关研究主要聚焦于先发地区的都市圈及城市群，比如长三角、粤港澳大湾区、京津冀等城市群，缺乏对西部欠发达地区农业经济圈发展理论和实践的研究。基于此，本书希冀能在一定程度上为我国西部地区农业经济圈的理论和实践研究提供有益借鉴。

0.4.2 现实意义

（1）在成渝地区双城经济圈农业高质量一体化发展实践中，"六重六轻"现象甚为普遍。一是"重"签合作协议，"轻"抓落地落实；二是"重"浅层次的短期合作项目，"轻"良性竞合长效机制的构建；三是"重"一时之轰轰烈烈，"轻"深度跟进、久久为功；四是"重"互联互通项目，"轻"产业链的嵌入协同；五是"重"向上争取各种政策和资金，"轻"激发内生动力向市场拓展；六是"重"招商引资中的合作，"轻"资源协同配置中的利益分享。本书将有利于成渝地区双城经济圈农业高质量一体化发展走深走实，有利于落实推进成渝地区双城经济圈建设国家战略。

（2）有利于加快农业主导功能区的形成，引导现代生产要素和农业及其关联产业在空间上的合理聚集，逐步构建出一个相对稳定、合理的农业生产区域分工体系，对农业发展空间秩序进行规范，进而减轻非主导功能区域农业发展的资源生态环境压力，希冀从源头上控制区域生态环境恶化和发展农业的资源环境成本，保护农业可持续发展的资源生态基础。

（3）有利于成渝地区双城经济圈"一轴三带四区"农业合理布局、协调发展，有利于提高农业土地生产率、资源利用率和劳动生产率，有利于落实国家粮食安全战略，有利于成渝地区双城经济圈农业绿色高质量发展，从而有利于国家长江经济带战略的实施。

（4）为成渝地区双城经济圈、长三角、京津冀、粤港澳大湾区等区域农业高质量一体化发展提供抓手和借鉴，有利于协助长三角、京津冀等区域突破土地、环境、资源等限制，促进形成乡村振兴一体化发展格局，获得乡村振兴协同效应，提高区域协调融合发展效率。

（5）有助于提升西部农村经济效益，促进区域协调发展。探索成渝地区双城经济圈农业高质量一体化发展路径，有利于西部地区农业农村发展，提升农业经济效率，一定程度上有利于缓解东、中、西部发展不平衡问题。

第 1 篇
理论篇

1 习近平总书记关于"三农"战略地位的重要论述及原创性贡献

习近平总书记以马克思主义政治家、理论家、战略家的深刻洞察力、敏锐判断力和战略定力,准确把握中国"三农"工作历史新方位、时代新变化、实践新要求,科学回答了当今世界和当代中国"三农"发展提出的重大理论和现实问题,提出了一系列具有开创性意义的新理念新思想新战略①。这些重要论述,成为习近平新时代中国特色社会主义思想"三农"篇的总纲领,为发展马克思主义政治经济学的"三农"学说作出了重大原创性贡献,为成渝地区双城经济圈农业高质量一体化发展提供了根本遵循。

1.1 习近平总书记关于"三农"战略地位重要论述的理论发展脉络

梳理和凝练习近平总书记关于"三农"战略地位重要论述的发展脉络,必须首先把握中国"三农"战略问题的政治经济学学理渊源。回顾当代中国"三农"理论体系及形成与发展的历史、现实和理论逻辑,可以看出,习近平总书记关于"三农"战略地位的重要论述立足中国国情,紧扣时代主题,深深植根于马克思主义政治经济学基本原理,并且不断地从理论的高度和实践的广度进行丰富和完善。

---

① 郑萼. 习近平新时代中国特色社会主义思想对发展马克思主义的原创性贡献 [N]. 光明日报,2020-11-23 (15).

1.1.1 马克思主义政治经济学对古典政治经济学农业问题研究结果的扬弃

从政治经济学说史溯源，18 世纪 50—70 年代，法国重农学派较早地研究了农业问题并试图从中找到客观规律。重视农业是法国古典政治经济学的传统，重农学派是法国古典政治经济学学派的主要代表，其创始人布阿吉尔贝尔提出了"农业是一个国家富强的基础"的观点，重农学派继承了这一观点并以"纯产品"进行了论证（张旭、王天蛟，2020）。"纯产品"学说是重农学派的剩余价值学说，这一学说为法国古典政治经济学的传统观点提供了理论基础。

魁奈是重农学派最重要的创始人，他受到古代中国哲学的影响，他的自然秩序学说中明显有"道法自然""天行健"等古代中国哲学的痕迹。魁奈的代表作《经济表》是对重农学派早期理论体系的全面总结，涵盖了重农主义几乎所有的理论，还首次把自然秩序学说推及人类社会，认为客观规律普遍存在于人类社会中，认识客观规律是政治经济学的一个任务。由此，重农学派把社会经济看作一个可预测的制度范畴，而这一可预测的制度范畴就是古典政治经济学理论观点的基石（夏薇 等，2017）。

重农学派对政治经济学的最大贡献在于以资产阶级的视野分析了社会财富和资本的流通，除了对资本在劳动过程中借以组成的物质要素进行分析以外，还研究了资本在流通中所采取的相关形式①。在此前提下，魁奈在其《经济表》中说明了社会总资本的再生产和流通过程，把资本的整个生产过程表现为再生产过程，把流通看作再生产过程的形式，把货币流通看作资本流通的一个要素。

作为古典经济学的杰出代表和理论体系创立者的亚当·斯密，他所著的《国富论》把资本主义经济学发展成为一个完整的体系，书中依据重农学派的"把土地生产物看作国家收入和财富的唯一来源或主要来源"这一观点，把该学派定义为"重农学派"；同时，亚当·斯密也批判了重农学派"只有农业才创造财富"的片面观点。

魁奈关于农业问题的理论虽然有其时代局限性，但也给学者在理论探讨和研究上提供了启发与灵感。马克思对重农学派也曾给予高度评价，认

---

① 马克思，恩格斯. 马克思恩格斯全集：第 26 卷 [M]. 北京：人民出版社，1957：15.

为重农学派开启了对资本主义社会生产关系的理论探讨。马克思主义政治经济学对农业、农业经济主体（农民或农业工人）以及农业承载区域（农村）等的研究，就是在重农学派精髓上的扬弃。

1.1.2 对农业及农业经济规律的研究是马克思主义政治经济学的重要内容

马克思在《资本论》中系统地研究了资本主义社会的农业及农业经济规律。在资本主义制度下，农业是以资本主义土地私有制为基础的，农民是农业工人，农村是大农场形态的农村。在资本主义国家，由于具体历史条件的差异，其资本主义土地私有制的建立有两种典型形式：一种是以资本主义经营方式改造地主庄园，以西欧的普鲁士最具代表性，被称为"普鲁士式道路"；一种是小农经济出现两极分化，逐步形成资本主义大农场，以美国最具代表性，被称为"美国式道路"。资本主义土地私有制反映了大土地所有者、农业资本家和农业工人三个阶级之间的关系。

在《资本论》中，马克思分析了资本主义地租的来源、形式和本质，深刻地揭示了资本主义地租是农业资本家租种土地所有者的土地而向其缴纳的地租，是农业工人所创造的超过平均利润以上的那部分剩余价值，土地价格是资本化的地租。马克思还探讨了农产品供求规律、竞争规律及土地价格规律、农产品价格规律等涉及农业经济的重大理论问题。对这些重大规律的科学揭示，为我们分析当代农业经济发展问题提供了基本理论指导。

1.1.3 解决"三农"问题是马克思主义政治经济学中国化的重要探索与实践

回顾百年党史，不管是在革命时期还是在新中国成立后的建设改革时期，我们党一直高度重视"三农"问题，一直把"三农"问题作为我们党和国家的一项中心工作。中国共产党在各时期所取得的历史性伟大成就，与其始终重视农业、农村问题，始终把农民作为革命和建设的主力军、同盟军，始终把解放农村生产力、提高农民生活水平、改善农村自然和社会环境密不可分。"三农"问题是马克思主义政治经济学中国化所必须直面的重大理论问题，更是实践问题。

在 20 世纪初，中国沦为半殖民地半封建社会，社会现实已经不同于马克思在《资本论》中的描述。在当时中国国情背景下运用和发展马克思主义政治经济学，必然面临着跨社会性质的理论探索，需要中国共产党结合中国国情对其进行创造性运用和发展（裴长洪、彭磊，2021）。

毛泽东同志等老一辈革命家完成了马克思主义政治经济学的第一次创造性发展，形成了具有新民主主义性质的马克思主义政治经济学。毛泽东在1947年12月提出新民主主义革命的三大经济纲领，标志着新民主主义政治经济学在中国新民主主义革命实践基础上已经形成，这是中国共产党结合中国革命实践对马克思主义政治经济学进行创造性运用和发展的成果。解放战争的伟大胜利，是武装斗争的胜利，也是以土地革命为主要内容的三大经济纲领的胜利，是中国共产党创造性地把新民主主义政治经济学运用于新民主主义革命实践的结果。从新民主主义社会到社会主义社会有一个过渡时期，中国共产党与时俱进地确定了党在过渡时期的"一化三改"总路线和独立自主、自力更生的工业化建设方针，标志着中国特色社会主义政治经济学的开篇。根据这个总路线，我国顺利完成了第一个"五年计划"，确立了社会主义的政治制度和经济制度。从1956年到党的十一届三中全会以前，我国社会主义建设虽然经历了曲折的发展过程，但"三农"工作基本沿袭了土地改革的理论和实践成果。

改革开放以来，我们党在中国特色社会主义伟大实践中，逐步形成了以邓小平理论、"三个代表"重要思想、科学发展观为主要内容的中国特色社会主义理论体系，其中都蕴含着马克思主义经济思想，符合辩证唯物主义和历史唯物主义的发展观点，为改革开放提供了科学的理论指导。1984年10月通过的《中共中央关于经济体制改革的决定》相当于"写出了一个政治经济学的初稿，是马克思主义基本原理和中国社会主义实践相结合的政治经济学"①。在这一理论体系指引下，我国城乡关系发生了翻天覆地的变化，农村经济与社会迎来了历史性转变，为实现城乡融合发展积蓄了力量（蒋永穆、胡筠怡，2022）。

1.1.4 习近平总书记关于"三农"战略地位的重要论述是马克思主义政治经济学中国化的创新成果

习近平总书记指出："马克思主义政治经济学要有生命力，就必须与时

---

① 邓小平. 邓小平文选：第3卷 ［M］. 北京：人民出版社，1993：83.

俱进，不断开拓当代中国马克思主义政治经济学新境界，为马克思主义政治经济学创新发展贡献中国智慧。"[①] 党的十八大以来，以习近平同志为核心的党中央立足新时代发展要求，提出了一系列新发展理念，深刻揭示了实现经济与社会持续健康发展的必由之路，在实践中形成了以新发展理念为主要内容的习近平经济思想，把当代中国马克思主义政治经济学推向了新的高度（孙贺，2021）。其中，关于"三农"战略地位的重要论述，源自习近平总书记长期的实践基础，植根于习近平总书记深厚的理论学养和深邃的战略考量，体现了习近平总书记重农、爱农、为农、兴农的为民情怀，是我们党"三农"工作与时俱进的经验升华、理论结晶、行动指南，是新时代做好"三农"工作的总任务、总要求、总遵循，是习近平新时代中国特色社会主义思想"三农"篇的总纲领。

习近平总书记关于"三农"战略地位的重要论述，深刻阐明了新时代做好"三农"工作的重大意义，指出了"三农"工作的艰巨性和紧迫性，为全党形成共同意志、全社会实现共同行动提供了根本依据。习近平总书记关于"三农"战略地位的重要论述深刻揭示了做好新时代"三农"工作要坚持战略思维谋全局、坚持辩证思维解难题、坚持历史思维把方向、坚持创新思维增动力、坚持底线思维划界限，引领我们观大势、谋全局、抓大事，全面推进乡村振兴不断向广度和深度进军[②]。习近平新时代中国特色社会主义思想"三农"篇已经被党的十八大以来"三农"事业取得的历史性成就证明，也必将在"举全党全社会之力推动乡村振兴"新征程中再次闪耀真理的光芒。

1.2 习近平总书记关于"三农"战略地位重要论述的主要内容

农业、农村、农民问题一直是我国的根本性问题。党的十八大以来，习近平总书记统筹国内国际两个大局，对新时代"三农"战略地位作出一系列重要论述，引领我国"三农"工作发生历史性变革，取得了历史性成就。

---

① 习近平. 不断开拓当代中国马克思主义政治经济学新境界 [J]. 求知，2020（9）：4-7.
② 韩长赋. 做好新时代"三农"工作的行动指南 [N/OL]. http://snyncj.zaozhuang.gov.cn/xwzx/xwtt/201907/t20190716_240889.html.

1.2.1 习近平总书记关于"三农"战略地位的重要论述之一："三个必须"

在 2013 年中央农村工作会议上，习近平总书记提出："中国要强，农业必须强；中国要美，农村必须美；中国要富，农民必须富。"[①]

"三个必须"是习近平总书记从我们党百年奋斗史中汲取智慧和力量，对"三农"工作客观规律和发展要求的进一步归纳和总结。我们党成立伊始，就对农村、农民有着区别于以往的认识，把农村革命视为新民主主义革命的重要任务，把农民作为新民主主义革命的生力军，把为广大农民谋幸福作为新民主主义革命的重要使命。新中国成立后，我们党通过实施《中华人民共和国土地改革法》，彻底废除了封建土地制度，完成了全国性的土地改革，从根本上解放了农村生产力，激发了广大农民的政治热情和生产积极性，促进了农业的迅速恢复和发展[②]。经过"一化三改造"的过渡期，为建立起我国独立的、比较完整的工业体系和国民经济体系奠定了坚实基础。进入改革开放时期后，我们党尊重农民的首创精神，在总结安徽凤阳县梨园公社小岗村"包干到户"经验的基础上，大胆尝试，拉开了农村改革的大幕，家庭联产承包责任制在全国迅速推广，并逐步以法律的形式完善和固定下来，成为现阶段我国农村的一项基本经济制度，进一步解放了农村的社会生产力，为我国经济高速增长和城市化快速推进提供了雄厚的物质储备、丰富的人力资源和强劲的发展动力（高鸣、芦千文，2019）。党的十八大以来，以习近平同志为核心的党中央以"精准扶贫"为抓手，带领全国人民坚决打赢脱贫攻坚战，全面建成小康社会，在中华民族发展史和"三农"发展史上写下具有里程碑意义的篇章。

"三个必须"是习近平总书记以站高谋远的历史大视角，审时度势为"三农"发展擘画的新蓝图。尽管我们解决了区域性整体贫困和农村贫困人口的绝对贫困问题，但城乡发展不平衡、农业农村区域发展不平衡、农民个体收入不平衡问题依然存在，农业基础地位仍不稳固，农村经济发展内生动力不足，生态环境还很脆弱，规模性返贫风险、结果性失衡风险、"中等收入陷阱"还没有从根本上得到解决。因此，要努力促进巩固拓展脱贫攻坚成果同乡村振兴有效衔接，重塑城乡工农关系，促进城乡协同融

---

① 习近平. 论"三农"工作 [M]. 北京：中央文献出版社，2022：70.
② 本书编写组. 中国共产党简史 [M]. 北京：人民出版社，中共党史出版社，2010：158.

合，实现"农业强、农村美、农民富"，最终实现共同富裕。

在新发展阶段，"三农"问题依然是"应变局、开新局"的基本盘、压舱石，是我们党为民之本、执政之基，是中华民族伟大复兴新征程必须解决的问题。"三个必须"以宏大的视野直指中心，阐明了"三农"强、美、富与国家强、美、富之间的逻辑关系，前者是基础、是保障、是必要条件。"举全党全社会之力推动乡村振兴"是启动以国内大循环为主体、国内国际双循环相互促进的新发展格局的战略抉择，也是实现第二个百年奋斗目标的必由之路。这是习近平总书记以马克思主义政治经济学的创新视野，科学把握我国"三农"工作基础性地位，向全党发出的总任务性质的动员令。

1.2.2 习近平总书记关于"三农"战略地位的重要论述之二：
"三个不能"

2015年7月，习近平总书记在吉林调研时指出："任何时候都不能忽视农业、不能忘记农民、不能淡漠农村。"①"三个不能"是习近平总书记对我国"三农"发展规律的归纳和总结，强调指出我们党和国家对"三农"工作的重视程度是放在首位的，必须一以贯之地坚持强农、惠农、富农政策，这个决心和态度不会减弱、不会松劲，从我们党的宗旨和使命高度再次强调，保障农民物质利益，尊重农民民主权利。

任何时候都不能忽视农业、忘记农民、淡漠农村，这"三个不能"既有针对性，也有现实性，更有长远性，既切中"三农"问题的要害，更是对"三农"工作提出的总要求。习近平总书记指出，要"适应和把握我国经济发展进入新常态的趋势性特征，保持战略定力，增强发展自信，坚持变中求新、变中求进、变中突破，走出一条质量更高、效益更好、结构更优、优势充分释放的发展新路"②。

"三个不能"深刻地揭示了中国是农业大国，农民是庞大的群体，农业是基础性产业，农村是广袤的希望之地，无论是战争年代还是和平建设时期，农民都是生力军。在改革开放的新时期，农民常常被作为廉价劳动

---

① 任何时候都不能忽视农业忘记农民淡漠农村［N/OL］. http://www.moa.gov.cn/ztzl/ymksn/rmrbbd/202109/t20210927_6378346.htm.

② 学习贯彻习近平总书记在吉林考察时的重要讲话精神［EB/OL］. https://www.12371.cn/2020/07/23/ARTI1595466655564269.shtml.

力从事最脏最累的活，城市农副产品供应也主要依靠他们，农民头顶烈日、身披风雨生产粮食、蔬菜和水果养活全国人民。农民、农业和农村是"本"，一定不能忘。

"三个不能"具有现实针对性。在"三农"工作实践中，一些地方存在着"忽视农业、忘记农民、淡漠农村"的现实。他们或是认为"三农"问题不好解决，无论是经济效益还是社会效益乃至对自己的"政绩"而言贡献度都较小，他们常常口是心非，说得多做得少；他们或是从心底里就看不起农民兄弟，事实上已经出现了"忽视农业、忘记农民、淡漠农村"的现象。这与习近平总书记"三个不能"重要论述严重相悖，必须彻底纠正。

"三个不能"更要付诸行动。"三农"单是"牢记"是不够的。"牢记"强调的是认识问题，要深刻认识"三农"问题的重要性，时刻把"三农"放在心上。在此基础上，更重要的是行动问题，必须积极落实习近平总书记对"三农"工作的总要求，要让农民兄弟真正得到实惠，让农业得到长足发展，让农村获得可持续进步。

无论是历史经验还是现实情况都表明，农民是中国经济与社会发展中的重要力量，中国经济与社会的发展离不开农业、农民和农村，否则就失去了基础。换言之，只有按照习近平总书记讲的"三个不能"，凝聚起党员干部和广大群众的智慧和力量，激发主动性、创造性，切实将"三农"工作做到实处、落到细处，全面做好"三农"工作，才能为全面实现中华民族伟大复兴提供坚实基础和磅礴力量。

1.2.3 习近平总书记关于"三农"战略地位重要论述之三： "三个坚定不移"

2016 年 4 月，习近平总书记参加小岗村农村改革座谈会并发表重要讲话，强调"要坚定不移深化农村改革，坚定不移加快农村发展，坚定不移维护农村和谐稳定"[1]。习近平总书记在此次座谈会议上作出的"三个坚定不移"的重要论述，从战略全局的角度，阐明了改革、发展、稳定的辩证关系，指明了"三农"工作的动力、目的和基础前提，表明了党中央对"三农"工作的高度重视和坚定决心，也在宏观上确立了深化农村改革、加快农村发展、维护农村和谐稳定是推进我国"三农"工作高质量发展的根本路径。

---

① 习近平. 论坚持全面深化改革 [M]. 北京：中央文献出版社，2018：261.

改革的历史和经验充分证明，要实现中华民族伟大复兴，最艰巨最繁重的任务依然在农村，最广泛最深厚的基础依然在农村①。我国已走过了四十多年的改革开放道路，积累了不少改革经验，重大的改革往往可以带来大的突破和发展，并且改革阻力越大的地方、改革越难的方面，往往意味着"经络"没有打通，机制没有理顺，或者原来的思路与做法已经不能适应新发展阶段的要求。这时，如果能够把"经络"疏通、机制理顺，就能够取得重大突破，带来"跨越式"的发展。农村正是我国改革发展当中一个重要的"经络"和关键的"穴道"，一旦打通，便似打通"任督二脉"，必将释放出巨大的改革力量，为中华民族伟大复兴事业注入强劲动力。当前，农村改革已进入"船到中流浪更急"的"深水区"和"一山放出一山拦"的攻坚阶段，但改革没有退路，只有奋勇向前，正所谓"沉舟侧畔千帆过，病树前头万木春"。我们要按照习近平总书记对"三农"工作的总要求，坚定深化改革的信心和一往无前的决心，以"咬定青山不放松"的韧劲和"白发犹残求是辉"的创新精神，坚持问题导向，坚持以人民为中心，一个难题一个难题地解，一项政策一项政策地落实，确保农村改革工作全方位落地。

农村改革、农村发展、农村和谐稳定是辩证统一的关系。农村改革是农村发展的强大动力；农村发展是农村改革的目的，是农村和谐稳定的物质基础；农村和谐稳定是农村发展的前提，是农村改革顺利推进的重要保障（高鸣、郑庆宇，2022）。我们必须始终关注农村改革的力度、农村发展的速度和"三农"改革承受能力，着眼于不断变化的客观形势进行科学统筹、精心谋划，既要加大改革力度、加快发展速度，抓住机遇加快发展，又要加强顶层设计，坚持以人为本，实现农村改革、农村发展和"三农"改革承受能力的统一。要深刻认识到，"三农"工作的根本出发点和落脚点始终都是"人"，我们深化农村改革、加快农村发展、维护农村和谐稳定，最终目的是不断实现农民对美好生活的追求和向往。只有以农民为本，才能形成农村改革、发展与和谐稳定的良性循环。

1.2.4 "三个必须""三个不能""三个坚定不移"是辩证统一的有机系统

习近平总书记关于"三农"战略地位的系列重要论述是习近平新时代

---

① 习近平. 论"三农"工作［M］. 北京：中央文献出版社，2022：3.

中国特色社会主义思想的重要组成部分，"三个必须"是总任务，"三个不能"是总要求，"三个坚定不移"是总遵循，这一有机系统，构成了习近平新时代中国特色社会主义思想"三农"篇的总纲领。

"三个必须"着力强调了"三农"强、富、美与国家强、富、美的内在逻辑关系。从法律用语的规范性上考量，带有"必须"字眼的法律条文，属于责任性履行的规范，没有例外和特殊，要不折不扣地一律执行。在我国法律用语中，"应当"虽然很近似于"必须"，但和"必须"相比，只是一种原则性的规定，或者说是一般性的要求，允许在执行中有一定的灵活性，允许特殊和例外的存在。所以，"必须"和"应当"虽然都属于强制性规范用语，但"必须"在语气上比"应当"程度更为严厉，要求的范围更加明确。这说明"三农"强、富、美与国家强、富、美之间，没有灵活性，不允许特殊和例外，是唯一抉择。

"三个不能"主要针对新时代某些地区某些干部出现"忽视农业、忘记农民、淡漠农村"的现象，而对全党发自肺腑的告诫。从法律用语规范性来看，"不能"相当于"不得"，属于禁止性规定。中国共产党和新中国有今天的辉煌，得益于"三农"，我们任何时候都不能忘本，"忽视农业、忘记农民、淡漠农村"从某种意义上讲，就意味着背离中国共产党宗旨。

"三个坚定不移"从农村改革、农村发展、农村和谐稳定相互协同的宏观视角，来论证农村的改革、发展、和谐稳定是"三农"工作重中之重，非如此则不能实现农业农村的现代化和农民的共同富裕。农业的属性是产业，农民的属性是职业，农村是农业、农民以及涉农产业链条上各类生产和生活的承载地。"三农"之间具有相互依存、相互协同的内生关系，这些内生关系构成了农村生产关系的基本框架。除了生产力方面的因素之外，当前制约农业发展和农民富裕的因素，正是农村生产关系的束缚。因此，要从改革生产关系入手，着力解决要素流通问题（钟甫宁，2021）。要扩大农村生产要素的外延和内涵，加快促进城乡要素双向流动，挖掘农业生产经营潜力；要回归农民职业属性，调动农民创业积极性，启发农村经济发展内生动力，以生产关系的改善推动生产力的进步，形成改革、发展、稳定的有机协同。

习近平总书记理论学养深厚、"三农"实践和领导经验丰富，关于"三农"战略地位的重要论述高屋建瓴、站高谋远，从大历史的逻辑视野，为我国"三农"工作提供了根本遵循。这一系列重要论述蕴含着丰富的辩证唯物主义哲学思维，既有很高的宏观理论指导性，又有很强的现实可操作性，彰显了以习近平同志为核心的党中央对农民的深切关怀和对农业农村发展的高度重视。

1.3 习近平总书记关于"三农"战略地位的重要论述是新发展理念引领下的"三农"发展方略

创新、协调、绿色、开放、共享的新发展理念是习近平总书记经济思想核心理论体系的支撑理念，是我国经济与社会高质量发展的行动指南。新发展理念搭建了新时代中国特色社会主义政治经济学的重要基础理论框架，确定了我们党在发展问题上的政治方向、价值取向、发展逻辑，也回答了一系列可持续发展的实践问题，如发展的目标、动力、方式和路径等。新发展理念是新时代中国特色社会主义管全局、管根本、管长远的基础理念，具有战略性、纲领性、引领性，也是破解"三农"发展中结构性难题的根本遵循。习近平总书记关于"三农"战略地位的重要论述是新发展理念引领下"三农"工作的重大方略和总纲领，极大地丰富了新时代中国特色社会主义政治经济学的"三农"篇，是对马克思主义政治经济学新时代"三农"篇的重大原创性贡献。

1.3.1 习近平总书记关于"三农"战略地位重要论述的"三个必须"是新发展理念引领下"三农"工作的总任务

第一，农业的"强"和农村的"美"必须以创新发展理念为引领。在机制创新上坚持改革导向，全面激活市场，激活主体和要素，转变农业发展模式，为农业和农村的发展注入新动力、释放新活力。要持续推进农村土地制度改革，在保持土地承包关系稳定且长久不变的基础上，完善"三权"分置制度，推进以"三变"为核心的农村集体产权制度，即探索资源变资产、资金变股金、农民变股东的新发展模式；在技术创新上重点推进生物技术、装备技术、数字技术、智慧农业、绿色农业等方面的创新，特别是涉农新基建要围绕农业技术装备发展潮流，推进农业装备更新和 5G 技术、区块链技术进村下乡，高标准推进农村信息集聚中心和互联网平台建设，补齐农业农村数字短板，为"物联网+农业"奠定根基；在投融资创新上围绕农产品稳产保供和助力乡村振兴，依托金融科技创新金融服务，加大以提升耕地质量为核心的基础设施投资力度，加大涉农项目扶持力度，为乡村振兴提供资金保障（方合英，2021）。

第二，农业的"强"和农村的"美"必须贯彻协调发展理念。协调发展首先要注重机会公平，主要是城乡协调和要素资源的相对公平，要立足乡村地域特征，保留乡村底色推进农业农村现代化（汪洋，2022），注重乡村振兴与新型城镇化相协调，以资源协调促发展协调。其次要注重区域平衡，西部地区要促进农牧业产业链、价值链升级，发展高效旱作农业、节水型设施农业、戈壁农业、寒旱农业，积极发展高原特色农业和绿色农业。加强东北地区现代化大农业的发展，建设粮食战略基地。中部地区作为重要的粮食基地，要巩固提升基地能级，节约利用农业资源。东部地区要发挥创新优势和开放前沿优势（蒋鑫，2022），大力推进开放型引领型辐射型现代农业发展，培育高科技龙头农业企业，要充分利用"三带"优势，即利用海岸带、近海海域和深远海海域推进海洋渔业的发展。最后要实现产业协同，发挥一、二、三产业融合所产生的协同效应，加快农村经济增长和财富积累，以产业兴旺实现农业的"强"和农村的"美"。

第三，农业的"强"和农村的"美"必须以绿色发展理念赋能。习近平总书记指出："绿水青山可带来金山银山，但金山银山却买不到绿水青山。绿水青山与金山银山既会产生矛盾，又可辩证统一。"① 坚持绿色发展理念，实施五大行动加快推进农业绿色发展，走生态环境友好型农业农村发展之路是乡村振兴的必由之路。建立健全生态补偿制度，促使生态与产业融合发展，充分利用生态补偿机制将"绿水青山"转化为"金山银山"。加强体制机制改革，激发创新活力，既要保护生态，又要发展生态，以"碳达峰、碳中和"为突破口，不断开辟生态资源资产化、资本化的新路子。在农业农村各项生产活动中，要将绿色发展理念作为行动指南，包括推进畜禽粪污染资源化利用，提高畜禽养殖废弃物等有机肥资源利用率；落实农药、化肥减量增效行动，以果菜茶生产为重点，实施果菜茶替代化肥，实现资源循环利用；加强秸秆处理，促进秸秆资源高效循环利用；规范农膜的销售和使用，推进农膜回收，减少"白色污染"等，创造经济与生态和谐共生的农业农村发展新局面（周涛，2018）。

---

① 习近平. 绿水青山也是金山银山［N/OL］. http://www.xinhuanet.com/politics/szzsyzt/lsqs2017/index.htm.

第四，农业的"强"和农村的"美"必须以开放发展理念助力。加强国内国际市场的互动联动，促进农村产业积极融入国际大循环，为农业"强"和农村"美"注入新的活力。开放发展是农村经济与社会发展在国际范围的拓展（吴宣恭，2021），要充分利用共建"一带一路"的优势，构建更高质量的外贸格局。"一带一路"沿线国家和地区具有较强的贸易互补性，利用好"一带一路"发展政策，加强与沿线国家和地区的贸易合作，健全农业合作机制，优化贸易合作方式，分散贸易风险；充分利用农博会平台，加强我国农村产业的宣传推介，推动农业企业和产品"走出去"，积极拓展国际市场；以跨境电子商务平台为依托，以自由贸易试验区建设为契机，全面提升农村产业的国际竞争力。

第五，农民的"富"是共享发展理念的最终体现。共享理念是其他四种发展理念的出发点和归宿，同时也为其他四种发展理念提供理论支持和治理动力，"创新"解决发展动力问题，"协调"解决资源平衡问题，"绿色"解决可持续问题，"开放"解决空间拓展问题，"共享"是共同富裕的应有之义。促进全民共同富裕，首先要解决城乡差距问题，实现城乡统筹协调发展，主要是促使更多的生产要素向农村流动，为农村发展提供更多的机会。其次要不断缩小区域间差距，实现区域间平衡发展，关键是加快中西部农村地区发展。再次要缩小农村地区内部差距，实现共享发展，建立健全帮扶措施，缩小农民个体差异。最后要进一步完善收入分配制度，充分发挥政府的社会管理职能，加强对农村收入较低群体的保护，维护农村收入较低群体的合法权益，健全社会养老保险制度，适当提高农村养老保险标准，为农村低收入群体提供生活保障。完善社会救助体系，制定规范的救助标准，减少瞄准偏误，充分发挥转移支付的作用，完善三次分配相关政策。

习近平总书记关于"三农"战略地位重要论述的"三个必须"，凸显了新发展理念在"三农"工作中的引领作用，以"三农"战略地位的视野解读和诠释了新发展理念，是新发展理念在"三农"工作领域的具象化，进一步丰富了在"三农"工作中践行新发展理念的内涵。因此，习近平总书记关于"三农"战略地位重要论述的"三个必须"，是对马克思主义政治经济学新时代"三农"篇的重大原创性贡献。

1.3.2 习近平总书记关于"三农"战略地位重要论述的"三个不能"是新发展理念对"三农"工作的总要求

习近平总书记关于"三农"战略地位重要论述的"三个不能",既有针对性,也有现实性,更有长远性,是立足我国基本国情、贯彻党的根本宗旨的科学论断,强调了"三农"工作要以新发展理念为引领,是需要在实际工作中认真践行的约束性总要求。

坚持"三个不能",必须将新发展理念贯彻落实到"三农"各领域。第一,坚持全面创新,打赢农业翻身仗,积极推进关键核心技术攻关。第二,注重持续协调发展,推动城乡协调发展机制,抓好乡村建设行动。第三,树立绿色发展理念,有序利用资源,推动农业农村绿色发展,降低生态环境承载压力。第四,充分发挥开放作用,统筹利用国内国际两个市场两种资源,加强农业国际合作。第五,坚持共享发展,推动农村产业协同融合,加快发展富民产业,促进农民持续增收。

在纠正"三农"工作中的"忽视、忘记、淡漠"等问题时,要有针对性地切实贯彻新发展理念,坚持"三个不能"的总要求,拨乱反正,加大投入,彻底改变农业发展滞后局面。习近平总书记关于"三农"战略地位重要论述的"三个不能",是对马克思主义政治经济学新时代"三农"篇的重大原创性贡献。

1.3.3 习近平总书记关于"三农"战略地位重要论述的"三个坚定不移"是"三农"工作中贯彻新发展理念的总遵循

"三个坚定不移"重要论述抓住了"三农"工作的牛鼻子,以改革促发展,以发展解决前进中遇到的各种新情况新问题,以和谐稳定的社会局面保障改革发展大局稳中求进,是"三农"工作具体推进过程中贯彻新发展理念的总遵循。必须紧紧围绕"三农"短板,坚持目标不动摇、道路不偏移、行动不走样,一以贯之地推进农业农村供给侧结构性改革,激发活力,增强动力,保护好积极性,保持住好势头。

在实现第二个百年奋斗目标征程中,深化改革、加快发展、保持稳定依然是全面推进乡村振兴的不二法门。我们要以"三个坚定不移"为总遵循,促进巩固拓展脱贫攻坚成果与乡村振兴战略的有效衔接,统筹推进产业、人才、文化、生态和组织的全面振兴,以人为本促进"三农"全面发展；以产业协同融合为抓手推动农业转型升级，促进产业高质量发展，维护好我国经济良性发展势头和和谐稳定大局；加强农村基础设施建设和农村综合治理，打造优美人居环境，推进美丽乡村建设，全方位改善农业、农村、农民生产生活条件；提升农民文化素养，培育农村文明"三风"，促使农业农村积极适应新需求新变化；提升治理能力，加快实现治理能力现代化，让亿万农民平等参与现代化进程，共同分享现代化成果，实现共同富裕并不断满足农民日益增长的美好生活需要，让农民群众有更多的获得感、幸福感、安全感。

习近平总书记关于"三农"战略地位重要论述的"三个坚定不移"，教育引领我们在"三农"工作中要在思想上、政策上、改革上做到坚定不移、毫不动摇、持续发力，牢牢把握住农业、农村、农民的核心点、轴心线，通过农村发展、农民富裕稳住国家发展的基本盘，构建以国内大循环为主体、国内国际双循环相互促进的新发展格局。习近平总书记关于"三农"战略地位重要论述的"三个坚定不移"，是对马克思主义政治经济学新时代"三农"篇的重大原创性贡献。

1.4 习近平总书记高度关注成渝地区双城经济圈农业的高质量发展

习近平总书记非常关心成渝地区双城经济圈的"三农"工作。2013年5月23日，习近平总书记来川视察时指出："四川是农业大省，具有丰富的农业自然资源，具有做好'三农'工作的良好条件，必须扎实做好'三农'工作，加快发展现代农业。"① 2017年3月8日，习近平总书记在参加十二届全国人大五次会议四川代表团审议时强调："四川农业大省这块金字招牌不能丢，要带头做好农业供给侧结构性改革这篇大文章，推进由农业大省向农业强省跨越。"② 这一系列重要指示对成渝地区双城经济圈同样适用，为成渝地区双城经济圈做好新形势下"三农"工作提供了方向指引和根本遵循。成渝地区要牢记总书记的重托，坚持把"三农"工作作为重中

---

① http://sc.china.com.cn/2017/toutiao_1011/247958.html.

② https://www.sc.gov.cn/10462/10464/10797/2019/2/28/098d4b9134954ac5ac517a1d339cdea3.shtml.

之重，奋力推进成渝地区双城经济圈实现由农业大区向农业强区迈进的历史性跨越。

2022年6月，习近平总书记在四川考察时强调："要严守耕地红线，保护好这片产粮宝地，把粮食生产抓紧抓牢。"① 2023年7月，习近平总书记在四川考察时指出，要"打造新时代更高水平的'天府粮仓'"。沿着总书记指引的方向，成渝地区双城经济圈抓住种子和耕地两个要害，加强良种和良田配套，多产粮、产好粮，为端牢中国饭碗作出更大贡献。

党的二十届三中全会提出，要进一步完善区域协调发展战略机制，形成全方位、多层次、宽领域的区域联动发展新格局。这为推动成渝地区双城经济圈建设走深走实，为成渝地区双城经济圈农业高质量一体化发展指明了方向。农业农村现代化是中国式现代化的重要组成部分，没有农业农村的现代化，就没有整个国家的现代化。农业农村改革在党的二十届三中全会通过的《中共中央关于进一步全面深化改革　推进中国式现代化的决定》中占的分量很重。《中共中央关于进一步全面深化改革　推进中国式现代化的决定》中专门有一章对完善城乡融合发展体制机制作出系统部署，明确了农村改革的重点任务，为新征程上推进农业农村改革提供了重要遵循和依据。

成渝地区双城经济圈推动传统农业向现代农业转型，推进乡村全面振兴，离不开一体化创新和发展。成渝地区双城经济圈要深入学习和运用"千万工程"经验，坚持系统化思维、工业化理念、项目化推进，以"四化"同步为统揽，积极建设优质高效的现代农业生产体系、链条更加完备的现代农业产业体系、集约集聚的现代农业支撑体系、数字赋能的农业科技支撑体系、宜居宜业和美乡村支撑体系"五个体系"，以产业繁荣赋予和美乡村更多的经济内涵，给予强村富民、宜居宜业更多的内在支撑，做到美丽乡村与美丽经济互促共进，赋能成渝地区双城经济圈建优建强。

---

① https://baijiahao.baidu.com/s？id＝1787662723290295393&wfr＝spider&for＝pc.

2 农业高质量一体化发展研究文献综述

随着区域经济规律发挥作用和区域经济与社会的一体化发展，农业的高质量一体化发展受到国内外学者越来越多的关注。

2.1 农业高质量发展研究文献综述

2.1.1 国外研究现状

近年来，国外学者对农业发展的研究逐步深入，虽然没有直接提出农业高质量发展的概念，但已经对农业高质量发展的形式做出了相关探讨，主要有三种形式，即绿色农业、现代农业和农业发展质量的提升路径。

2.1.1.1 绿色农业

部分国外学者对绿色农业和生态农业做了相关研究。凯利·瓦庭顿（Kiley-Worthington M，1981）从生态农业的生产手段、生产要求等层面，阐释了生态农业的理论，并明确指出，在本质上，生态农业是杜绝添加任何人工合成制剂，只依赖农作物和自然人工的生产系统；亨克等（Verhoog Henk et al.，2003）从化学品使用、生产布局、生产与生态系统的整体性角度论述了绿色农业的概念和自然属性；帕尔维兹（Parviz，2012）提出，要根据环境状况，不断调整产业结构和开展特色生产，才能为发展绿色农业、改善农业生态环境和提高农产品国际竞争力做出更大的贡献。

2.1.1.2 现代农业

有部分学者对现代农业发展进行了分析。安多赫等（Andoh J et al.，

2018）探究了特定形式的现代农业集约经营规模扩大所产生的宏观经济问题，认为过度依赖少数高产作物的现代农业会造成全球生物多样性被严重破坏；而查克拉博蒂等（Chakravorty U et al.，2016）通过研究技术创新、经济下行风险对农业现代化的影响，发现在不景气年份，可以从保护生产、降低风险、技术创新三个方面提高正常年份的农业生产率。

2.1.1.3 农业发展质量提升路径

内田雄一郎等（Uchida et al.，2004）实证分析了9个农业发达国家的农业发展，发现在很大程度上，农业技术水平与产品质量会影响本国农业在国际市场上的竞争力，并指出应提升农业生产技术来促进农业发展质量；而奈杰尔·基等（Key et al.，2007）研究了美国政府农业扶持政策与农业生产结构的相关性，指出政府应加大对农业的扶持力度，以促进农业生产结构的优化调整；雷金纳德等（Reganold et al.，2016）则从生产力、经济生存能力、环境影响和社会福祉四个角度测算了有机农业的绩效，指出有机农业系统能够创造出更完善的生态服务系统，并认为应大力发展有机农业，才能产生更高的社会效益，进而提升农业发展质量。

2.1.2 国内研究现状

国内学者对农业高质量发展的研究主要集中在内涵、特征、指标体系构建、存在的问题以及发展路径等方面。

2.1.2.1 对农业发展质量的相关研究

从现有文献来看，早在20世纪八九十年代，就有学者提出农业要从数量型向质量型转变的观点（顾益康，1985；王孟华，1992）。应转变的原因有二：一是农产品数量上的增长已无法满足人们的需求；二是片面追求量产的生产模式限制了农业增长方式的可持续性（石爱虎、霍学喜，1996）。因此，数量型农业应转变为以产品生产优质化、农业技术现代化、生产经营一体化和资源环境良好化为目标的质量型农业。类似地，在同一时期，为区别于过去用产量作为衡量农业发展水平的唯一依据，还出现了"三高"农业的概念，即高质量、高产量和高效益农业（戴雄武，1992；舒惠国，1992；廖时权，1992）。

2.1.2.2 对农业高质量发展的内涵与特征的相关研究

（1）农业高质量发展的内涵

蔡昉（2017）认为，有效解决农民收入增长、生产方式现代化和食品供给问题是农业高质量发展的内涵。农业高质量发展是一个综合性概念，包含产业效益高、生产效率高、产品质量高、经营者素质高、经营机制高效完善、农民收入高和国际竞争力高等（韩长赋，2018；钟钰，2018）。柯炳生（2018）认为农业高质量发展的本质目标是实现农业现代化，并将其内涵概括为农业产品质量高、农业生态环境好和农业产业结构优；而谷洪波（2019）认为农业高质量发展是一种以科技创新为增长动力，产业结构更加合理、生产效率大大提高、农民收入不断增长的，能够提供更加安全优质农产品的绿色可持续发展；陈明星（2020）提出，农业高质量发展是以供给侧结构性改革为主线，深化一、二、三产业之间的融合，实现供需匹配、要素配置效率提升、公共服务优化以及乡村治理完善的发展；陈晨（2020）则认为除了农业发展质量的提升外，还应该考虑农业绿色发展、数字科技赋能以及产业融合等方面。从农业现代化的角度引入，农业高质量发展的内涵应该与农业现代化的三大体系相呼应。结合现代农业生产、经营和产业体系的发展方向，农业高质量应该表现为高品质、高效益、高效率和高素质四个方面（王静，2021）。汪晓文等（2020）则从农业发展所面临的一系列现实问题着手，提出农业高质量发展应实现农业生产结构优化、消费结构调整、质量效率提升、农民增收以及可持续，而其中的重点在于农产品质量的提高和农业生产结构的优化。

（2）农业高质量发展的特征

夏英等（2018）提出实现绿色与发展、供给与需求、政府与市场、质与量的对立统一是农业高质量发展的特征。以绿色发展理念为指导，以粮食安全得到保障为基础，以可持续发展方式为手段，以资源合理利用及环境保护为核心，以提高产品质量为根本，以设立合理的标准体系为指导，以对内和对外双向市场为导向（于法稳，2019），以满足人民对美好生活的需要为目的，以新发展理念为原则，以增质、增效为导向（王兴国，2020），这是农业高质量发展的特征。孙江超（2019）认为农业高质量发展应体现为农业供给要满足多元化的市场需求，农产品附加值高和农业经营效益高，发展绿色高效农业，农业向可持续发展深入转型。

2.1.2.3　对农业高质量发展指标体系的研究

国内学者基于我国经济发展实际，从资源、环境、经济、社会、人口、农业发展、农村城镇化、农业支持保护力度、农业可持续发展、农业增长效率、产业结构、发展稳定性及社会福利等方面构建评价指标体系，并利用熵值法、主成分分析法、层次分析法、纵横向拉开档次法和提高全要素生产率等方法对我国县域、各省份的农业发展质量、农业现代化、农业可持续发展以及农业高质量增长水平及时空特征进行评估，且从总体来看，我国农业发展不均衡（辛岭 等，2014；韩海彬 等，2017；赵丹丹 等，2018；郝一帆 等，2019）。

此外，国内学者还结合新时代我国农业发展实际，基于农业高质量发展包含的要素、新发展理念的视角、农业高质量发展是提升农业综合效益的原则、农业高质量发展特征的角度，从规模化生产、产业融合、绿色发展、供给端质量提升、发展效益、创新水平、结构优化、社会福利进步、产品质量、生产效率、产业绩效、经营者才能、可持续发展、收入分配、出口竞争力、农产品供给、经营主体培育、产业融合、物质装备、科技创新、发展成果、经济效益、生态环境、农业现代化水平和农村发展水平等方面构建了多样化的农业高质量发展指标体系，并利用某一年的截面数据或者某几年的面板数据，对某一省份、某一区域或者全国的农业高质量发展水平进行测度（辛玲 等，2019；谷洪波 等，2019；黎新伍 等，2020；黄修杰 等，2020；周心昊，2020；郭楚月、曾福生，2021；徐光平 等，2021）。此外，龚锐等（2020）采用农业绿色全要素生产率来表示农业高质量发展，遗憾的是，他们测算时所使用的指标只涵盖了农业的投入与产出，无法体现农业除生产外的其他方面的实际发展水平。农业高质量发展的内涵极其丰富，涵盖范围广，需要对其进行全面的衡量，为此，大多数学者选择构建评价指标体系来衡量农业高质量发展水平，这是进行定性、定量研究的基础，同时还需要在测度基础上对我国农业高质量发展的区域差异、影响因素和实现路径等进行研究。

2.1.2.4 对农业高质量发展问题的研究

农业高质量发展还存在较多问题，如产业结构升级速度缓慢、可持续发展面临挑战、农产品及相关产业缺乏国际竞争力、农业发展成果的分享机制不完善、农业产业结构不合理、产业融合路径不通畅、科技支撑能力弱、土地流转交易障碍多、农业经营者整体素质不高、城乡及农村内部收入差距过大、人口与产业流失、基础设施和公共服务不健全、企业经营困难和农民增收受限等问题（姜长云 等，2017；夏显力 等，2019；陈明星，2020），影响了农业实现高质量发展的进程。

2.1.2.5 对农业高质量发展路径的研究

目前，学者们基于我国农业发展现状与现存问题，从转换农业发展观念、完善农业公共资源配置、发展绿色农业市场、培育农业农村新产品新业态等方面提出了推进农业高质量的路径（李国祥，2017）。寇建平（2018）和宋洪远（2018）都提出，必须坚持质量第一和效益优先的原则，提高农业高质量发展水平。而要实现农业的高质量发展，需遵循稳中求进的基本原则，坚持优化农业粮食结构，注重农村实体经济的发展，实施创新驱动战略，强化政策保障体系；需加快推进产业转型升级，提高产品质量、产业效益等，在工作方法上实现由行政推动向市场引导转型；需以深化供给侧结构性改革，以市场为导向调节要素流动、完善公共服务和促进产业融合为原则，坚持深化土地制度改革、农业创新，注重金融保险服务发展和财政扶持；需从推动农业标准化生产、产业融合发展、发展开放型农业产业体系以及壮大新型农业市场主体等多条路径协同发力；还需从农业高质量发展与乡村振兴之间的关系出发，促进产业融合发展，注重农业生态效益，推动农业挖掘（丁声俊，2018；韩长赋，2018；孙江超，2019；黄修杰 等，2020；谢艳乐 等，2020）。

2.2 农业一体化发展研究文献综述

2.2.1 国外研究现状

在国外，关于农业一体化研究的成果颇丰。哈佛大学教授戴维斯（Davis）及其助手戈德堡（Goldberg）在1957年发表的《关于农工商一体化的概念》一文中，首次提出了"农业一体化"的理念，并把从事农业综合经营的组织机构称为"农业综合企业"或"农业综合体"。而农业一体化理论可以追溯到交易成本理论出现的初期。科斯（Coase，1937）从交易成本角度探讨了企业性质与企业边界问题。Mighell 和 Jones（1963）两位美国学者较早依据农业生产阶段性的特点，对农业一体化进行了定义，即农业生产会经历数个阶段，如果某个农业企业在实际生产中经历了多个生产阶段，其实质上就完成了一体化。Riordan（1985）、Zuurbier（1999）、Lieger（1999）认为农业一体化的实现形式是在农业生产经营主体之间建立起的一种契约关系，并通过相互协调各种契约关系，对其不断调整的过程。Bylund（2011）进一步提出，农业一体化不仅仅依靠契约的建立，还需要构建不同阶段之间的长期契约关系。

随后，大量学者对农业一体化与企业之间的关系进行了深入研究。威廉姆森（Williamson，1975）从有限理性、机会主义和资产专用性的视角，对交易成本的产生以及企业内部化与治理问题进行了深入探讨。Purcell（1973）在对美国牛肉产业生产运营过程的研究中指出，消费者偏好等信息在一体化企业内部的传播效率远高于企业市场价格信号传导机制，因此一体化企业对市场变化的反应更加灵敏，可以更快地对产业链上的各个生产环节进行调整，并获得丰厚利润。Marion（1973）通过对俄亥俄州农业数据的分析，认为纵向一体化的农业企业可以更好地控制最终产品的质量，从而平滑市场风险。Hal（2008）则通过对巴西某农业企业个案的分析，得出纵向一体化可以提高农业企业的科研能力，增强其市场竞争力的结论。

随着对农业一体化的深入了解，不少学者对农业一体化所带来的优劣点进行了分析。从优点来看，纵向一体化农业企业可以避免市场价格波动，减少交易成本，以提高生产效率；可以更好地提高产品质量和抵抗市场风险；还具有信息优势，使企业内部的信息传导速度快；可以更好地提高产品质量和抵抗市场风险（Mighell、Jones，1963；Purcell，1973；Marion、Arthur，1973）。Eddy（2004）、Hall（2008）和Ouden（1996）在对区域内企业案例进行研究的基础上，发现纵向一体化的农业企业能够推动农业生产的规模化发展，并且还具有更强的科研力量和竞争力。但农业一体化发展也有弊端，即农业本身特性和农产品的市场结构，使得农业一体化企业在上游生产阶段出现生产过剩时，一体化农业企业容易出现巨额亏损。

2.2.2 国内研究现状

随着我国农业农村现代化进程的不断推进，我国也于20世纪70年代末开始学习发达国家的农业一体化经营方式，同时，我国学者结合我国的国情和农情，对农业一体化也展开了一定的讨论。

刘颖娴（2015）认为，实施一体化的合作社可以通过将组织的外部市场交易内部行政化的方式，来克服不确定性的影响。叶祥松（2015）认为，我国农业生产面临农业生产规模小、农业企业规模小和现有农业制度不完善等问题，而一体化不仅可以扩大农业生产经营规模，同时可以降低农业生产的经营成本，对我国农业生产具有借鉴意义。孙芳（2016）通过对比中、日家庭农场的发展状况，认为我国家庭农场需要创新规模化经营模式，并认为家庭农场纵向一体化是解决目前家庭农场污染大、成本高、风险大等问题的一种理想的并且有效的模式。韩一军（2017）认为，农业纵向一体化可以在控制成本的同时增加产品附加值，是解决我国农业效率低问题的重要手段。韩喜艳（2019）利用 Foley 模型证明农业企业一体化可以降低交易费用，并通过理论分析认为一体化模式可以提高农产品的流通速度并提高消费者福利。于亢亢（2020）利用上市公司二手数据进行回归分析，认为一体化可以显著影响产品质量认证，并且外部环境不确定性和复杂性越高，其影响越明显。叶敬忠（2021）在恰亚诺夫主义视角下验证了小农经济农业生产的合理性，认为小农经济农业生产方式不会消失，其未来发展方向是以家庭农场为基础的适度规模经营以及产销一体的一体化。盛楚雯（2021）深入剖析了我国渔业产业化发展的增效机制，认为一体化可以为渔业生产运营带来范围经济、规模经济、分工经济以及聚合经济效应，这些由一体化带来的经济效应是我国渔业产业化发展的重要增效机制，即通过将不同生产运营环节的经营主体组织起来，可以在信息、品牌、技术等关键生产要素共享的基础上，优化要素配置、提高生产效率、降低交易成本。

上述是我国学者将中外农业产业进行对比佐证之后的一些想法和结论。不少国内学者对农业纵向一体化产业组织案例进行了深入分析，如对我国牛羊养殖户纵向协作形式选择以及产业组织模式与运行机制（王桂霞，2008；张莹，2015），乳品产业链纵向组织模式与组织关系（侯淑霞，2008；杨伟民，2009），"公司+合作社+农户"的家禽产业化的经营模式和组织运行方式（孙艳华，2007；万俊毅，2008；黎荣秋、黄继发，2017），生猪养殖组织发展形式与治理机制（吴学兵，2014；傅琳琳，2016），蔬菜产业组织模式、效率与影响因素（虢佳花，2008；吕美晔，2008），茶油产业主体协作行为与纵向整合（程剑，2011；管曦，2012），中药材产业组织模式与企业组织绩效研究（丰志培，2010），丝绸产业链纵向合作关系（刘峰，2011）等进行了研究。而孙艳华（2007）、万俊毅（2008）等基于肉鸡公司案例对农业一体化组织模式选择、垂直协作关系与治理进行了探讨。此外，在农业一体化产业模式划分方面，牛若峰、夏英（1996）划分为专业化生产加工企业、农业工商企业集团、"公司+农户"、"专业协会+农户"四种形式；赵爱英、吕学山（1998）则将其分为市场导向型、龙头企业带动型、中介联结型三种。随后，黄祖辉、郭红东（1999）和牛若峰、夏英（2000）又将其划分为龙头企业带动型、合作经济组织带动型、中介组织带动型、主导产业带动型以及市场带动型五种组织模式。

2.3　农业高质量一体化发展研究的历史与现状

理论方面：方晓红（2020）研究了长三角地区农业高质量一体化发展的必要性，并指出长三角农业一体化发展存在标准体系不完善、产业布局不合理、缺少统一市场和高素质人才不足等问题；洪俊（2022）在辨析了长三角农业高质量一体化发展内涵的基础上，重点研究了江苏省涉农高职教育对长三角农业高质量一体化发展的影响；刘远（2011）深入分析了现代农业推动城乡一体化发展的核心机制，总结了发达国家在规模化、集约化、专业化、信息化、生态化等方面发展现代农业的主要路径，并提出了以现代农业的发展推动城乡一体化的相关策略；牟锦毅等（2022）建议成渝地区双城经济圈基于问题导向，明晰新时代区域农业协同发展的战略选择，通过创设区域农业政策协同机制、推动农业科技创新联盟落地落实、着力夯实农业基础设施建设、构建区域农业人才联合培养机制，促进成渝地区双城经济圈农业朝着更高质量协同发展前进；马洌扬（2022）基于《水肥一体化技术指导意见》和《推进水肥一体化实施方案》等指导文件，认为河南要立足"一控两减三基本"的发展总目标，在全省范围内推动水肥一体化，对保障粮食安全、推动农业绿色高质量发展具有重大意义；高伟（2021）介绍了当前农产品发展领域的特点，分析了供应链一体化发展视域下农产品物流体系存在的问题，并在此基础上提出基于供应链一体化的农产品物流整合模式，对农产品物流整合优化的可行路径展开了探讨。

实证方面：张峰（2021）基于长三角一体化发展及乡村振兴等国家战略要求，构建了农业高质量一体化发展评价指标体系，并采用指数加权汇总和产业变异系数测度方法，通过对长三角与京津冀等相关区域定量对比分析得出结论，3省1市应基于问题导向，着力在农业科技创新、市场开放等方面加强协作，补齐短板，协同推进农业更高质量一体化发展，打造全国经济高质量发展的引领区；樊晶慧等（2022）基于 UNComtrade 数据库 2013—2018 年 HS2 位贸易数据，采用进口依赖系数分析中、美两国农产品对日本出口现状，发现日本对中国加工农产品依赖程度逐年上升，但在畜产品、谷物产品及动植物油脂产品方面，中国的优势小于美国，并提出了加快推进我国农业向高质量发展转型，加快提升我国农产品国际市场竞争力，加快由初级粗放型向精深加工型转变，出口产品优先序上先拉长"长板"后补齐"短板"，在国际贸易策略布局上要深化区域经济一体化发展的政策建议；王欣等（2022）利用 CiteSpace 软件，系统梳理了知识图谱，分析了从 2004 年到 2019 年国家及省部级科学技术奖励中的农业绿色科技成果数据，提出要促进农业绿色产业技术与绿色乡村综合发展技术一体化发展，推进政策引导与市场拉动结合的农业绿色技术协同，强化区域性绿色农业技术特色，促进农业绿色技术结构优化升级。

2.4 文献述评

从农业高质量发展方面来看，其研究主要集中在内涵、存在的问题、评价指标及应对措施等方面。但总体来看，对农业高质量发展的研究还略显不足，表现在：①关于农业高质量发展的内涵研究较多，但其概念的界定角度多为问题导向型，内涵界定不够全面、清晰，缺乏对核心特征的概括与提炼。②学术界尚未形成统一、科学的农业高质量发展评价指标体系，且大多从省级角度出发，较少从市、县级层面进行分析，不利于根据各地区实际因地制宜提出促进农业高质量发展的政策建议。③农业高质量发展缺乏案例分析和具体模式的研究，在实践层面的探索有待进一步深化。

从农业一体化方面来看，国外的研究主要集中在概念、形式、特征、动因、优缺点、农业一体化发展的运行与维持、优化与治理以及农业企业构建的长期契约、稳定的合作关系，已经基本形成了稳定的理论体系。而我国的研究主要集中在农业产业的组织模式、组织主体行为选择、组织利益机制等方面，相关理论研究还处于探索阶段，需进一步加强研究。

3 农业高质量一体化发展的理论基础

3.1 农业高质量发展的理论基础

我们可以农业高质量发展相关理论作为后续研究的理论基础。这些理论为我们提供了不同的思考视角，并帮助我们更科学客观地探讨和分析问题。

3.1.1 传统农业改造理论

20 世纪 50 年代初，很多经济学家认为农业不能够促进经济的发展。当时的农业生产主要是以人力或畜力为主，并且缺乏现代化的农业技术和设备，所以生产效率较低，无法满足经济的快速发展需求。在 20 世纪 50 年代初，全球大多数国家仍是农业国家，农业就业人口比例较高。但随着社会经济的发展，城市化的进程加快，工业和服务业的发展需要更多的劳动力，而这些劳动力需要从农村转移过来。因此，农业领域的劳动力不过剩成为制约经济发展的瓶颈。此外，农业产品的附加值比较低，农产品的价格波动比较大，市场风险也比较高，这些因素使得农业不能够成为经济增长的主要引擎。相比之下，工业和服务业等其他领域更能创造高附加值的产品或服务，更具有经济发展潜力。

美国著名经济学家舒尔茨反对农业不能促进经济发展的观点，提出了"传统农业改造理论"。他认为，农业是经济发展的基础，并可以促进人力资本积累。舒尔茨认为，农业可以创造人力资本。农村地区的劳动力可以对通过农业生产和改良技术的学习，获得更多的人力资本。这些技能和知识可以被用于提高劳动生产率，促进农业现代化，同时也可以促进农业产值和农民收入的提高。这样，不仅可以缓解农村地区的贫困问题，还可以为整个经济体系注入更多的活力。与此同时，农业是整个经济体系的基础。农业在提供基础食物的同时，还可以提供原材料、能源和用于消费的部分产品。通过提高农业生产效率和增加农业产值，可以为整个经济体系提供更多的物质基础，同时也可以创造更多的就业机会，促进更多人参与经济发展。此外，舒尔茨强调，农业必须现代化，采用现代化的农业生产技术和设备，从而提高农业生产效率和农业产值。这样的创新和改良能够改善农民的生活状况，对于推动经济的发展可以起到至关重要的作用。

3.1.2 农业发展阶段理论

国外盛行的农业阶段理论为 Mellor 农业发展三阶段理论和 Timmer 农业发展四阶段理论。Mellor 农业发展三阶段理论是一种关于全球农业发展的理论模型，由经济学家 John Mellor 在 20 世纪 60 年代提出。该理论将全球农业发展过程划分为以下三个阶段：①前工业阶段（pre-industrial stage）。这个阶段的农业生产采用传统的农业生产方式和工具，生产效率比较低。人们主要以自给自足的方式从事农耕，农业对经济的贡献较小。②工业阶段（industrial stage）。这个阶段的农业生产开始工业化，发明了新的农业技术和机械化设备，农业生产提高了效率和产量。在这个阶段，农业劳动力的比例开始下降，人口逐渐集中在城市。③后工业阶段（post-industrial stage）。这个阶段是一个基于知识和信息的社会，农业文化已经进入信息时代。农业生产受到科技进步、环境保护和可持续发展的重视，农业生产也逐步向集约化和高质量化方向发展。Mellor 农业发展三阶段理论为全球农业发展的不同阶段提供了一种解释和说明，为经济学家和农业研究者提供了一种理论框架。

Timmer 农业发展四阶段理论描述了全球农业发展阶段的演变。根据该理论，全球农业发展经历了以下四个主要阶段：①自给自足阶段（subsistence phase）。在这个阶段，农民主要依靠种植农作物和饲养牲畜满足自己的生产和生活需要，农业生产主要面向家庭以及一小部分在当地销售。②商业化阶段（commercialization phase）。在这个阶段，农民开始将剩余农产品出售到其他市场，以获取额外的收入。这个阶段最初得益于交通运输和市场基础设施的发展，如铁路和邮局。③工业化阶段（industrialization phase）。在这个阶段，农业生产采用新的技术和管理方法，如化肥、农药和灌溉系统。这些技术和方法提高了农业生产效率和产品质量，加速了农业生产向现代化的转变。④后工业化阶段（post-industrialization phase）。在这个阶段，农业生产致力于保护环境、提高农产品质量和多样性、改进营养成分，以及针对不同种类消费者群体满足其个性化消费需求。Timmer农业发展四阶段理论描述了全球农业发展阶段的逐步演变，并且提供了指导农业发展的方向。理解全球农业发展模式对于我们促进农业可持续发展非常重要。

3.1.3 可持续发展理论

可持续发展理论是一种全面考虑经济、社会和环境因素的发展理念，即在满足当前需求的同时能够保持自然资源可持续利用，使得未来世代也能够享有类似的开发与利用机会和生活水平。可持续发展理论源于联合国环境与发展委员会（UNCED）于1987年发布的《布鲁特兰特报告》（又称《我们共同的未来》），该报告将可持续发展定义为"满足当前的需求，而不会危及未来世代满足自己需求的能力"。

可持续发展观点的核心是经济、社会、环境是相互联系的三个方面，应该通过平衡地发展这三个方面来提高全人类生活质量，促进人类和环境可持续发展。其中，经济的发展必须建立在可持续的环境和稳定的社会基础之上，同时，社会的发展也必须以公平、公正和可持续的环境为基础。①经济可持续性。经济增长不应该破坏环境，必须保证经济活动的可持续性与环境可持续性相协调。②环境可持续性。环境可持续性是人类可持续发展的基础，必须保证资源的可持续性和生态平衡。③社会可持续性。社会可持续性指的是满足当前和未来世代的社会和经济需求，并维持社会和法律秩序，保障社会公正和公平尤其是弱势群体的利益。可持续发展理论明确提出了"多方参与""资源共享""生态保护"和"减少碳排放"等方面的战略目标，并为我们未来的发展提供了科学的指导思想，使我们在经济、社会和环境三个方面协调推进，在可持续的前提下，实现全面的发展。

可持续发展理论的实践包括生态设计、生态城市、可持续建筑、可持续农业和可持续能源等一系列有利于环境保护的发展方法，已成为许多国家和地区的发展目标。

3.1.4 农业现代化理论

农业现代化理论是指在现代化进程中，农业应该如何发展以适应经济、社会和环境的变化，从而实现农业的可持续发展。该理论强调农业应该注重科技进步和产业化，提高农业生产效率和质量，科学规划和管理农业资源和生产体系，重视生态环保和农村社会经济发展，实现农业现代化与城乡一体化发展相协调。农业现代化理论的目的是提高农业生产水平和农民生活水平，促进国民经济的发展和社会的进步。

中国农业现代化理论的发展历程可以分为以下几个阶段：①农业现代化理论的初期阶段。在中国农业现代化理论的初期阶段，主要讨论了农业生产方式、种植结构、农业机械化、水利和肥料使用等问题。以王传福和郭永怀等人为代表，提出了"机械化和化肥农业""广义推广""改善财政收入"等理论。②乡村经济改革研究的初步阶段。在改革开放的初期，涌现了一批关注乡村经济问题的学者。以邓小平为代表的中央领导把农业现代化作为支持农村改革开放的关键实践，提出"三步走"农业现代化理论。③国际经验借鉴研究阶段。中国开始从国际经验中借鉴农业现代化的理念。以王旭明、陈锡文等人为代表，提出了"农村可持续发展"和"农村资源整合"等理论。同时，农村市场化和农业物流等新理念也开始兴起。④新时代农业农村发展阶段。随着农村经济转型和新农村建设的推进，传统农业改造理论也在不断更新和发展。当前的关键问题包括农业供给侧结构性改革、农村产业化、农民增收等。

黄祖辉是中国农业现代化的重要研究者之一，其基于中国国情的研究认为农业现代化是指农业实现高标准、生态化、市场化、多功能、可持续的协调发展。具体来说，农业现代化应该包括以下方面：①高标准化：农业应该注重科技创新，提升生产技术和水平，增强农产品的品质和竞争力。②生态化：农业应该实行生态农业，保护生态环境和生态资源，从而实现可持续发展。③市场化：农业应该遵循市场规律，实现农产品的有效流通和良性竞争，提高农民收入和福利水平。④多功能化：农业不应该仅仅是单纯的粮食生产，还应该兼顾生态保护、生态旅游、休闲观光等多种功能。⑤可持续化：农业应该注重推进资源节约、环境友好型农业，保护自然资源，促进农业生产方式的可持续发展。

3.1.5 新发展理念

新发展理念最早是在 2015 年 10 月召开的中共中央十八届五中全会通过的《中共中央关于制定国民经济和社会发展第十三个五年规划的建议》中正式提出的。自那以后，习近平总书记在一系列讲话中对这一概念进行了深入阐述。这一理念也再次在中共十九大报告和中共中央十九届五中全会通过的建议中予以强调，"新发展理念贯彻始终，发展全过程全领域，……实现发展更高质量、更有效率、更加公平、更可持续、更为安全"。新发展理念是中国共产党基于时代发展、社会需求和现实要求提出的重大理论创新。这一概念是针对"为什么发展、怎样发展、发展什么"的时代命题所提出的科学、全面、系统的回答，是积极应对中国发展新阶段遇到的新形势和新情况的回应，反映了党中央的全局思维，开创了中国高质量经济和社会发展的新空间和新局面。

新发展理念是一个多维度的发展理念，其核心是以人民为中心，创新引领、绿色发展、高质量发展，旨在推动经济发展转型升级，推进高质量发展和现代化建设，推进全面深化改革、扩大开放、增进民生福祉的发展目标。该理念强调创新、协调、绿色、开放和共享，"创新是引领发展的第一动力，协调是可持续健康发展的内在要求，绿色是可持续发展的必要条件，也是人民对美好生活的重要体现，开放是民族繁荣发展的必由之路，共享是中国特色社会主义的本质要求"。要求贯彻新发展理念的所有工作都必须从人民利益出发，着重注重生态环境保护、科技创新和全面开放，以推动中国经济融入全球一体化、实现长远可持续发展。新发展理念具有以下几个特点：创新发展、协调发展、绿色发展、开放发展、共享发展。

3.2 农业一体化发展的理论基础

3.2.1 农业区位理论

农业区位理论最早的系统阐述是由德国经济学家 Durnen 提出的。基于在德国 McLenberg 平原农耕的长期经验，Durnen 在 1826 年出版了他的专著《孤立国家中农业与国民经济的关系》，系统阐述了农业区位理论的原则和框架。Durnen 假定地球表面上有一个孤立的国家，只有一个城市中心被广阔的乡村地区所环绕。乡村地区向城市中心提供农产品和服务。在运输成本和回报之间关系的基础上，Durnen 提出了农业圆圈的同心圆模式，即以城市为中心，包括自由放牧、林业、轮作农业和畜牧业等。这一理论确立了两个基本的概念，对农业地理学和农业经济学的发展都非常重要。土地利用位置的客观规律性和主导地点的相对性，为经典位置理论的建立奠定了基础，也为后来工业位置理论和中心地理论的发展提供了基础。然而，Durnen 的农业区位理论是一个人为构造出来的理想模型，没有考虑到真实地理环境的复杂性和多样性以及多中心问题，仅仅考虑了运输对农业位置的影响，因而是不够科学的。

3.2.2 核心边缘理论

中心—外围理论，也称核心—边缘理论，是由弗里德曼的研究发展而来的。弗里德曼认为，在区域发展中，中心和外围之间存在着不平等的关系，中心地区的发展要比外围地区更快，而外围地区在发展过程中则受制于中心地区。这是因为中心地区和外围地区在经济、政治、交通、资源、科技等方面的地位存在差异，而在经济发展进程中，往往会集中资源支持中心地区的发展。同时，中心地区对外围经济有很大的辐射效应，这种辐射效应往往具有距离衰减的特点，即离中心地区越近，经济辐射效应越强，这主要是由于中心地区在经济发展过程中需要疏散一些功能，会优先考虑靠近中心地区的地区。中国学者将中心—外围理论发展为外围—中心理论，并提出了"双重核心空间"理论，对指导中国的经济和社会发展具有重要意义。

3.2.3 区域协调发展理论

区域协调发展理论是指在区域经济发展过程中，强调各地区之间应当协调发展，实现某种平衡的发展模式。这种理论认为，要使经济与社会发展最大限度地发挥区域的综合优势，就必须把整个区域的政治、经济、文化等全方位因素整合起来，协调安排，加强区域开发规划和指导，从而形成整体经济效应，实现区域协调发展。

区域协调发展理论的发展历程可以追溯到 20 世纪初。早期的研究主要集中在地理、区域经济和城市规划等领域，强调地理区域内的特殊性和地方经济体之间的相互作用。然而，这些理论并没有强调地区内的协调和合作。20世纪50年代，随着城市化和经济的加速发展，一些学者开始研究如何处理随着城市化带来的问题，包括贫困和环境污染，他们开始提出加强地区内协调和合作的理论。在20世纪60年代，全球经济陷入不稳定和不平等状态，地区发展不平衡问题引起了越来越多的关注。一些学者开始探讨如何通过合作和协调来促进地区发展。到20世纪80年代，随着新自由主义思潮的兴起，国家权力下放以及地方政府的崛起，区域协调发展理论得到了进一步的发展。一些发达国家开始实施区域发展政策，鼓励地方政府进行自主规划和发展。这些政策放弃了中央集权的思想，支持地方政府在地区内实现协调和合作。近年来，随着经济全球一体化和城市化的发展，区域协调发展理论又得到了新的关注。新的研究内容包括城市群的发展、现代服务业的崛起、自然资源的保护以及城市规划的绿色化等问题。

在实践中，区域协调发展理论强调以下几个方面：①持续发展。区域协调发展要以可持续发展为导向，不仅追求经济增长，还要坚持环保和资源循环利用。②统筹规划。区域协调发展需要有全面、统筹的规划，充分考虑不同地区、不同行业之间的互动关系，充分利用各种优势资源，实现全局和单一地区发展相互促进。③优化区位。区域协调发展需要根据不同地区的优劣势条件，对不同行业进行有针对性的发展规划，避免重复建设和资源浪费，还要保持城乡和区域发展的有序性和同步性。④加强合作。区域协调发展需要各地区之间加强合作，实现互补性发展。这包括在产业领域、区位优势领域、投资合作、人才共享等多个方面寻找合作机会，促进区域间经济共同发展。⑤加强支撑。区域协调发展需要充分发挥政府的支撑作用，鼓励科学技术和资金等各方面加大投入，推动经济发展，同时也需要积极吸引民间资本和社会力量投入，构建良好的发展环境和全民共享机制。

3.2.4 耦合协调理论

耦合协调理论是一种社会学和组织学理论，主要关注组织内部的相互作用和关系。它认为在一个组织内部，许多个体和部门之间存在密切联系和相互作用，彼此之间会互相影响和制约，这些联系形成了一种机制或过程，称为耦合协调。这种协调机制在组织内部起着非常重要的作用，能够促进组织内部的协同和整体效能的提高。耦合协调理论的提出为组织内部的合作、协调和治理提供了理论依据和指导意义，具有广泛的应用价值。

在科学和工程技术中，"耦合"通常指两个或多个系统之间的相互作用或连接，其中一个系统的状态变化会对另一个系统产生影响。这种相互作用可以是物理的、化学的、生物学的、社会学的等。耦合的强度和方式可以在不同情况下有所不同，有时相互作用可能是强耦合的，有时则可能是弱耦合的。

"耦合度"是描述两个或多个系统相互作用程度的。它通常可以表示为每个系统改变一定量时，另一个系统的响应量的比例或百分比。如果一个系统的状态变化对另一个系统的响应非常敏感或更改一点会引起巨大的反应，则称这两个系统具有高耦合度。而如果这两个系统之间的相互作用非常弱或几乎没有相互作用，则称它们具有低耦合度。

在工程和科学技术中，耦合和耦合度是很重要的概念，对于研究和设计系统以及评估系统的性能和效率具有重要意义。

协调在管理学中的起源可以追溯到 1916 年，著名学者哈里伯斯和菲莫斯首先提出该概念。早期的协调研究主要集中在一些技术方面，包括产品开发、工程、生产规划、物流等。进入 20 世纪 60 年代以后，对协调的研究切换到了组织行为学领域，强调协商、沟通和决策等人际交互方面的内容。

协同作为一个概念在文献中的出现相对较晚，可以追溯到 20 世纪 80年代。随着科技的进步和跨部门合作的需要，协同成为大家关注的话题，涉及知识管理、实践社群等方面。进入 2000 年以后，协同研究开始注重网络和虚拟组织上的协同方式和模式，同时也发现知识管理、创新管理、协作学习等领域有着紧密关联的交叉点。

协同论和协调都是组织学和管理学中的重要概念，但是它们的含义和强调点有所不同。协同论是指在一个系统或组织中，不同部门或个体之间需要体现出协同合作的关系，以实现整个组织或系统的目标和效益最大化。协同通过集体行动实现目标，需要通过有效的沟通、合作和协调来实现。例如，在跨职能团队进行项目开发时，需要协同完成各种任务，以推动项目的完成。而协调更侧重于不同部门之间的相互作用和关系，以提高效率、资源利用最大化和避免不必要的冲突。协调强调不同部门之间的相互理解和沟通，以及在相互吸收、共享和应用知识的过程中建立联系。例如，在一个大型工厂中，生产和供应链部门之间需要相互协调、协商并确保生产和供应链的高效运作。

"耦合协调度"这一概念的发展脉络主要与系统科学密不可分,其起源可追溯到20世纪中后期。

20世纪50年代,系统理论开始出现,并逐渐成为一种新的学科,贯穿于各个领域。当时学者们通过研究机械系统,建立了一套关于稳态和稳定性等方面的理论体系。60年代中期,随着控制理论的快速发展,控制系统的"耦合协调度"理论问题逐渐引起研究者的重视。计算机的快速普及和信息科学的发展,为"耦合协调度"理论问题在工程领域的应用提供了条件。70年代后期,随着环境等问题日益突出,生态科学和环境科学逐渐崛起。在这个背景下,"耦合协调度"这个概念开始在生态、环境科学领域得到广泛应用,例如气候系统中各个子系统之间的联系和作用等。进入80年代,随着经济全球一体化和市场化改革的深入,社会经济系统愈发复杂,各个子系统之间的协调程度成为经济发展中的重要问题。因此,"耦合协调度"理论问题逐渐引起社会经济领域的重视。

"耦合协调度"这个概念通常被运用于控制系统、自然系统、社会经济系统等领域。在控制系统中,"耦合协调度"通常与系统的稳定性、性能和鲁棒性有关。例如,如果一个控制系统的各个子系统之间耦合协调度不高,则可能引起系统不稳定或者性能不佳。在自然系统中,"耦合协调度"主要涉及不同自然过程之间的相互联系和作用。例如,涉及气候变化和环境变化时,一个区域的生态系统中各个子系统之间的耦合协调度越高,则生态系统整体的稳定性和可持续性越高。在社会经济系统中,"耦合协调度"则与不同产业、不同地区、不同经济主体之间的关系有关。例如,如果一个国家或地区各个经济主体之间耦合协调度高,则有利于该国家或地区的经济稳定和发展。

"耦合协调发展"是指在特定的环境和条件下,不同领域、不同产业、不同区域之间相互连锁、相互依存、相互合作,从而实现整体提升、协调增强的发展模式。随着经济全球一体化和市场化改革的深入,各种资源和要素之间的联系和相互作用越来越密切、复杂,耦合效应越来越明显,如经济发展与资源环境的关系、产业发展与城市空间的关系、社会经济发展与文化教育的关系等。耦合协调发展的概念本质上是一个综合性的发展理念。它所指的是各种元素之间的协调发展,要求在以经济发展为核心的同时,使资源、人力、环境等方面的发展也协调、充分发展。

2007年,国务院发布了《国家中长期科学和技术发展规划纲要》,提出了"促进经济社会协调发展"的任务，这为"耦合协调发展"奠定了基础。随后，在"十二五"规划中，又提出了"协调发展是全面可持续发展的战略路径"的理念，强调经济、社会、人口、资源和环境等各方面协调发展。这是"耦合协调发展"理念的深化和具体实施。

2016年，《中共中央　国务院关于推进供给侧结构性改革的若干意见》提出耦合协调发展的要求，其要点是推动供给侧结构性改革，在强化"稳增长"的同时，实现"供给侧结构性改革、需求侧管理、结构侧管理与制度侧管理四大因素的协同改革，形成'产出—产品—服务—消费''实体—网络—人力—文化'的总览图"。

在2017年的中共十九大报告中，强调要推动形成全面开放新格局，推进经济全球一体化再出发，加快建设开放型经济新体制，这进一步体现了中国在经济全球一体化背景下实现"耦合协调发展"的重要性。

在2022年党的二十大报告中，明确提出，要深入实施区域协调发展战略、区域发展重大战略、主体功能区战略、新型城镇化战略，优化重大生产力布局，构建优势互补、高质量发展的区域经济布局和国土空间体系。

特别是，在2024年7月召开的二十届三中全会明确指出，要完善实施区域协调发展战略机制，构建优势互补的区域经济布局和国土空间体系；健全推动西部大开发形成新格局、东北全面振兴取得新突破、中部地区加快崛起、东部地区加快推进现代化的制度和政策体系；推动京津冀、长三角、粤港澳大湾区等地区更好发挥高质量发展动力源作用，优化长江经济带发展、黄河流域生态保护和高质量发展机制；高标准高质量推进雄安新区建设；推动成渝地区双城经济圈建设走深走实；健全主体功能区制度体系，强化国土空间优化发展保障机制；完善区域一体化发展机制，构建跨行政区合作发展新机制，深化东、中、西部产业协作。

4 成渝地区双城经济圈农业高质量发展与一体化发展的本质规定

4.1 农业高质量发展的内涵与特征

4.1.1 农业高质量发展的内涵解析

农业（agriculture）是指利用动植物的生长发育规律，通过人工培育来获得动植物本身作为产品的产业。它是一个非常古老的产业，是人类生存和发展的基础，也是国民经济中一个重要的产业部门。一般可以将农业分为狭义农业和广义农业。狭义农业是指种植业，广义农业是指种植业、林业、畜牧业、渔业、副业五种产业形式。考虑到本研究的实际需求，本书决定从更广泛的角度来理解农业。

农业农村部将 2018 年确立为"农业质量年"，2019 年制定并印发了《国家质量兴农战略规划（2018—2022 年）》，其中特别强调向高质量兴农、绿色兴农与品牌强农发展转变。与高质量发展概念一样，农业高质量发展的界定尚未有一个明确的定义。新时代我国农业发展的重点逐渐从追求数量增长转向追求质量提升和可持续发展，不同地区的农业发展水平和状况存在差异，因此对于农业高质量发展的具体内涵和实现路径也会有所不同。学者们对农业高质量发展进行了大量解读，比较有代表性的如时任农业农村部部长韩长赋（2018）认为推动农业高质量发展就是要做到六个"高"，即产品质量高、产业效益高、生产效率高、经营者素质高、国际竞争力高、农民收入高。

在借鉴韩长赋及众多知名学者既有研究的基础上，本书认为，农业高质量发展的内涵具有多元化的发展目标，包括粮食安全、农民增收、生态环境保护、文化遗产保护等方面。这些目标的实现需要在农业发展中综合考虑各种因素，包括社会、经济和环境等方面。因此，农业高质量发展的概念具有复杂性和多样性。

尽管农业高质量发展的概念尚未有一个定论，但这并不影响我们在实践中探索和推进农业高质量发展。在不同地区，可以根据自身的农业发展实际情况，采取相应的措施和策略，促进农业高质量发展。

4.1.2 农业高质量发展的时代特征

农业高质量发展的时代特征可从绿色发展、创新驱动、产业融合、效益提升、增进民生福祉五个维度进行进一步的解读与阐释。

一是以绿色发展理念为导向的发展。农业高质量发展要求在农业生产过程中保护生态环境，避免过度开垦、过度使用土地、过度消耗水资源和生物资源等行为，防止生态环境恶化。通过生态农业的实践，实现农业生产的生态化和有机化，减少化肥、农药等化学物质的施用，降低对土壤、水源和生态系统的污染。农业高质量发展要求在农业生产过程中节约利用资源，包括土地、水资源、肥料、农药等，通过对资源的高效利用和循环利用，提高资源利用效率和生产效益，从而实现经济、社会和环境的协调发展。

二是以创新驱动为核心驱动的发展。创新驱动是农业高质量发展最关键的动力，它涵盖了农业科技创新和制度创新两个方面。通过创新驱动，可以解决农业生产中的技术难题，提高农业的综合效益和竞争力。科技创新能够推动农业产业升级和转型。农业高质量发展需要依靠农业技术创新，特别是种业的高质量发展、栽培技术、土壤管理等方面的技术创新。应用现代信息技术和智能装备，推广农业机械和自动化设备，提高农业生产的机械化和自动化水平，降低劳动强度和生产成本。例如，采用精准农业技术，包括精准播种、施肥、灌溉、病虫害防治技术等。依靠科技创新实现资源节约利用，包括土地、水资源、肥料、农药等资源的节约利用。例如，采用节水灌溉技术，可以减少灌溉用水量，提高水资源利用效率。在制度创新方面，深化农村土地制度改革，明晰农村土地产权，促进土地有序流转和规模经营，为农业高质量发展提供制度保障。加强科技创新的推广和应用，加强农业科技人才培养，提高农业科技人员的专业素质和技术水平，是农业高质量发展的重要保障。

三是以产业融合为重要方向的发展。产业融合是农业高质量发展的重要方面，通过农业与其他产业的融合，可以促进一、二、三产业的协同发展，形成完整的产业链和产业生态系统。通过发展乡村旅游、农业观光、农事体验等方式，吸引游客到农村地区进行旅游和消费，促进农业的多元化和特色化发展。例如，可以利用当地的农业资源，开发农业主题公园、乡村民宿、农业展览等旅游产品，提升农业的附加值和吸引力。农业与文化的融合可以通过挖掘和传承农业文化，将传统文化元素融入农业生产中，提升农业的特色化和品牌化发展。例如，可以利用当地的传统文化、历史遗迹等资源，开发文化体验、文化教育、文化旅游等产品，丰富农业的文化内涵和价值。农业与教育的融合可以通过开展农业科普、农业教育等活动，提高公众对农业的认识和了解，促进农业的知识化和科技化发展。例如，可以开展农业科技讲座、农业技能培训、农业实践活动等，提高农民的科技素质和生产技能。

四是以效益提升为第一要务的发展。效益提升是农业高质量发展的核心目标，通过优化农业产业结构、提高农业生产效率、发展休闲农业等新兴产业，提高农业的多元化和特色化水平。例如，可以发展具有地方特色的农产品、绿色有机食品、林下经济等，提高农业的附加值和竞争力。通过推广先进的农业技术和管理模式，提高农业生产者的素质和技能，降低生产成本，提高农业经济效益。加强品牌建设，以培育和推广优质农产品品牌，提高农产品的知名度和竞争力，促进农民增收和农村经济发展。例如，可以开展农产品品牌创建、品牌推介、品牌认证等活动，提高农产品的品牌影响力和竞争力。推动规模经营，培育新型经营主体、推进土地流转等方式，扩大农业生产规模，提高农业集约化和规模化水平。为此，需要注重政策支持、公共服务等方面的支持，为效益提升提供有力保障。

五是以增进民生福祉为根本导向的发展。满足人们对美好生活的向往和需求是农业发展的根本目的。农业生产的最终目的是提供人们所需的各种农产品，满足人们对食品、纤维、林产品、花卉等的消费需求。同时，农业还承担着提供农村就业、促进乡村旅游等任务，为人们提供多元化的生活服务和娱乐体验。此外，保障农民的利益是农业发展的重要归宿，通过提高农产品的价格和附加值，降低农业生产成本，进而增加农民的收入；推广现代化的农业技术和装备，提高农业生产效率，也是增加农民收入的重要来源；同时，加强农村基础设施建设，改善农民的生活条件和发展环境，提高农民的生活质量，政府需要提供良好的政策支持、公共服务和社会福利等方面的基础保障，促进农业可持续发展和农民幸福感提升。

由此可见，农业高质量发展的最终目的是满足农民对美好生活的向往和需求，以农民为中心，实现农民收入多、农村生态美这一根本目标。本书亦是依据此内涵特征，提出理论分析框架，并构建由经济、创新、绿色、协调和共享 5 个维度若干具体指标构成的农业高质量发展水平评价体系。

4.2 农业一体化发展的内涵与特征

4.2.1 农业一体化发展的内涵解析

农业一体化发展是指将农业生产的各个环节，如种植、养殖、加工、销售等，通过组织、技术、资金等方面的整合，形成完整的产业链和产业生态系统，实现农业生产的协调发展和资源优化配置。在 20 世纪 70 年代，美国率先提出了农业产业化的模式。这种模式强调以市场为导向，以经济效益为中心。在这个时期，中国开始推进农业现代化进程，通过推广现代化的农业技术和装备，提高农业生产的科技含量和现代化水平。近年来，在实施乡村振兴战略的背景下，中国开始推动农业现代化和乡村振兴的有机衔接，注重农业产业链的完整和提升，推动农村经济的持续发展。

农业一体化发展的内涵是以产业链完整为基础，通过产业协同发展、资源优化配置、农业现代化和社会化服务等方面的整合和提升，实现农业生产的协调发展和资源优化配置，促进农民增收和农村经济发展，同时也有利于推动农业现代化进程，满足人们对高品质农产品的需求。农业一体化发展需要将农业生产的各个环节有机地衔接起来，形成一个完整的产业链条。通过不同农业产业（种植业、畜牧业、渔业、林业等）的融合和互动，实现产业间的协同效应，提高农业整体效益和竞争力。通过对各类资源的优化配置，提高农业生产的效率和效益，这包括土地、水资源、技术、资金等方面的资源，通过整合和优化，实现资源的最大化利用和效益的最大化。建立完善的社会化服务体系，为农业生产提供全方位的服务支持，这包括农资采购、技术培训、市场信息、金融保险等方面的服务，帮助农民解决生产和销售中的难题，提高农业生产效率和效益。

4.2.2 农业一体化发展的时代特征

一是地域一体化，不同地区或行业之间建立起密切的经济联系。这类经济联系主要有三种形式：①由地理上相近或相邻的地区或行业所形成的经济联系，如同处于一国北部边境地区或南部边境地区的农业部门；②由行业相近或相邻的地区或行业所形成的经济联系，如农产品加工业中对农产品进行加工的企业与农产品流通企业之间所形成的经济联系等；③由同一国家内不同地区或行业所形成的经济联系，如在农业生产活动中，对同一产品进行生产和销售的企业与农业生产资料批发企业之间所形成的经济联系。由于地域一体化具有更广泛的范围和更密切的关系，而且随着市场经济体制改革和农业内部结构调整力度的加大，这种经济联系也越来越紧密。

二是组织机构一体化。农业组织机构一体化是指在一定的地域范围内，由同一国家内部的各种经济组织，如合作社、工商业者协会、农业技术推广组织等联合起来，建立起统一的农业经济组织机构和共同的经营管理体制。在欧洲，建立统一的农业管理机构是较普遍的形式。在美国，州农业协会、农场主协会和地区农民联合会等都是实现农业一体化的主要组织。这些组织机构之间在地域上相互独立，在功能上相互补充，通过建立统一的管理体系和共同的经营机制来保证农业生产和农产品市场的稳定，并有效地提高整个农业体系的效率。这种组织机构的一体化是以共同市场为基础而实现的，是世界农业经济一体化发展的主要趋势之一。

三是政策法规一体化。不同行政政策相互冲突，使农业政策不能发挥应有的作用，妨碍了一体化的进程。为了克服不同政策法规的局限性，使不同地区能够在农业政策方面进行有效协调与合作，使农业政策向一体化方向发展，国际上出现了各种一体化形式的农业组织，如以关税同盟为基础的欧洲联盟和以共同市场为基础的北美自由贸易区，都实行了统一的农产品贸易政策和关税制度。以欧洲联盟为基础的欧洲普遍实行了统一的农业补贴制度；以日本和韩国为基础的亚洲经济共同体也实行了统一的农业补贴政策；以美国、加拿大与墨西哥为基础的北美自由贸易区也实行了统一的农业补贴制度。

4.3 农业高质量发展与一体化发展耦合内涵分析

农业一体化发展是指在保障农业生产供给的同时，实现农业资源、产业、市场等要素的协调平衡，从而提高农业效益，促进农民增收和农村经济的健康发展。而农业高质量发展则是要求在农业一体化发展的基础上，更加强调农业的绿色发展、品质提升和增效减损等方面的特征。

农业高质量发展与农业一体化发展耦合是要素资源的互动整合。①土地和水资源的整合。在农业一体化发展中，需要对土地和水资源进行统一规划和科学管理，以实现资源的最优配置和盘活。在农业高质量发展中，需要保护生态环境和防止水土流失，采用优质种质资源和技术，提升土壤肥力和水质滋养，增强土地和水资源的生产力。②人力资源的整合。农业一体化发展需要在乡村拓展产业链，提高农村经济贡献率，培养更多的职业农民和实验室、技术人员；而农业高质量发展需要加强科技创新，提升培养农业人才的总量和素质。在人力资源配置整合方面，农业一体化发展和农业高质量发展需要相互补充和协调，以推动农业现代化进程。③技术资源的整合。在推进农业现代化、提高农业生产效益方面，科技创新和引进大量技术人才是非常重要的。农业一体化发展中需要实现技术的全面协调和推广，以达到产业链的高效合作和储备技术支撑。而农业高质量发展则应加强技术攻关和科学研究，在各领域配套调配技术资源，加速我国农业产业化发展。④金融资源的整合。农业高质量发展和农业一体化发展都需要金融资源的投入和支持。农村金融服务内容和质量的提升将有利于农业现代化和产业链的循环和复制。金融机构可以通过提供提高农村金融服务效率、指导劳动用工部门的就业和就学安排等方式促进农业现代化和农业产业链的发展。

农业高质量发展与农业一体化发展耦合是系统动态优化的互促过程。系统动态优化可以理解为在开发改进中，不断寻求系统内部全局最好的完美状态，尽可能实现各种环节之间无缝衔接的过程。农业高质量发展和农业一体化发展耦合的本质在于，对农业生产中复杂要素和资源之间互相作用的系统动态优化。

具体来说，在耦合的过程中，农业高质量发展和农业一体化发展相互促进、调整和优化的方式是相互影响、相互依存的，在各种要素和资源重新配置的过程中，可以实现农业生产效率的提高、农民收入的增加、农业资源利用的优化、农业生产质量的提高等目标。

农业一体化发展要求农业生产实现整合化和规模化，利用现代科技改善农业生产条件，实现农业产业链条内部的协调和优化，而农业高质量发展则强调农业环境保护和气候变化的防控，注重农业生产质量和产品附加值的提高。

在实现耦合的过程中，需要根据农业生产实际情况和社会经济发展要求，不断进行系统动态优化调整和改进，以达到农业高质量发展和农业一体化发展协同的目的。

农业高质量发展与农业一体化发展耦合是系统功能价值的互补创新。农业高质量发展对农业生产的质量、产品的附加值和品牌认可等各方面都有着较高的要求，而农业一体化发展则注重规模化生产和产业链的协作发展，更关注农业生产的高效、快速、资源集约化。二者的耦合可以充分发挥各自的优势，互相补充，促进农业产业结构不断优化调整，实现农业生产质量和效益的提升。具体来说，一是可以实现农业生产的优质优势和高效效益的组合，通过提升农业的生产质量、加强品牌建设和产品附加值的提升，来最大限度地优化生产结构和增加经济效益。二是可以提高农村劳动力的技术水平和经济收入，有助于农民实现增收致富。三是可以充分利用天然、文化、人力、景观、产业等优势资源，在资源配置上实现农业领域内的优化整合。四是可以推进农业现代化、提高农业生产效益、加强农村现代化建设以及保护农村自然生态环境。

农业高质量发展和农业一体化发展两者耦合的主要特征：①高效性。这是农业高质量发展与农业一体化发展耦合的基本前提。通过发展农业一体化的生产方式，可以在土地、水资源、劳动力等方面实现资源的优化配置和高效利用。②联动性。农业高质量发展与农业一体化发展耦合强调各个农业产业之间的协同发展和联动，形成产业内、产业间的一体化发展格局，推动农业由传统的单一产业向多元产业、多业态和多功能转化。③生态性。农业高质量发展与农业一体化发展耦合要求通过改变传统的农业生产方式和模式，发展环境友好型、生态保护型农业，促进资源保护、环境保护和生态平衡。④安全性。农业高质量发展与农业一体化发展耦合要求推进绿色有机农业，提供高品质、健康、安全、可持续的农产品，满足市场消费者的需求，提升农产品的附加值和市场竞争力。

4.4　农业高质量发展与一体化发展耦合作用机理

4.4.1　农业高质量发展对一体化发展的驱动机理

（1）市场驱动。随着消费者对农产品品质、安全、营养价值等方面的要求不断提高，农产品市场的竞争日益激烈，要想在市场上获得更大的份额和利润，就必须推动农业高质量发展，提供满足市场需求的高品质农产品。而一体化发展可以通过产业链梳理和延伸，推动农产品品牌建设和深度加工，提升农产品的附加值和市场竞争力。

（2）技术驱动。农业高质量发展需要借助先进的科技手段，特别是新质生产力，应用农产品生产、加工和管理等方面的技术创新，推进农业技术升级和现代化建设。同时，农业一体化发展也需要依靠先进的科技手段，对从农业生产到农产品加工、销售等各环节进行集成创新，提高农业效益和经济效率。

（3）资源驱动。农业一体化发展需要进行资源整合和共享，实现资源的优化配置和高效利用。而农业高质量发展可以提升农产品品质和提高附加值，从而增加农产品利润。通过这种方式，可以吸引更多的社会资本参与农业投资，并推动农业产业链的升级和转型。

（4）政策驱动。政府部门在推动农业发展的过程中，都强调了农业高质量发展和一体化发展的重要性，并给予了政策支持和优惠政策。政府支持农业一体化发展，可以提高农业产业链的集成度和优化配置，创新农业生产方式，提高农业生产效率。同时，政府也支持农业高质量发展，可以提升农产品的品质和附加值，推动农业产业提质增效。

4.4.2　农业一体化发展对高质量发展的反馈机理

（1）促进经济增长。农业一体化发展可以加快农村现代化进程，通过规模化经营和现代化管理提高农业生产效率和经济效益，带动当地产业发展和就业机会增加，促进了经济的可持续发展。

（2）提高农业生产效率和产品质量。农业一体化发展可以利用现代化技术和管理方法，提高农业生产效率和产品质量，优化种植和养殖的生产方式，降低生产成本，提高产量和产品质量，提高产品竞争力和市场占有率。

（3）落实可持续发展要求。农业一体化发展可以落实可持续发展要求，通过节约资源、保护环境、改善生态环境等手段，在提高农业生产效率的同时，保护生态环境和可持续利用资源，实现经济、社会和生态效益的统筹发展。

（4）优化资源配置和协调发展。农业一体化发展可以优化农业资源的配置和协调发展，加强农业产业链环节之间的协作和协调，提高农业资源利用效率，促进农村产业发展和城乡经济协调发展。

第 2 篇

实证篇

5 成渝地区双城经济圈农业高质量一体化发展现状

    古代中国长期是自给自足的农耕社会，重农思想贯穿了中国古代社会经济发展进程。新中国成立以来，农业一直是国民经济的基础性产业。改革开放后，党中央、国务院也长期高度重视"三农"问题，并围绕如何解决"三农"问题提出了一系列方针政策，将农业高质量发展作为中国实施"乡村振兴"战略和实现中国式现代化的重要着力点。党的二十大报告指出，高质量发展是全面建设社会主义现代化国家的首要任务。农业高质量发展是经济高质量发展的题中之义。2019 年的中央"一号文件"强调，"做好'三农'工作要在实施乡村振兴战略中'落实高质量发展要求'"。2020 年的中央"一号文件"明确提出"推进农业高质量发展"。2021 年的中央"一号文件"提出"坚持创新驱动发展，以推动高质量发展为主题，深入推进农业供给侧结构性改革"。2022 年的中央"一号文件"指出"立足新发展阶段、贯彻新发展理念、构建新发展格局、推动高质量发展，促进共同富裕"。2023 年的中央"一号文件"明确指出"要推动乡村产业高质量发展，要立足国情农情，体现中国特色，建设供给保障强、科技装备强、经营体系强、产业韧性强、竞争能力强的农业强国"。在 2022 年中央农村工作会议上，习近平总书记强调，"要锚定建设农业强国目标，切实抓好农业农村工作"。2023 年和 2024 年的中央"一号文件"均对农业高质量发展提出了进一步的具体要求。

    党的十八大以来，中国经济与社会取得全面发展，农业现代化进程加快，在稳产保供、农民增收、绿色发展等方面取得了巨大成绩。已有成效构成了中国经济实现全面发展、农业现代化步伐明显加快的坚实基础。中国农业的快速发展证明中国正在走出一条不同于其他国家、符合"大国小农"基本国情农情、不断向农业高质量发展迈进的中国式农业现代化道路。在此背景下，如何进一步将中央顶层设计落实到地方具体发展实践中，成渝地区双城经济圈给出了实践答案。2020年中央财经委员会第六次会议着重提出"建设成渝现代高效特色农业带"，明确了成渝地区双城经济圈建设中现代农业发展的战略定位。成渝现代高效特色农业带是将成渝地区双城经济圈建设成为我国第四增长极的重要构成与特色亮点所在。建设成渝现代高效特色农业带，是全国农业版图中的重要构成和川渝亮点，通过优化农业产业布局和技术创新，打造现代化、高效率、特色鲜明的农业发展区域，体现着川渝农业的战略地位。成渝现代高效特色农业带的建设将为成渝地区双城经济圈的发展注入新的活力。成渝地区双城经济圈推进农业高质量一体化发展，对增强成渝地区双城经济圈经济发展的影响力和带动力，推动全国经济更高质量一体化发展，都具有重要意义。探索成渝地区双城经济圈农业高质量发展的途径，有助于理解成渝地区农业发展的规律，也有助于积极践行中国式农业现代化道路，更是深入贯彻党的二十大提出的"高质量发展"这一首要任务、加快农业强国建设的基础和动力所在。

5.1　农民收入增加

增加农民收入一直以来都是我国"三农"工作的中心任务之一。农村是我国的重要基础，农民是我国社会稳定和经济发展的重要支撑力量。增加农民收入，可以促进农村经济发展，提高农民的生活水平，实现农村和城市共同发展。为了增加农民收入，我国采取了一系列政策和措施。首先，加强农业基础设施建设，提高农业生产效率和产量；其次，推动农业产业结构调整，培育壮大农村特色产业和优势农产品；再次，加大农民职业技能培训和创业扶持力度，提高农民的就业和创业能力；最后，扩大农产品市场开放，优化农村电商和农产品销售渠道，提高农产品附加值和竞争力。通过以上措施，我国在农业工作、农村工作和农民工作方面取得了显著的成就，农民收入不断提高，农村经济保持较快增长，农村贫困人口大幅减少，农业结构不断优化，农产品质量不断提升。

数据显示，2022年农民人均可支配收入迈上2万元大台阶，达到

20 133 元，实际增长 4.2%，增速分别比国内总产值和城镇居民人均可支配收入增速高 1.2 个百分点和 2.3 个百分点。但是，当前农民收入增速有所放缓，增收动能有所减弱。因此，需要抓好稳定就业增加、经营增效提升、财产收入挖潜、转移收入拓展四方面重点工作，采取长短结合、务实管用的措施，拓宽农民增收致富的渠道。

振兴乡村产业有助于促进农民增收致富，乡村产业振兴是乡村振兴的重要内容。做好乡村"土特产"文章，振兴乡村产业的重要方面：一是突出特色。紧紧依托农业农村特色资源，将乡村资源优势、生态优势、文化优势转化为产品优势、产业优势。二是产业融合。发挥三次产业融合的乘数效应，专注于加强龙头、弥补链条、兴业态、树品牌。三是优化布局。以各类产业园区建设为重点，完善县、乡、村产业空间布局，科学布局生产、加工、销售、消费等环节。四是联农带农。在积极引导企业发挥自身优势的同时，全程监管下乡资本，切实保障农民利益。

2020 年，四川省、重庆市的农村居民人均可支配收入分别达到了 15 929.10 元、16 361.40 元，2021 年则分别达到了 29 080.00 元、18 099.64 元（具体见表 5-1）。《成渝现代高效特色农业带建设规划》指出，力争到 2025 年实现成渝地区双城经济圈农村居民人均可支配收入达到 2.3 万元以上。

表 5-1　农村居民年可支配收入　　　　　　单位：元

省份	2020 年	2021 年
四川省	15 929.10	29 080.00
重庆市	16 361.40	18 099.64
北京市	30 125.70	33 303.00
天津市	25 690.60	27 955.00
河北省	16 467.00	18 179.00
上海市	34 911.30	38 521.00
江苏省	24 198.50	26 791.00
浙江省	31 930.50	35 247.00
安徽省	16 620.20	18 368.00
广东省	20 143.40	22 306.00

5.2 农业产出水平上升

成渝地区双城经济圈农业产出效率稳步提升，四川省 2020 年、2021 年第一产业增加值分别为 5 556.58 亿元、5 661.90 亿元，增速 1.90%。重庆市 2020 年、2021 年第一产业增加值分别为 1 803.33 亿元、1 921.90 亿元，增速 6.58%（具体见表 5-2）。从十省市数据来看，四川第一产业增加值稳居第一，重庆市第一产业增加值增速靠前。《成渝现代高效特色农业带建设规划》指出，力争到 2025 年实现成渝地区双城经济圈第一产业增加值突破 7 100 亿元。

表 5-2　第一产业增加值

省份	2020 年增加值/亿元	2021 年增加值/亿元	增速/%
四川省	5 556.58	5 661.90	1.90
重庆市	1 803.33	1 921.90	6.58
北京市	107.61	111.30	3.43
天津市	210.18	225.40	7.24
河北省	3 880.14	4 030.30	3.87
上海市	103.57	100.00	−3.45
江苏省	4 536.72	4 722.40	4.09
浙江省	2 169.23	2 209.10	1.84
安徽省	3 184.68	3 360.60	5.52
广东省	4 769.99	5 003.70	4.90

2020 年，全国粮食人均占有量达 480 千克左右。四川省粮食总产量 3 527.40 万吨，居全国第 9 位，粮食人均占有量 421.90 千克，居全国第 16 位。重庆市粮食总产量 1 081.40 万吨，居全国第 21 位，粮食人均占有量 338.10 千克，居全国第 19 位（具体见表 5-3）。《成渝现代高效特色农业带建设规划》指出，力争到 2025 年实现成渝地区双城经济圈粮食总产量稳定在 3 600 万吨以上。

多措并举，提升粮食产能。2023 年，四川省委、省政府印发了《建设新时代更高水平"天府粮仓"行动方案》，通过稳政策挖潜力保面积、创示范搞竞赛提单产（单位面积产量）、建园区强引领树标杆、提能力强体系减损失、严考评压责任促履职等重点举措，扎实推进"天府粮仓"建设。2023 年，四川粮食播种面积稳定在 9 500 万亩（1 亩≈666.67 平方米，全书同）以上，产量达到 3 575 万吨①。

表 5-3　2020 年粮食总产量及人均占有量

省份	粮食总产量/万吨	粮食总产量在全国位次	粮食人均占有量/千克/人	粮食人均占有量在全国位次
四川省	3 527.40	9	421.90	16
重庆市	1 081.40	21	338.10	19
北京市	30.50	31	13.90	31
天津市	228.20	26	164.60	25
河北省	3 795.90	6	509.10	10
上海市	91.40	30	36.80	30
江苏省	3 729.10	7	440.10	15
浙江省	605.70	23	94.30	29
安徽省	4 019.20	4	659.10	5
广东省	1 267.60	19	100.90	28

　　四川省是全国三大育种制种基地之一，特别是三系杂交稻育种水平在全国领先，杂交油菜制种面积全国第一，生猪育种水平居全国前列。2020 年，四川省生猪出栏数 5 614.4 万头，居全国第一位（具体见表 5-4）。《成渝现代高效特色农业带建设规划》指出，到 2025 年力争实现成渝地区双城经济圈生猪出栏稳定在 6 850 万头左右，打造国家重要的生猪生产基地。

表 5-4　2020 年生猪出栏数　　　　　　　　单位：万头

省份	生猪出栏数
四川省	5 614.4
重庆市	1 434.5

---

　　① 四川发布. 建设新时代更高水平"天府粮仓"行动方案新闻发布会［EB/OL］. https://haokan.baidu.com/v? vid = 16925480524703960016&pd = pcshare&hkRelaunch = p1% 3Dpc% 26p2% 3Dvideoland%26p3%3Dshare_input.

表5-4（续）

省份	生猪出栏数
北京市	17.6
天津市	193.99
上海市	97.74
江苏省	1 825.7
浙江省	665.42
安徽省	2 150.45
广东省	2 537.36

　　川、渝两地农业生产以市场需求为导向，逐步调整产业结构，正朝着多种经营、特色经营和农林牧渔业全面发展转变。2020年，四川省生猪出栏数达5 614.4万头，重庆市生猪出栏数达1 434.5万头。四川省生猪出栏数量连续保持全国第一。2020年底，四川省年出栏500头以上的生猪规模养殖场达14 000余家，规模养殖比重超过50%，规模养殖成为四川省生猪养殖的主要形式，但是在规模化、标准化方面与东部地区仍存在差异。比如，2020年，年出栏数5万头以上生猪饲养规模场（户）数，2020年四川省有15场（户）、重庆市0场（户），与河北省26场（户）、江苏省25场（户）、安徽省19场（户）、广东省17场（户）相比存在较大差距（具体见表5-5）。《成渝现代高效特色农业带建设规划》明确指出，加快生猪等畜禽养殖产业转型升级，推动国家优质商品猪产业集群建设。

表5-5　2018—2020年年出栏数5万头以上生猪饲养规模场（户）数

省份	2018年	2019年	2020年
河北省	25.00	19.00	26.00
江苏省	46.00	19.00	25.00
安徽省	8.00	7.00	19.00
广东省	23.00	14.00	17.00
四川省	11.00	12.00	15.00
浙江省	5.00	5.00	6.00
上海市	0.00	1.00	4.00
北京市	0.00	0.00	0.00
天津市	2.00	0.00	0.00
重庆市	1.00	1.00	0.00

5.3 农产品质量提高

绿色食品、有机农产品和地理标志农产品是政府推出的安全优质农产品公共品牌，是质量兴农、绿色兴农、品牌强农的领跑者，更是实践农业高质量发展的生力军。近年来，川渝地区立足资源禀赋，打好"绿色牌"，着力增加绿色优质农产品供给，推动特色产业发展，有效促进农业增效和农民增收，引领现代农业高质量发展。2020 年，四川省有效用标绿色食品单位达 750 家，有效用标绿色食品产品数达 1 737 个；重庆市有效用标绿色食品单位达 988 家，有效用标绿色食品产品数达 2 712 个；四川省有机食品生产单位共计 31 家，有机食品产品数量达 65 个，有机食品生产认证面积超过 337 万亩；重庆市有机食品生产单位共计 48 家，有机食品产品数量达 113 个，有机食品生产认证面积超过 11 万亩（具体见表 5-6、表 5-7）；四川省、重庆市农产品地理标志登记产品总数分别达到 184 个、62 个（具体见表 5-8）。《成渝现代高效特色农业带建设规划》指出，力争到 2025年实现成渝地区双城经济圈绿色、有机、地理标志农产品认证数量超过4 500 个。

表 5-6　2020 年有效用标绿色食品单位数及产品数

省份	有效用标绿色食品生产单位数/家	有效用标绿色食品产品数/个
四川省	750	1 737
重庆市	988	2 712
北京市	52	232
天津市	53	159
河北省	373	1 045
上海市	876	1 578
江苏省	1 693	3 708
浙江省	1 097	1 574
安徽省	1 973	3 849
广东省	326	565

表 5-7 2020 年有机食品生产单位数、产品数及有机食品生产认证面积

省份	有机食品生产单位数/家	有机食品产品数/个	有机食品生产认证面积/万亩
四川省	31	65	337.74
重庆市	48	113	11.42
北京市	16	41	8.63
河北省	45	143	11.48
上海市	18	34	9.5
江苏省	75	189	6.38
浙江省	10	25	0.28
安徽省	32	69	8.55
广东省	33	131	2.95

表 5-8 2020 年农产品地理标志登记产品　　　　单位：个

省份	农产品地理标志登记产品
四川省	184
重庆市	62
北京市	15
天津市	9
河北省	47
上海市	15
江苏省	98
浙江省	115
安徽省	92
广东省	50

5.4　农田建设标准高

高标准农田是发展现代农业的必要条件，对于推动成渝地区双城经济圈农业的高质量发展、提高农业产能和保障国家粮食安全具有重要意义。首先，高标准农田要求土地平整、集中连片，有利于农田的机械化作业和管理，提高农业生产效率和劳动力利用率。通过土地平整和连片经营，可以减少农田面积之间的边界效应和劳动力的分散使用，提高作业效率和农业生产的规模效益。其次，高标准农田要求设施完善，包括灌溉设施、排水设施、温室设施等。这些设施的建设和运用可以提供良好的生产环境和优质的农业生产条件，保证农作物的正常生长和发展，提高农产品的产量和品质。再次，高标准农田要求土壤肥沃和生态良好。通过科学施肥和推广生态农业，可以改善土壤结构和土壤肥力，减少农药和化肥的使用，保护农田生态环境，提高农产品的安全性和品质。最后，最重要的是，高标准农田要求具备旱涝保收、高产稳产的能力。通过科学管理和灌排调水等措施，可以提高农田的抗旱和排涝能力，应对极端天气和气候变化的影响，保证农业产量的稳定和可持续增长。因此，成渝地区双城经济圈农业发展要大力推进高标准农田建设，促进向现代农业生产和经营方式转变，提高农业生产效率和农产品质量，实现农业高质量发展目标。同时，也需要政府、企业和社会各界共同努力，加大对高标准农田建设的投入和支持，为农民提供更好的生产条件和更多的增加农民收入的机会。

党中央、国务院着眼于发展现代农业、保障粮食安全和全面建设小康社会大局，提出大力开展高标准农田建设。2004年的中央"一号文件"首次提出"建设高标准基本农田，提高粮食综合生产能力"。2005年的中央"一号文件"首次使用"高标准农田"的概念。此后历年的中央"一号文件"均作出明确要求，"按照田地平整、土壤肥沃、路渠配套的要求，加快建设旱涝保收、高产稳产的高标准农田"。2023年的中央"一号文件"指出，"制定逐步把永久基本农田全部建成高标准农田的实施方案"。2023年，四川省完成425万亩新建和改造提升年度任务，通过制定"天府良田"建设攻坚提质十年行动方案，逐步将6 308万亩永久基本农田全部建成高标准农田。四川正在探索整县推进模式，结合不同市县的资源禀赋展开试点，打造高标准农田建设示范样板。《成渝现代高效特色农业带建设规划》指出，力争到2025年实现累计建设成渝地区高标准农田7 300万亩以上，为现代农业产业的发展提供支撑。

5.5　农业技术新

种业是农业发展的重要支撑，推进种业创新对于打造强大的农业产业具有至关重要的作用。打牢种业基础是发展现代农业的重要前提。推进种业创新能够提高农业生产效率和农产品质量。对种质资源的保护和利用对于种业创新而言至关重要。要做强"农业芯"，就要重视种业工作，加强对种质资源的保护和利用，推进种业创新，提高农产品质量和农业生产效益，为实现农业高质量发展和保障国家粮食安全提供坚实的基础支撑。政府、企业和科研机构应共同努力，加大对种业的投入和支持，推动种业创新和科技成果转化，为农业现代化进程注入新的活力和动力。

习近平总书记强调："要下决心把民族种业搞上去，抓紧培育具有自主知识产权的优良品种，从源头上保障国家粮食安全。"[①] 打造新时代更高水平的"成渝粮仓"，种质资源是关键。做强种质资源这张"农业芯片"，川渝布局已久。为提升四川作为全国三大育种制种基地之一的地位，把当家品种牢牢攥在自己手里，四川投资了近一亿元打造四川省种质资源中心库项目。2022年，重庆市种业协会、重庆市农业种质资源普查办公室联合发布荣昌猪、万州古红橘、金佛山野生大茶树、大足黑山羊、万州胭脂鱼、石柱黄连、涪陵红心萝卜、麻旺鸭、秀山鸡、大籽黄玉米等十大优异农业种质资源，涵盖了农作物、畜禽、水产三大类，为重庆市种业安全以及农业产业高质量发展提供种质支撑。截至2022年底，重庆市保存农作物种质资源2万余份，种类涵盖37个科、89个属、109个种，同时有21个市级畜禽遗传资源品种，其中17个为国家级畜禽遗传资源。全市自育农作物新品种占比超过40%，主要农作物良种覆盖率达96.5%，为农业生产发展奠定了坚实的种业基础。

种子在农业中具有至关重要的地位，可以说是农业的"芯片"。种子

---

① https://fms.news.cn/swf/2021_qmtt/2_21_2021_qm/index.html.

是农作物生长和发展的起点，对于农作物的产量、品质和抗逆能力起着决定性的作用。攥紧中国的种子，加强自主种子研发和控制，对于保障中国的粮食安全和农业发展至关重要。做大做强种业，必须做优做强一批具备集成创新能力、适应市场需求的种业龙头企业，着力构建国家种业企业阵型，加快打造种业振兴骨干力量。为深入实施种业企业扶优行动，2022年7月，农业农村部办公厅印发《关于扶持国家种业阵型企业发展的通知》，加快打造种业振兴骨干力量。发达国家种业企业对人才、技术、资源和资本等要素具有较高的集聚能力。目前全国农作物种子企业7 000多家，公司数量多但体量小，格局分散，竞争力不强。面对我国农业物种多样性的情况，需要根据不同种业企业的发展方向和特点，制定具有针对性的支持政策和指导措施。首先，优先选择具有较高经济效益和市场潜力的农作物、畜禽和水产的重点品种，加大对其种植、养殖和养护方面的支持力度，提高农业企业的收益和竞争力。其次，根据不同地区的环境条件和资源禀赋，确定重点发展的农业领域。在农作物领域，可以重点发展粮食作物、经济作物或者特色农产品；在畜禽养殖领域，可以重点发展畜禽养殖、优质肉类和乳制品生产；在水产养殖领域，可以重点发展淡水养殖、海水养殖或者稻田养殖等。最后，针对农业种业的不同环节，如种子繁育、育种技术、种植和养殖管理等，给予重点关注和支持。通过提供先进的种子和育种技术，改善种植和养殖管理，推动农业产业的现代化和高效化发展。《成渝现代高效特色农业带建设规划》指出，力争到2025年实现成渝地区双城经济圈培育"育繁推"一体化种业龙头企业42个，建成种业优势基地县45个。

为继续深化农业供给侧结构性改革，全面推进乡村振兴，2021年，农业农村部、财政部发布《关于做好2021年农业生产发展等项目实施工作的通知》，并同时发布了各项资金和补贴补助的实施方案。相关方案明确规定，中央财政农业生产发展资金主要用于对农民直接补贴，以及支持农业绿色发展与技术服务、农业经营方式创新、农业产业发展等方面工作。从数据来看，近几年四川省农业生产发展资金保持在100亿元以上，2020年较2019年降低了4.27%，2021年则增加到107.13亿元；2020年重庆市农业生产发展资金34亿元左右，2021年增加到37.13亿元（具体见表5-9、图5-1）。

表 5-9　农业生产发展资金　　　　　　　　单位：亿元

省份	2019 年	2020 年	2021 年
四川省	105.34	100.84	107.13
重庆市	34.67	34.41	37.73
北京市	4.57	3.75	4.93
天津市	6.36	6.65	7.90
河北省	114.87	101.78	112.73
上海市	3.56	4.50	4.45
江苏省	96.21	87.54	95.60
浙江省	23.06	25.53	26.35
安徽省	109.75	103.48	113.87
广东省	39.60	39.60	43.26

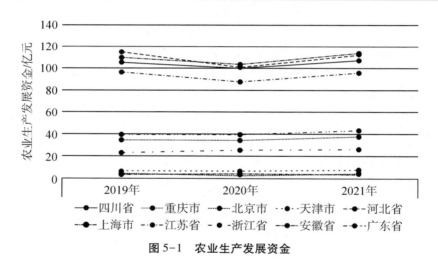

图 5-1　农业生产发展资金

5.6　农业机械化率提高

粮食生产高质量发展关乎国运民生，减少要素投入、提高生产率是农业高质量发展的重要内容，机械化在这一过程中发挥着重要作用。2022 年 12 月，农业农村部印发了《"十四五"全国农业机械化发展规划》，明确了"十四五"时期我国农业机械化发展的总体思路、目标任务和政策举措。农业机械化是加快推进农业农村现代化的关键抓手和基础支撑。实现农业机械化，可以提高农业生产效率、降低劳动力成本、提高农产品质量，进一步推动农业转型升级和农村经济发展。在"十三五"规划期间，我国农业机械化取得了长足的进展，我国农业机械化发展进入了以机械动力为主导的新阶段，并且广大农民群众、农业生产经营组织和服务组织对机械化生产的需求越来越迫切和普遍。然而，农业机械化发展仍存在农机产品研发不足、农机农艺农田协同配套不足、农业机械化政策支持和管理服务不足等问题，有待进一步补齐短板、强化薄弱环节、促进各方面协调发展。

2020 年，四川省农业机械总动力达 4 754.00 万千瓦，单位耕种面积农业机械总动力达 0.75 万千瓦/千公顷；重庆市农业机械总动力达 1 497.00 万千瓦，单位耕种面积农业机械总动力达 0.75 万千瓦/千公顷（具体见表5-10）。为补齐农机装备短板弱项，提升农业机械化水平，打造新时代更高水平"天府粮仓"，四川省将农业机械装备列入现代农业"10+3"① 产业体系整体谋划、整体推进、整体考核，切实做好农业机械装备补短板工作。通过强化机制保障、精准定位短板、强化资金推动、强化主体培育、强化"五良"融合等多举措并进，补齐短板，推进农业机械装备率提升。《成渝现代高效特色农业带建设规划》指出，力争到 2025 年，成渝地区双城经济圈农作物耕种收综合机械化率达到 55%以上。

表 5-10　农业机械化

省份	农业机械总动力/万千瓦	单位耕种面积农业机械总动力/万千瓦/千公顷
四川省	4 754.00	0.75
重庆市	1 497.00	0.75
北京市	120.22	2.46
天津市	365.08	1.04
河北省	7 830.72	1.23
上海市	123.36	1.08

---

① "10+3"现代农业："10"即粮、畜、烟、蔬、果、薯、桑、药、林、花特色产业。"3"即现代农业种业、现代农业装备、现代农业烘干冷链物流。

表5-10(续)

省份	农业机械总动力/万千瓦	单位耕种面积农业机械总动力/万千瓦/千公顷
江苏省	5 111.95	0.95
浙江省	1 908.04	1.92
安徽省	6 799.50	0.93
广东省	2 455.79	1.11

5.7 农产品冷链物流设施不断增加

农产品的生物性特点，使其在流通过程中常会受到自然因素、储存条件、运输损耗、销售环节等影响而面临一定损耗和损耗率较高的问题，比如新鲜的水果、蔬菜、肉类等在长时间的运输和储存中很容易变质。根据专家测算，我国粮食、马铃薯、水果、蔬菜的产后损失率分别为7%～11%、15%～20%、15%～20%、20%～25%，高于发达国家平均损失率。农产品流通过程中的损耗、变质导致流通成本升高，阻碍了农村经济发展。

冷链物流行业贯通一、二、三产业，是巩固拓展脱贫攻坚工作成果，有效衔接乡村振兴，促进消费升级的重要基础性、战略性、先导性产业。推动冷链物流高质量发展，是减少农产品产后损失和食品流通浪费，扩大高品质市场供给，更好地满足人民日益增长的美好生活需要的重要手段，也是支撑农业规模化产业化发展，促进农业转型和农民增收，助力乡村振兴的重要基础。

"十四五"期间，我国明确提出"建设现代物流体系，加快发展冷链物流，统筹物流枢纽设施、骨干线路、区域分拨中心和末端配送节点建设，完善国家物流枢纽、骨干冷链物流基地设施条件"，在构建双循环新发展格局中，冷链物流发展将成为重要发力点。四川计划新增农产品产地冷藏保鲜设施库容150万吨，到2025年，果蔬、肉类、水产品冷链综合低温处理率将提升25%，县、乡、村"一张网"和产、贮、销"一条链"的农产品仓储保鲜冷链物流体系基本形成。作为农业大省，四川农产品不仅体量大而且种类丰富，冷链设施缺口带来的农产品流通环节高损耗、农业生产主体销售困境愈发突出，补齐冷链物流短板迫在眉睫。近年来，在中央和省级项目助力下，四川仅 2020—2021 年就新（改扩）建农产品产地冷藏保鲜项目 1 700 余个，新增库容 75 万吨。

5.8　农业产业融合度提升

农业园区肩负着以农业科技要素集聚引领示范带动区域农业产业高质量发展的历史使命，在促进农业创新链与产业链双向融合、提高区域农业产业竞争力、提升农产品附加值、促进农民就业创收增收、推动城乡融合发展等方面成效显著。农业园区以供给侧结构性改革为路径，进一步优化农业产业结构，构建符合国家战略和区域产业布局要求的主导产业体系，将提升农业生产效率和增加高品质农产品作为发展着力点，逐步从"量"的增加转向"质"的提升，大力发展农业新业态，探索多类型农村产业融合模式，增强农业产业韧性。《成渝现代高效特色农业带建设规划》指出，力争到 2025 年，成渝地区双城经济圈创建国家级农业现代化园区约 50 个、省级现代农业园区约 125 个、省级现代林业园区约 40 个。

5.9　农业保险作用增强

农业保险是减轻农业灾害和稳定粮食生产的重要工具之一。农业生产面临着自然灾害、气候变化、病虫害等不确定风险，这些风险可能导致农作物减产、质量下降甚至完全损失。引入农业保险可以帮助农民分担农业风险，提供经济支持和保障性措施，降低农民在灾害面前的经济风险和生计风险。近年来自然灾害频发，给农业生产带来严重挑战。农业保险的作用正日益凸显，成为广大农户的"定心丸"和农业生产的"稳定器"。首先，农业保险能够为农民提供风险保障。其次，农业保险能够促进农业生产的稳定发展。最后，农业保险可以提升农村经济的抗风险能力和生产效率。具体见表 5-11。

表 5-11　十省市农业保险收入　　　　　　单位：万元

省份	农业保险收入
四川省	335 181
重庆市	69 673
北京市	99 366
天津市	60 932
河北省	494 290
上海市	82 341
江苏省	446 206
浙江省	118 545
安徽省	333 400
广东省	266 998

农业保险持续扩面、增品、提标，在保障粮食安全和服务乡村振兴等方面发挥了积极作用。《四川省加快农业保险高质量发展的实施方案》于 2020 年正式印发，标志着四川省农业保险进入新的发展阶段，进一步明确了农业保险的发展方向和目标。到 2022 年，已实现全省大宗农作物、林业以及重要畜产品生产的保险政策全覆盖，稻谷、小麦、玉米三大主粮作物农业保险覆盖率达到 70% 以上，收入保险成为农业保险的重要险种，农业保险深度和密度较 2019 年提高 50% 以上，确保 2030 年形成四川省农业保险与全国同步实现补贴有效率、产业有保障、农民得实惠、机构可持续的多赢格局。2020 年，四川省农业保险收入达 3 351.81 亿元，重庆市农业保险收入达 696.73 亿元。

5.10　数字农业不断发展

在现代信息技术快速发展的背景下，数字经济正在成为推动经济与社会发展的重要力量。在农业领域，数字经济的应用可以为现代高效特色农业带来巨大的机遇和发展潜力，加快农业农村现代化的步伐。数字经济赋能可以在多个方面提升现代农业的发展：一是借助人工智能、大数据分析和物联网技术，可以实现智能化农业生产和管理。二是利用区块链和大数据技术，可以建立起完整的农产品溯源系统，追溯农产品的种植、养殖、加工和运输等全过程。三是借助电子商务、大数据和社交媒体等渠道，可以建立起农产品的在线销售平台，打破传统的中间环节，直接将农产品送到消费者手中。四是数字经济可以推动农村金融服务的创新和发展，通过移动支付、互联网银行等技术手段，提供更便捷的金融服务，支持农民生产经营和农村经济发展。数字经济赋能现代农业具有重要的意义，可以提升农业生产效率，改善农产品品质，促进农民增收，推动农业农村现代化进程。政府、企业和科研机构应加强合作，加大对数字经济相关技术的研发和推广力度，为现代农业的数字化转型提供支持和保障，实现农业可持续发展和农村的全面发展。

数字农业是将信息技术与农业生产相结合，利用现代信息技术手段对农业生产过程进行可视化、数字化和信息化管理的一种现代农业发展模式。数字农业推动农业现代化的途径主要体现在三个方面：一是促进传统农业向现代农业转型。我国的传统农业以小农经济为主，数字农业则依托新型信息技术，可以全方位介入"耕、种、管、收"等各个环节，便于农业信息交换和信息共享，从而能够改变以往的农业生产经营方式，加速向现代农业转变。二是有助于产业结构优化升级，通过信息技术科学管理农业生产、储藏运输、流通交易等各个环节，为农业产业链提供一体化决策机制。三是提高农业生产效率。数字技术融入农业生产的各个环节，可以实现农业精准化生产，降低农业生产风险和成本，也可以使农业生产过程更加节能和环保。

数字农业可以使信息技术与农业生产各个环节有效融合，对于改造传统农业、转变农业生产方式具有重要意义。数字农业的发展可以推动农业生产实现高度专业化和规模化，构建完善的农业生产体系，提高农产品的质量和产量。通过数字农业，农业生产可以更加精细化和智能化。借助大数据分析和人工智能技术，可以对农田土壤、气候等环境因素进行监测和预测，实现精确施肥、合理灌溉、科学防控病虫害等农事措施，提高农业生产的效率和质量。此外，数字农业还有助于农业教育、科研和推广的发展。通过数字化技术，可以提供在线教育资源、远程培训和农业科技知识分享，促进农民和农业从业者知识更新和技术提升。同时，数字农业也可以促进农业科研成果转化和推广，提高农业技术的应用和推广速度。

近年来，成渝地区政府部门、农业农村系统都在加大力度推进数字农业农村建设，逐步解决成渝地区数字农业发展面临的缺乏应用场景问题，逐渐实现了由少变多、由弱变强。与东部地区相比，成渝地区数字农业农村发展总体滞后，总体仍处于起步阶段，发展水平较低，还未形成成熟的、可推广的经验和模式。目前，成渝地区农业农村信息数字管理平台建设不完善，缺乏统一的标准和规范体系，区域农业农村7级（省、市、县、乡、村、组、户）"三农"数据系统尚未建立，成为制约成渝地区数字农业农村进一步发展的瓶颈。与北京、上海、江苏、广东等发达地区相比，成渝地区农村基础设施薄弱，直接影响了数字农业的推广和发展，限制了信息技术在农村地区的应用，阻碍了农业生产的现代化进程。成渝地区农村互联网基础设施还未实现全覆盖，边远贫困地区网络和农产品加工流通等基础设施落后，导致物流成本高，制约了农产品电子商务的发展。近年来，成渝地区在物联网设备、软件平台开发等方面的投入较大，后期设备更新维护等费用高，出现了在农业生产中应用的物联网设施设备技术水平低、管理平台功能单一、信息数据来源不足等问题。对数字农业农村的科研支持不够，缺乏既懂农业技术又熟悉信息化知识的跨界复合型人才，严重影响了"三农"信息技术的推广和应用。2020年农村居民平均每百万户拥有移动电话数见表5-12。

表5-12　2020年农村居民平均每百万户拥有移动电话数　单位：部

省份	农村居民每百万户移动电话数
四川省	259.33
重庆市	268.31
北京市	251.08
天津市	232.56
河北省	250.89
上海市	206.97
江苏省	248.57
浙江省	253.13
安徽省	272.72
广东省	277.85

从成渝地区双城经济圈农业发展的现状来看，当前成渝地区双城经济圈农业高质量一体化发展具有产业协调、科技支撑、绿色高效以及政策扶持四大比较优势，是成渝地区加快构建现代农业一体化发展体系的底气。

首先是产业协调。成、渝两地农业生产的发展以市场需求为导向，大力调整产业结构，向多种经营、特色经营和农林牧渔业全面发展的方向转变，有助于满足市场需求，提高农民收入，促进农业可持续发展。这一点在农业竞争力分项中有所体现。下一阶段，成渝地区将继续抢抓地理区位优势，依托自然资源禀赋，建设包括国家优质粮油保障基地、生猪生产基地、蔬菜生产带、中药材产业带等在内的国家级农业示范区；同时，积极调动农业人口，将四川的农业人口优势转化为生产力，拓展农业生产空间，推动完成成渝地区双城经济圈农业高质量发展的重要历史使命和责任担当。

其次是科技支撑。成、渝两地坚持将改善农业装备条件和提升农业科技水平作为推动农业现代化的重点领域，促进传统农业向现代农业转变。这一工作的开展对于提高农业生产效率、农产品质量和农民收入具有重要意义。这一点在科技创新能力分项中有所体现。农业高质量一体化发展必须要以高科技为引领，成渝地区必须提高单位农产品的"含金量"和科技含量，成为全国农业科技产业创新策源地。下一阶段，成渝地区将强化"打造国家战略科技力量重要承载区和创新要素加速汇聚地"的差异化定位，通过建设具有西南地区特色的作物种质资源库、区域性畜禽基因库以及畜牧科技城及国家级重庆（荣昌）生猪大数据中心等项目，进一步强化农业科技支撑力度。

再次是绿色高效。成渝地区不仅是全国重要的农业生产区，还是长江上游重要的生态屏障区和水源涵养地，对长江中下游地区生态安全和生存保障具有举足轻重的作用，对维护国家生态安全至关重要。当前，成、渝两地的农业绿色生产以及乡村生态建设已取得积极成效，单位播种面积化肥、农药施用量连续六年实现负增长，畜禽粪污资源化利用率达75%以上；农村卫生厕所普及率不断提高，90%以上的行政村生活垃圾得到有效处理。下一阶段，成渝地区将持续推进长江上游农村生态文明建设，统筹推进"山水林田湖草"系统保护，紧抓"林""田""湖"三大关键词，进一步促进成渝地区生态优先、绿色发展，形成优势区域重点发展、生态功能区重点保护新格局，探索农业农村绿色发展的新路径。

最后是政策扶持。成渝地区虽然地处我国内陆腹地，与东部沿海发达地区相隔万里，但是在新中国成立后一直是诸多国家级重大改革战略的发源地和实践地，从"土地改革"到"三线建设"，建立起我国重要的后方战备基地，使国家得以长期稳定进行经济建设，多次发挥了"改革排头兵"的带头作用。近年来，成渝地区先后承担了农村宅基地制度改革试点、农村产权流转交易市场、全国城乡融合发展试验区等多项国家重大改革项目，形成了以改革促发展、以发展推改革的良性循环。

当前及"十五五"时期，四川面临多重战略机遇的汇聚叠加，四川内外循环发展机遇更是前所未有。一是成渝地区双城经济圈建设、新一轮西部大开发等国家战略的实施，使成渝地区作为国家区域经济布局和国民经济"双循环"新发展格局中的"战略腹地"支撑地位和作用日益凸显，前所未有地提升了四川在全国区域经济战略布局中的地位和作用。二是共建"一带一路"、长江经济带建设等国家发展方略的深入推进，推动四川从"战略后方"到"开放前沿"的根本性跃升。作为"战略大后方"，四川可以与长三角经济发达区域在国民经济大循环中形成腹地市场和产业分工协作的支撑功能；作为"开放前沿"，四川打通国内经济与国际经济循环的作用更加突出。三是西部陆海新通道、陆港型国家物流枢纽、成都天府国际机场等物流枢纽的建设启用，将进一步巩固和提升四川在国家开放战略格局中的门户枢纽地位，对外开放平台能级必将大幅提升，促进四川高水平开放，加速推进开放合作向更高层次、更高水平迈进，为四川进一步融入"外循环"提供平台和载体。这些都将为成渝地区推动现代农业发展注入新动力，有利于成、渝两地共同推动农业生产要素高效集聚，为成渝地区农业高质量发展添砖加瓦。

6 成渝地区双城经济圈农业高质量发展与一体化发展耦合实证研究

一方面，农业高质量一体化发展已成为当前的研究热点。钟钰（2018）、张春玲和刘秋玲（2019）、柯炳生（2018）等从不同层次对农业高质量发展的内涵进行了探讨，韩长赋（2018）则将农业高质量发展归纳为产品质量、产业效益等"六个高"；刘志彪（2014）认为，区域一体化发展的基本内涵和核心是市场竞相开放；朱金海（1995）、洪银兴（2007）、刘志迎（2019）等则针对长三角等具体区域产业一体化的内涵与本质进行了探讨。

另一方面，目前国内学者对于农业高质量发展的评价模型研究较少，沈琦和胡资骏（2012）、李丽纯（2013）、朱晓明（2013）等从不同角度对农业现代化进行了分析评价；张智（2018）、辛岭（2019）、朱程昊等（2018）从不同维度对农业高质量发展进行了分析评价。对于区域产业一体化水平测度，王建峰（2012）采用产业互补度测度模型，王力年（2012）建立了协同发展成熟度测度模式，曾刚等（2018）采用加权平均、标准化和空间分析法，刘志彪、孔令池（2019）采用产业变异系数等测度方法；张峰（2021）构建了指标体系来对长三角农业高质量一体化发展状况进行定量分析。

这些既有的研究都为成渝地区双城经济圈推动农业高质量一体化发展提供了有益的借鉴。但是，既有的研究大多局限于农业高质量或一体化发展的某一方面，难以满足成渝地区打造全国经济高质量发展重要增长极和新动力源的需求。本书基于国家战略要求，将农业高质量发展的目标与条件、高质量与一体化、定性分析与定量评价有机地结合起来，通过系统分析和评价，全面把握成渝地区双城经济圈农业高质量一体化发展的现状及短板，有针对性地提出政策建议（张峰，2021）。

6.1 研究方法与数据

6.1.1 研究方法

6.1.1.1 熵权法 TOPSIS

采用熵权法计算高质量协调发展系统指标的权重，是一种客观的赋权方法，相较于专家咨询法、主成分分析法和因子分析法等方法，能够很好地避免主观性与信息重叠等问题。其公式如下：

（1）数据标准化处理：

正向指标：$V_{ijk} = \dfrac{X_{ijk} - \min X}{\max X - \min X} + 0.000\ 1$

负向指标：$V_{ijk} = \dfrac{\max X - X_{ijk}}{\max X - \min X} + 0.000\ 1$

其中，V_{ijk} 表示四川第 k 个地级市（州）第 i 年的第 j 个指标的原始数据，$\min X$ 表示 $\{X_{ijk}\}$ 中所对应的最小值，$\max X$ 表示 $\{X_{ijk}\}$ 中所对应的最大值。在末端都加上 $0.000\ 1$ 对数据进行平移，以确保熵值计算对数化有意义。

（2）计算指标值比重：

A. 计算权重：$P_{ijk} = V_{ijk} \Big/ \displaystyle\sum_1^n \sum_1^r V_{ijk}$

B. 计算熵值：$E_j = -\dfrac{1}{\ln(n*r)} \displaystyle\sum_1^n \sum_1^r (P_{ijk} * \ln P_{ijk})$

C. 计算差异系数：$G_j = 1 - E_j$

D. 计算第 j 指标的权重：$W_j = G_j \Big/ \displaystyle\sum_1^m G_j$

E. 计算四川各地级市（州）在每个年份下的综合得分：$S_{ki} = \displaystyle\sum_1^m (W_j * X_{ijk})$

6.1.1.2 Dagum 基尼系数

在进行区域差异分析时，我们采用了 Dagum 基尼系数及其分解方法。该方法能够将四川区域差距的来源分解成区域间、区域内和超变密度，相较于传统区域差距分析方法优势较为明显。其表达式如式（6.1）所示。

$$G = \frac{\sum\limits_{a=1}^{m} \sum\limits_{b=1}^{m} \sum\limits_{i=1}^{n_b} \sum\limits_{r=1}^{n_m} |y_{ai} - y_{br}|}{2\,n^2\bar{y}} \qquad (6.1)$$

其中，G 代表总体基尼系数，m 指研究所设定的四川"五区"数量，n 表示四川地级市（州）的数量，$X_{ai}(X_{br})$ 表示 $a(b)$ "五区"内任意一个地级市（州）的高质量协调发展水平，$\bar{X}$ 表示所有区域高质量协调发展水平的平均值。

在进行基尼系数分解之前，我们应先按照"五区"各地级市（州）的高质量协调发展水平的均值进行排序。

式（6.2）和式（6.3）分别表示 a 区域基尼系数 GN_j 和区域内差异的贡献 GN_z，式（6.4）和式（6.5）分别表示 a 区域和 b 区域的区域间基尼系数 GN_{ab} 和区域间超变净值差异的贡献 GN_{nb}，式（6.6）表示超变密度的贡献 GN_t。具体公式如下：

$$GN_{ai} = \frac{\dfrac{1}{2\bar{Y}_j} \sum\limits_{i=1}^{n_j} \sum\limits_{r=1}^{n_i} |X_{ji} - X_{jr}|}{n_j^2} \qquad (6.2)$$

$$GN_z = \sum\limits_{j=1}^{k} GN_{jj}\, p_j\, s_j \qquad (6.3)$$

$$GN_{jb} = \frac{\sum\limits_{i=1}^{n_j} \sum\limits_{r=1}^{n_b} |X_{ji} - X_{bc}|}{n_j\, n_h(\bar{X}_j + \bar{X}_b)} \qquad (6.4)$$

$$GN_{nb} = \sum\limits_{j=2}^{k} \sum\limits_{b=1}^{i-1} GN_{jh}(p_j s_b + p_b s_j)\, H_{jb} \qquad (6.5)$$

$$GN_i = \sum\limits_{j=2}^{k} \sum\limits_{b=1}^{j-1} GN_{jb}(p_j s_b + p_b s_j)(1 - H_{jb}) \qquad (6.6)$$

其中，$p_a = n_a/n$，$s_a = \dfrac{n_a \bar{Y}_a}{n\bar{Y}}$，$(i = 1, 2, \cdots, 30)$；$H_{ab}$ 为 a、b 区域间经济高质量发展的相对影响［其定义式如式（6.7）所示］；h_{ab} 表示 a、b 两区域间地级市（州）经济发展水平的差值，即 a、b 区域中所有 $X_{br} - X_{ai}$ 的样本值加总的加权平均数，h_{ab} 的定义式如式（6.8）所示；式（6.9）中 p_{ab} 表示超变一阶距，表示 a、b 区域中所有 $X_{br} - X_{ai}$ 样本值加总的数学期望。

$$H_{ab} = \frac{h_{ab} - p_{ab}}{h_{ab} + p_{ab}} \qquad (6.7)$$

$$h_{ab} = \int_0^\infty dF_a(y) \int_0^y (y - x)\, dF_b(x) \qquad (6.8)$$

$$p_{ab} = \int_0^\infty d\,F_b(y) \int_0^y (y - x)\,d\,F_a(x) \qquad (6.9)$$

6.1.1.3 kernel 核密度估计方法

我们选择了高斯核对经济高质量发展水平的分布动态演进过程进行分析，如式（6.11）所示。

$$f(x) = \frac{1}{Nh} \sum_{i=1}^{N} K(\frac{X_i - x}{h}) \qquad (6.10)$$

$$f(x) = \frac{1}{\sqrt{2\pi}} \exp(-\frac{x^2}{2}) \qquad (6.11)$$

6.1.1.4 耦合协调度模型

为分析系统内部各子系统之间相互协调的作用以及系统整体协调发展水平的高低，我们采用耦合协调度模型。具体公式如下：

A. 耦合度计算：

$$c = \frac{i \times \sqrt[i]{\prod K_i}}{\sum K_i} \qquad (6.12)$$

其中，K_i 为各子系统综合水平，c 为耦合度。

B. 耦合协调度计算：进一步计算县域经济高质量发展内部各子系统之间的耦合协调发展水平。

$$D = \sqrt{C \times T}, \quad T = \sum (\alpha_i \times K_i) \qquad (6.13)$$

其中，C 为耦合度，D 为耦合协调度，T 为耦合协调发展水平的综合评价指数，α_i 为各子系统的权重。

6.1.2 数据来源

我们采用成渝地区双城经济圈 16 个城市的数据进行分析，数据主要来自《四川统计年鉴》《重庆统计年鉴》《中国城市统计年鉴》及各城市统计局官方网站，样本考察期为 2014—2020 年。虽然《成渝现代高效特色农业带建设规划》构建了四个发展示范区：成德眉资都市现代高效特色农业示范区、渝东北川东北现代农业统筹发展示范区、重庆主城都市区都市现代高效特色农业示范区、川南渝西现代农业融合发展示范区，但未能囊括所有样本。本书为方便刻画成渝地区双城经济圈农业发展空间格局时空变化特征，按照市场衔接和地理相近原则，将绵阳、遂宁、雅安和乐山归入成德眉资都市现代高效特色农业示范区，将重庆主城都市区都市现代高效特色农业示范区和渝东北川东北现代化农业统筹发展示范区作为一个整体进行分析研究。因此，本书将 16 个城市划分成三个区域：①成德眉资都市现代农业示范区；②重庆—川东北农业示范区；③川南农业示范区。

6.2 成渝地区双城经济圈农业高质量一体化发展的测度及空间格局的时空变化特征

6.2.1 成渝地区双城经济圈农业高质量发展的测度及空间格局的时空变化特征

6.2.1.1 农业高质量协调发展指标体系

我们充分考虑数据的可得性及连续性，构建了经济、创新、协调、绿色、共享五个基本维度、14 项具体指标的农业高质量发展评价指标体系（具体见表 6-1）。

表 6-1 农业高质量发展评价指标体系

目标	Ⅰ级	Ⅱ级	衡量方式	属性	权重
农业高质量发展综合指标体系	经济	土地生产率	亩均农业增加值	+	0.069
		劳动生产率	农业增加值/一产从业人数	+	0.073
		农业增加值/农业总产值	农业增加值/农业总产值	+	0.022
	创新	农业财政投入占比	农业财政投入/财政支出	+	0.043
		亩均农用机械总动力	机械总动力（万千瓦）	+	0.221
	协调	产业协调	农业产值/农林牧渔总产值	+	0.053
		城乡协调	城乡收入比	+	0.038
			城乡消费比	+	0.027
	绿色	资源利用	农业增加值/电力消耗量	+	0.066
		环境影响	亩均化肥施用量	—	0.027
	共享	福利分配	农村居民年人均可支配收入	+	0.081
			农村恩格尔系数	—	0.051
		效益共享	公路里程	+	0.042
			乡镇医院床位数	+	0.187

6.2.1.2 农业高质量发展指数汇报

本指数旨在对2014—2020年成渝地区双城经济圈16个城市的农业高质量发展程度进行测评。通过熵权法TOPSIS计算，我们得到各城市的农业综合评价值。综合来看，农业高质量发展综合评价指数最高的是资阳（0.738），其次是重庆（0.736），最低的是雅安（0.349）。最高者是最低者的2.11倍，这表明考察期内各城市农业高质量发展综合水平差距较大。具体见表6-2。

表6-2　2014—2020年成渝地区农业高质量发展指数（均值）及排名

城市	2014年	排名	2015年	排名	2016年	排名	2017年	排名	2018年	排名	2019年	排名	2020年	排名
成都	0.377 3	15	0.422 7	16	0.451 5	15	0.308 5	16	0.354 0	15	0.351 0	16	0.399 1	12
自贡	0.454 1	8	0.542 0	9	0.511 2	11	0.414 2	14	0.381 7	14	0.460 8	12	0.404 5	11
泸州	0.503 9	5	0.604 5	5	0.604 8	5	0.583 1	4	0.583 3	4	0.578 2	4	0.549 7	3
德阳	0.388 4	14	0.499 2	13	0.483 6	13	0.473 8	11	0.474 6	11	0.433 6	13	0.380 4	14
绵阳	0.569 2	3	0.658 1	3	0.674 0	2	0.575 7	6	0.571 8	6	0.484 3	10	0.435 6	10
遂宁	0.459 2	7	0.577 0	7	0.572 6	7	0.553 7	7	0.538 3	7	0.515 2	7	0.479 1	7
内江	0.394 8	12	0.499 6	12	0.496 8	12	0.466 7	12	0.435 2	12	0.408 0	14	0.373 4	15
乐山	0.427 4	10	0.497 4	14	0.487 4	14	0.423 7	13	0.408 7	13	0.463 5	11	0.389 0	13
南充	0.389 7	13	0.532 4	10	0.545 1	9	0.534 8	9	0.532 5	8	0.487 8	9	0.463 3	9
眉山	0.436 9	9	0.527 3	11	0.530 8	10	0.498 8	10	0.512 0	10	0.494 1	8	0.469 1	8
宜宾	0.520 9	4	0.634 2	4	0.633 4	4	0.595 4	3	0.602 3	3	0.583 7	3	0.534 8	4
广安	0.490 6	6	0.593 9	6	0.598 2	6	0.550 5	8	0.528 4	9	0.537 7	5	0.492 9	6
达州	0.425 6	11	0.550 7	8	0.568 7	8	0.578 3	5	0.578 3	5	0.536 9	6	0.504 7	5
雅安	0.225 2	16	0.424 3	15	0.437 0	16	0.376 6	15	0.323 5	16	0.361 6	15	0.292 7	16
资阳	0.827 3	1	0.876 6	1	0.732 2	1	0.758 9	1	0.733 8	2	0.636 3	2	0.602 8	2
重庆	0.658 1	2	0.690 5	2	0.731 0	2	0.745 2	2	0.762 6	1	0.782 3	1	0.787 0	1
均值	0.471 8	—	0.570 7	—	0.566 1	—	0.527 3	—	0.520 1	—	0.507 2	—	0.472 4	—

6.2.1.3 农业高质量发展指数的时空分布特征

为了更加直观地展示成渝地区双城经济圈和三大子区域的农业高质量发展状况，我们绘制了2014—2020年成渝地区和三大子区域的农业高质量发展综合评价指数的均值和变化趋势图。具体见图6-1。

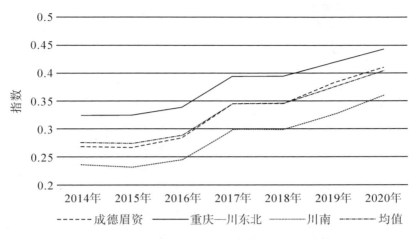

图6-1　成渝地区和三大子区域农业高质量发展指数均值和发展趋势

从变化趋势来看，2014—2020年成渝地区双城经济圈整体和三大子区域的农业高质量发展指数均有大幅提升。具体表现为：成德眉资农业示范区、重庆—川东北农业示范区和川南农业示范区变化趋势总体相近，综合发展指数略有差异，从高到低依次为重庆—川东北、成德眉资和川南。其中成渝地区双城经济圈整体和成德眉资农业示范区的走势几乎重合。

从发展阶段来看，整个考察期可以细分为四个阶段：2014—2015年的平稳上升阶段，2016年的快速上升阶段，2017—2018年的发展过渡期以及2019—2020年的匀速上升期。

6.2.1.4　农业高质量发展的区域差异及分解

成渝地区双城经济圈农业高质量发展水平存在一定的区域差异。为揭示其区域差异大小及来源，我们分别从成渝地区双城经济圈整体及三大子区域内部差异、区域间差异及区域差异的来源三个层面，运用Dagum基尼系数及其分解方法探究成渝地区双城经济圈农业高质量协调发展水平的区域差异和来源。结果见表6-3。

表 6-3　农业高质量发展基尼系数及其分解结果

年份	总体	区域内差异			区域间差异			贡献率		
		成德眉资农业示范区	重庆—川东北农业示范区	川南农业示范区	成德眉资—重庆—川东北	成德眉资—川南	重庆—川东北—川南	区域内	区域间	超变密度
2014	0.107 110	0.110 240	0.094 428	0.022 753	0.133 000	0.158 580	0.080 288	30.328 0	56.681 4	12.990 6
2015	0.111 090	0.118 900	0.092 883	0.026 996	0.140 130	0.167 480	0.081 647	29.727 7	57.717 9	12.554 4
2016	0.103 010	0.118 570	0.082 773	0.022 655	0.126 750	0.159 590	0.079 313	29.453 2	58.821 4	11.725 3
2017	0.095 933	0.101 580	0.082 257	0.038 365	0.111 800	0.136 430	0.082 292	31.108 3	53.360 4	15.531 3
2018	0.095 933	0.101 580	0.082 257	0.038 365	0.111 800	0.136 430	0.082 292	31.108 3	53.360 4	15.531 3
2019	0.088 176	0.090 626	0.077 869	0.042 193	0.093 817	0.120 570	0.085 852	32.083 2	50.390 6	17.526 2
2020	0.075 209	0.075 857	0.066 564	0.041 477	0.079 506	0.101 520	0.073 648	32.287 1	50.115 8	17.597 1

（1）成渝地区双城经济圈农业高质量发展水平的总体差异呈下降趋势

具体来看，成渝地区双城经济圈整体农业高质量发展水平的总体基尼系数从 2014 年的 0.107 110 下降至 2020 年的 0.075 209，降幅达到 30%，说明成渝地区双城经济圈各子区域农业高质量发展水平差异不断缩小，具有明显的趋同趋势。从图 6-2 可以看出，成德眉资和重庆—川东北与总体基尼系数的变化趋势保持一致，而川南地区总体呈略微上升的趋势，说明成渝地区双城经济圈整体的变化趋势可能更多地取决于组间的差异。图 6-3 也证实了这一点。区域内差异衡量了成渝地区双城经济圈子区域内部城市间农业高质量协调发展水平的差异，区域间差异衡量了农业高质量发展平均水平高的经济区与平均水平低的经济区间的差异，超变密度则衡量了子区域间离群值的跨度交叉程度。从图 6-3 中可以看出，成渝地区双城经济圈高质量协调发展水平区域差异最主要的来源是区域间差异，不同年份贡献率均达到 50% 以上；其次是区域内差异，其贡献率维持在 30% 左右，超变密度的贡献率最小（均小于 20%）。从差异贡献率的动态变化来看，尽管区域间差异对总体差异的贡献率最大，但是呈下降趋势。具体而言，区域间差异贡献率从 2014 年的 56.68% 下降至 2020 年的 50.12%，年均降幅1.7%。与此同时，区域内差异贡献率总体平稳，未出现较大的波动，基本维持在 30% 左右。而超变密度贡献率呈上升趋势，从 2014 年的 12.99% 上升至 2020 年的 17.60%，年均增幅 5% 左右。

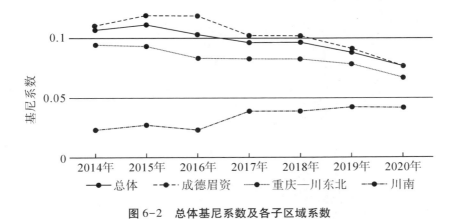

图 6-2　总体基尼系数及各子区域系数

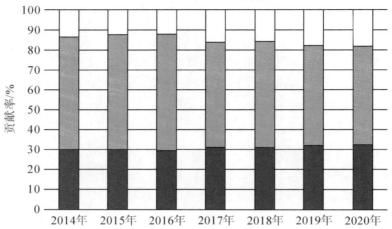

图 6-3 成渝地区双城经济圈农业高质量区域差异贡献率

由此可见，成渝地区双城经济圈高质量协调发展水平的总体差异充分反映了发展的不平衡和不充分，区域间差异以及区域内部发展不平衡是其主要来源。

（2）三大子区域组内差异的下降趋势存在地区异质性

图 6-2 展示了考察期内三大子区域组内差异的演变过程。成德眉资农业示范区的组内差异始终是三大子区域中最大的，说明成德眉资农业示范区的农业高质量发展不平衡程度较高。例如，2020 年，成都的农业高质量发展指数为 0.535，而同年资阳的得分仅为 0.348，两者差异较大。该区域涵盖了成都这样的大型城市，也包括了德阳、资阳这样的中小型城市。此外，重庆—川东北农业示范区的组内差异也比较大。而川南农业示范区各城市的农业高质量发展差异较小，说明该地区农业高质量发展水平相对均衡。

（3）三大子区域的组间差异变化趋势

图 6-4 展示了三大子区域组间差异的演变过程。成德眉资农业示范区与重庆—川东北农业示范区的差异呈逐年缩小的趋势，从 2014 年的 0.133 下降至 2020 年的 0.079。成德眉资农业示范区与川南农业示范区的组间差异变化与前两者基本相同，只是绝对值大于前一对区域，从 2014 年的

0.159 下降至 2020 年的 0.102。而重庆—川东北农业示范区与川南农业示范区的组间差异在 2019—2020 年呈现明显的下降趋势，从 2019 年的 0.860 下降至 2020 年的 0.750，而其他年份变化趋势基本不变，保持在 0.800 左右。

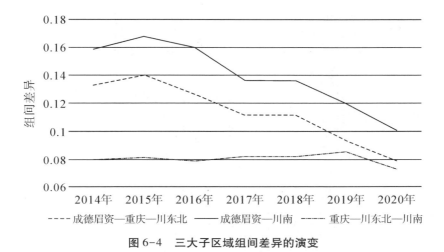

图 6-4　三大子区域组间差异的演变

6.2.1.5　农业高质量发展的分布动态演进过程

（1）成渝地区双城经济圈的 kernel 核密度估计分析

图 6-5 展示了成渝地区双城经济圈农业高质量发展水平的 kernel 核密度估计结果。从分布特征上看，分布曲线的中心位置经中心点向右发生小幅度移动，说明在考察期内成渝地区双城经济圈农业高质量发展水平有所上升，上升幅度较为明显；从分布曲线波峰来看，峰值呈现上升趋势，主峰相对陡峭，只存在一个单峰，这表明成渝地区双城经济圈农业高质量发展水平的区域差异呈现缩小趋势。

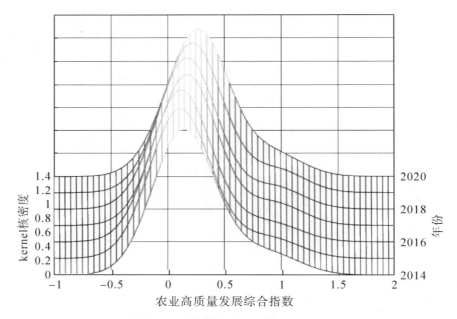

图 6-5　成渝地区双城经济圈农业高质量协调发展水平的 kernel 核密度估计

（2）成渝地区双城经济圈三大子区域的 kernel 核密度估计

如图 6-6 所示，成德眉资农业示范区，波峰在 2019—2020 年呈下降趋势，说明没有出现两极分化情况；核密度中心曲线向右小幅度移动，高质量协调发展水平得到提升；向右拖尾长度变短，说明区域发展不平衡程度缩小。重庆—川东北农业示范区高质量发展呈双峰状态，向右移动不明显，主峰呈现略微上升趋势，侧峰与主峰的位置基本保持不变，说明重庆—川东北农业示范区出现了两极分化现象，但并未显现出两极分化加剧的趋势。川南农业示范区总体呈单峰状态，在分布曲线向右移的同时，峰值较低且更为扁平，表明该农业示范区高质量协调发展水平差异呈扩大趋势。峰值先降低再升高，表明该区域内的农业示范区高质量发展水平呈现先上升再下降的趋势。

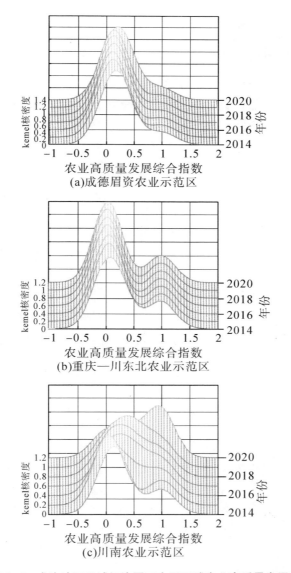

(a)成德眉资农业示范区

(b)重庆—川东北农业示范区

(c)川南农业示范区

图 6-6 成渝地区双城经济圈三大子区域农业高质量发展的
kernal 核密度估计结果

6.2.2 成渝地区双城经济圈农业一体化发展的测度及空间格局的时空变化特征

6.2.2.1 农业一体化发展指数测算

本书选用农产品价格法来测算成渝地区双城经济圈的农业一体化发展程度。农产品大多生产于城市郊区，存在着交通运输成本等交易成本。因此，即使完全套利，相邻城市的农产品价格也绝对不会相等，相对价格一定会发生波动。我们选用的农产品包括以下6类：粮食、鲜菜、畜肉、水产品、蛋和鲜果。其计算步骤如下：

第一步：$\Delta Q_{ijt}^{k} = \ln(P_{it}^{k}/P_{jt}^{k}) - \ln(P_{it-1}^{k}/P_{jt-1}^{k})$。其中，$k$表示第$k$种农产品，$i$、$j$分别表示$i$、$j$城市，$t$表示时间。

第二步：在计算出ΔQ_{ijt}^{k}后，对其取绝对值，再求出$\overline{|\Delta Q_{ijt}^{k}|}$。令$q_{it}^{k} = |\Delta Q_{ijt}^{k}| - \overline{|\Delta Q_{ijt}^{k}|}$，计算出$Q_{it}^{k}$的方差。

第三步：再将Q_{it}^{k}按照i城市与其相邻城市的方差加总，再求均值，就能够得出Q_{it}的值。Q_{it}值越大，说明农业一体化发展程度越低。对其取倒数，有$L = \dfrac{1}{Q_{it}}$。L值越大，说明农业一体化发展程度越高。其结果如表6-4所示。

结合表6-4和图6-7可以看出，成渝地区双城经济圈农业一体化发展指数呈现先下降再上升之后再下降的趋势。可以看出，2014年成渝地区双城经济圈16个城市的农业一体化发展指数为239.47，2020年下降为138.94。其中2019—2020年几乎呈断崖式下降，其最主要的原因在于新型冠状病毒感染疫情对农业经济形成了冲击。

表6-4　2014—2020年成渝地区双城经济圈各城市农业一体化发展指数

城市	2014年	2015年	2016年	2017年	2018年	2019年	2020年
成都	237.00	177.82	312.88	277.65	322.05	87.55	166.95
自贡	328.99	278.26	275.99	219.23	203.32	127.07	281.90
泸州	363.96	288.24	247.06	202.08	570.27	367.78	232.78
德阳	123.72	188.11	234.61	123.70	122.08	116.12	189.08
绵阳	203.01	170.26	162.49	180.60	248.33	44.81	88.58

表6-4(续)

城市	2014 年	2015 年	2016 年	2017 年	2018 年	2019 年	2020 年
遂宁	204.11	214.38	218.14	230.59	245.46	106.01	239.70
内江	761.90	297.32	322.56	205.10	242.66	77.66	88.78
乐山	256.50	141.45	181.47	212.35	187.94	84.12	128.42
南充	134.35	212.04	252.24	529.98	233.47	188.21	192.45
眉山	72.75	62.10	258.94	132.01	348.19	224.64	123.10
宜宾	62.06	102.30	206.57	296.96	249.73	212.68	100.30
广安	207.11	88.38	173.90	150.69	246.58	87.27	60.69
达州	187.68	180.02	128.42	163.25	197.01	74.49	90.99
雅安	262.09	218.80	188.67	173.43	260.39	65.85	103.28
资阳	231.16	233.02	207.97	152.77	254.34	45.52	67.46
重庆	195.10	150.09	89.95	178.04	187.68	42.86	68.53
均值	239.47	187.66	216.37	214.28	257.47	122.04	138.94

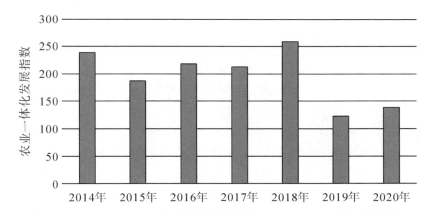

图 6-7　2014—2020 年成渝地区双城经济圈各城市农业一体化发展指数

6.2.2.2 农业一体化发展的分布动态演进过程

为了进一步考察成渝地区双城经济圈农业一体化发展的动态演进进程，本书继续采用 kernel 核密度估计，对农业一体化发展的时空变化特征进行研究。从图 6-8 可以看出：成渝地区双城经济圈的密度曲线在 2015—2016 年发生了向右移动，说明成渝地区双城经济圈农业一体化发展指数在该时间段呈上升趋势，但之后又回到了原来的中心点位置，这说明农业一体化发展水平又发生了下降。主峰呈现先下降后上升的趋势，表明成渝地区双城经济圈农业一体化发展的区域差异先扩大后缩小。主峰宽度在后期又逐渐变宽，表明尽管各城市的农业一体化发展指数存在差异，但仍然呈现不断缩小的趋势。此外，密度曲线只存在一个主峰，说明成渝地区双城经济圈的农业一体化发展总体上是协调的。

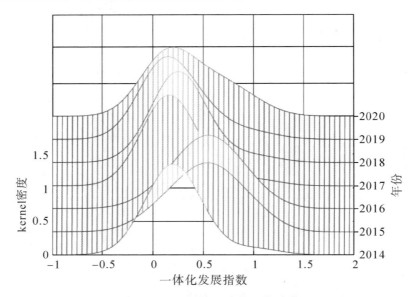

图 6-8 成渝地区双城经济圈农业一体化发展指数的 kernel 核密度估计

6.3 成渝地区双城经济圈农业高质量一体化发展耦合关系检验

6.3.1 耦合度模型构建

农业高质量发展与农业一体化发展两个系统通过各自的耦合要素产生相互作用、相互影响的关系，共同构成了农业高质量一体化发展耦合机制。本书建立耦合度测算模型如下：

$$C = 2\sqrt{c*v/(c+v)}$$

其中，C 为农业高质量一体化发展的耦合度指数，v 与 c 分别为农业高质量发展与农业一体化发展两个系统的综合评价指数。依据农业高质量发展与农业一体化发展交互作用的强弱程度，可以将两个系统的耦合度划分为四种类型：低耦合时期（0≤C<0.3）、拮抗时期（0.3≤C<0.4）、磨合时期（0.4≤C<0.7）、协调时期（0.7≤C≤1.0）。

耦合度虽能反映农业高质量发展与农业一体化发展之间的相互作用程度，但仍存在缺陷，不能够反映两个系统的整体效应与协同效应究竟是在高水平上相互促进还是在低水平上相互制约，因此，本书引入耦合协调度模型，以反映农业高质量发展与农业一体化发展之间协调情况的好坏。其计算公式为

$$D = \sqrt{C * T}, \ T = \alpha v + \beta c$$

其中，D 为耦合协调度，C 为协调度，T 为农业高质量一体化发展综合协调指数，v、c 分别为农业高质量发展、农业一体化发展的综合评价值；α、β 分别为农业高质量发展、农业一体化发展的待定系数，对本书的农业高质量一体化发展来说，相互影响与作用的等级较高，因此，α、β 分别取0.5。农业高质量一体化发展耦合协调度类型划分见表6-5。

表6-5　农业高质量一体化发展耦合协调度类型划分

耦合协调度	耦合协调类型	耦合协调度	耦合协调类型
0≤D<0.1	极度失调	0.5≤D<0.6	勉强协调
0.1≤D<0.2	严重失调	0.6≤D<0.7	初级协调
0.2≤D<0.3	中度失调	0.7≤D<0.8	中级协调
0.3≤D<0.4	轻度失调	0.8≤D<0.9	良好协调
0.4≤D<0.5	濒临失调	0.9≤D≤1.0	优质协调

6.3.2　成渝地区双城经济圈农业高质量一体化发展耦合度评价

在计算出农业高质量发展水平和农业一体化发展指数的基础上，本书通过以上模型和公式对成渝地区双城经济圈 2014—2020 年 16 个城市的农业高质量发展和农业一体化发展的面板数据进行计算，得出成渝地区双城经济圈农业高质量一体化发展耦合度（具体见表6-6）。

表6-6 2014—2020年成渝地区双城经济圈农业高质量一体化发展耦合度

城市	2014年	2015年	2016年	2017年	2018年	2019年	2020年	历年均值
成都	0.380	0.400	0.363	0.370	0.361	0.463	0.405	0.392
自贡	0.396	0.399	0.426	0.406	0.392	0.481	0.459	0.423
泸州	0.373	0.385	0.396	0.402	0.374	0.496	0.446	0.410
德阳	0.360	0.370	0.370	0.385	0.390	0.427	0.369	0.382
绵阳	0.355	0.368	0.377	0.391	0.334	0.354	0.381	0.366
遂宁	0.430	0.396	0.380	0.430	0.431	0.435	0.395	0.414
内江	0.381	0.381	0.389	0.412	0.375	0.545	0.493	0.425
乐山	0.390	0.403	0.407	0.399	0.377	0.548	0.462	0.426
南充	0.422	0.387	0.376	0.337	0.381	0.396	0.394	0.385
眉山	0.390	0.387	0.385	0.382	0.378	0.444	0.379	0.392
宜宾	0.393	0.413	0.461	0.400	0.396	0.554	0.491	0.444
广安	0.484	0.503	0.374	0.424	0.357	0.383	0.430	0.422
达州	0.503	0.447	0.389	0.366	0.376	0.387	0.449	0.417
雅安	0.322	0.366	0.361	0.390	0.378	0.476	0.462	0.394
资阳	0.375	0.418	0.398	0.387	0.396	0.468	0.426	0.410
重庆	0.389	0.462	0.401	0.413	0.377	0.463	0.506	0.430

从测算结果来看，2014—2020年，成渝地区双城经济圈的农业高质量一体化发展耦合度评价指数呈现出平稳发展的趋势，耦合度值介于0.322至0.502之间，即成渝地区双城经济圈农业高质量一体化发展耦合处于"拮抗时期"和"磨合时期"。

我们根据各城市历年测算结果，将农业高质量一体化发展耦合值分为两个梯队进行分析。第一梯队（历年均值在0.40以上）有：自贡、泸州、遂宁、内江、乐山、宜宾、广安、达州、资阳和重庆共10个城市，占成渝地区双城经济圈的62.5%；第二梯队（历年均值在0.40及以下）有：成都、德阳、绵阳、南充、眉山和雅安共6个城市，占成渝地区双城经济圈的37.5%。

从总体上看（见图6-9），2014—2020年成渝地区双城经济圈农业高质量一体化发展处于磨合时期［$C \in (0.393, 0.434)$］，且耦合度C值呈现先缓慢下降后急剧上升再下降的过程。2019—2020年耦合度C值下降的主要原因在于新型冠状病毒感染疫情的爆发，而2018—2019年耦合度C值急剧上升的原因有可能是川、渝签署《深化川渝合作　深入推动长江经济带发展行动计划》和 12 个专项合作协议，助推了成渝地区双城经济圈农业高质量发展。

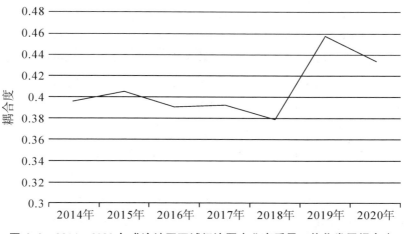

图 6-9　2014—2020 年成渝地区双城经济圈农业高质量一体化发展耦合度

6.3.3　成渝地区双城经济圈农业高质量一体化发展耦合协调度评价

本书通过构建耦合模型和公式对成渝地区双城经济圈 2014—2020 年 16 个城市的农业高质量一体化发展的面板数据进行计算，得出成渝地区双城经济圈农业高质量一体化发展耦合协调度评价结果（分别见表 6-7、表 6-8）。

从图 6-10 可以看出，成渝地区双城经济圈 16 个城市农业高质量一体化发展耦合协调度指数总体先上升，在 2019 年突然下降，再到 2020 年有所回升，但数值不及 2019 年之前。整体耦合协调度均值在 0.533-0.599 之间，属于勉强协调类型。本书采用历年的耦合协调度均值来对各城市进行梯队类型划分。第一梯队（平均值达到 0.60 及以上）有：成都、绵阳，占成渝地区双城经济圈的 12.5%；第二梯队（平均值介于 0.55 至 0.60 之间）有：泸州、德阳、内江、南充、眉山、广安、达州、雅安、资阳、重庆，占成渝地区双城经济圈的 62.5%；第三梯队（平均值介于 0.50 至 0.55 之间）有：自贡、遂宁、乐山、宜宾，占成渝地区双城经济圈的 25%。耦合协调度的梯队划分是对各城市相对状况的区分，反映了各城市在成渝地区双城经济圈中的相对地位。第三梯队的耦合协调度相对较低，因此，在农业高质量一体化发展过程中应着重给予关注，以尽快缩小地区差异。

表 6-7　2014—2020 年成渝地区双城经济圈农业高质量一体化发展耦合协调度指数

城市	2014 年	2015 年	2016 年	2017 年	2018 年	2019 年	2020 年	历年均值
成都	0.599	0.571	0.633	0.627	0.644	0.548	0.583	0.601
自贡	0.554	0.549	0.519	0.550	0.569	0.498	0.520	0.537
泸州	0.593	0.571	0.555	0.552	0.597	0.483	0.515	0.552
德阳	0.624	0.601	0.601	0.583	0.575	0.537	0.619	0.591
绵阳	0.641	0.610	0.592	0.579	0.712	0.651	0.600	0.627
遂宁	0.515	0.557	0.584	0.529	0.528	0.527	0.572	0.544
内江	0.580	0.581	0.569	0.547	0.600	0.490	0.506	0.554
乐山	0.562	0.544	0.542	0.562	0.596	0.486	0.518	0.544
南充	0.535	0.576	0.597	0.700	0.593	0.572	0.579	0.593
眉山	0.567	0.573	0.576	0.588	0.595	0.528	0.600	0.575
宜宾	0.559	0.530	0.488	0.556	0.562	0.475	0.499	0.524
广安	0.482	0.475	0.597	0.536	0.639	0.589	0.539	0.551
达州	0.474	0.504	0.570	0.619	0.599	0.585	0.529	0.554
雅安	0.756	0.611	0.621	0.574	0.592	0.507	0.524	0.598
资阳	0.590	0.524	0.557	0.575	0.562	0.503	0.536	0.550
重庆	0.590	0.534	0.579	0.577	0.618	0.552	0.546	0.571

表 6-8　2014—2020 年成渝地区双城经济圈农业高质量一体化发展耦合协调度分类

城市	2014 年	2015 年	2016 年	2017 年	2018 年	2019 年	2020 年
成都	勉强协调	勉强协调	初级协调	初级协调	初级协调	勉强协调	勉强协调
自贡	勉强协调	勉强协调	勉强协调	勉强协调	勉强协调	濒临失调	勉强协调
泸州	勉强协调	勉强协调	勉强协调	勉强协调	勉强协调	濒临失调	勉强协调
德阳	初级协调	初级协调	初级协调	勉强协调	勉强协调	勉强协调	初级协调
绵阳	初级协调	初级协调	勉强协调	勉强协调	中级协调	初级协调	初级协调
遂宁	勉强协调	勉强协调	勉强协调	勉强协调	勉强协调	勉强协调	勉强协调
内江	勉强协调	勉强协调	勉强协调	勉强协调	中级协调	濒临失调	勉强协调
乐山	勉强协调	勉强协调	勉强协调	勉强协调	勉强协调	濒临失调	勉强协调
南充	勉强协调	勉强协调	勉强协调	中级协调	勉强协调	勉强协调	勉强协调

表6-8(续)

城市	2014 年	2015 年	2016 年	2017 年	2018 年	2019 年	2020 年
眉山	勉强协调	勉强协调	勉强协调	勉强协调	勉强协调	勉强协调	初级协调
宜宾	勉强协调	勉强协调	濒临失调	勉强协调	勉强协调	濒临失调	濒临失调
广安	濒临失调	濒临失调	勉强协调	勉强协调	初级协调	勉强协调	勉强协调
达州	濒临失调	濒临失调	勉强协调	初级协调	勉强协调	勉强协调	勉强协调
雅安	中级协调	初级协调	初级协调	勉强协调	勉强协调	勉强协调	勉强协调
资阳	勉强协调	勉强协调	勉强协调	勉强协调	勉强协调	勉强协调	勉强协调
重庆	勉强协调	勉强协调	勉强协调	勉强协调	初级协调	勉强协调	勉强协调

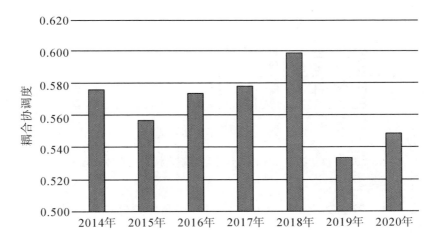

图 6-10　2014—2020 年成渝地区双城经济圈整体农业高质量一体化发展耦合协调度

　　本书对各城市历年来的农业高质量一体化发展耦合协调度的极差做了统计（见图 6-11）。2014—2020 年，位于第一梯队的成都耦合协调度变化极差值为 0.095，排第 9 名，变化幅度中等，说明其农业高质量一体化发展耦合协调度基本保持稳定状态。位于第二梯队的达州和广安，耦合协调度极差值达到了 0.164 和 0.145，分别排第 4 名和第 3 名，从最初的"濒临失调"发展到"勉强协调"，说明达州和广安近年来农业高质量一体化发展呈现快速和谐发展的局面，在农业高质量协调发展方面做出了很大成绩。位于第二梯队的雅安跨度最大，极差值达到了 0.250，从 2014 年的

0.756 下降至 2020 年的 0.524，也就是从最开始的"中等协调"变成了"勉强协调"，这说明雅安的农业高质量一体化发展还有待加强，应该在农业一体化发展方面下功夫，以促进该地区协调发展。位于第三梯队的遂宁市极差值最小，仅为 0.068，从 2014 年的 0.515 上升到 2020 年的 0.572，整体基本平衡发展，但在考察期内均属于"勉强协调"类型。

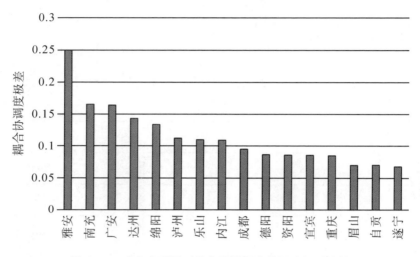

图 6-11 农业高质量一体化发展耦合协调度极差比较

6.3.4 农业高质量一体化发展耦合协调度的分布动态演进

本书借助 kernel 核密度估计对成渝地区双城经济圈农业高质量一体化发展耦合协调度的动态演进进程进行刻画，如图 6-12 所示。从波峰来看，密度曲线中心点反复左右移动，右移趋势微小，这说明成渝地区双城经济圈的农业高质量一体化发展耦合协调度上升趋势较小。波峰上下不断起伏，但始终存在一个主峰，表明成渝地区双城经济圈农业高质量一体化发展出现了两极分化现象。峰度逐渐扁平，宽度变宽，说明成渝地区双城经济圈农业高质量一体化发展存在地区差异，但差异呈现缩小趋势。

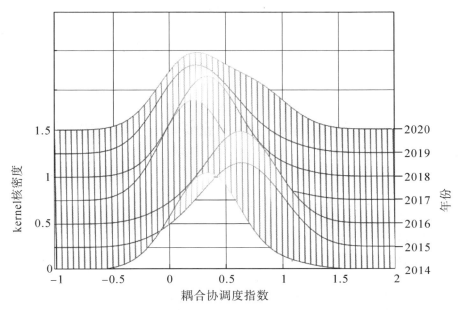

图 6-12　成渝地区双城经济圈农业高质量一体化发展耦合协调度的核密度估计

综上所述，成渝地区双城经济圈农业高质量一体化发展的耦合协调度情况各具特色，主要表现为以下几个特点：

第一，农业高质量一体化发展耦合协调度趋于优化。整个成渝地区双城经济圈的各个城市，从 2014 年至 2020 年，其农业高质量发展综合水平在不断上升。农业一体化发展的综合水平在 2019—2020 年出现了低于均值的情况。从 2014 年有 2 个城市"濒临失调"到 2020 年减少到 1 个城市，"初级协调"城市从原来的 1 个增加到 3 个。

第二，农业高质量一体化发展耦合协调度呈现明显的空间差异。各城市的农业环境和要素禀赋不同，得出的结果必然不同。农业高质量发展和一体化发展是各要素相互补充、相互促进的关系。农业高质量发展水平和农业一体化发展指数较高的城市，其耦合协调度也相对较高。

第三，农业高质量一体化发展耦合协调度具有动态性。农业高质量发展与农业一体化发展这两个系统的各个要素时刻影响着自身及对方的要素发展而产生变化。因此，农业高质量一体化发展的耦合协调度处于动态发展中，有的城市变化较为明显。

第四，辐射发展较为明显。在农业高质量一体化发展过程中，其必然会对相邻城市产生一定影响，不论这种影响的结果是怎样的。尤其是在农业一体化发展过程中，农业经济较发达的地区必然辐射（影响）到农业经济较不发达的地区。因此，在发展过程中，城市与城市之间的农业生态系统、农业市场体系必然会存在着地区之间的相互关联性，这导致相邻区域的评价结果具有相近性。

6.4 成渝地区双城经济圈农业高质量一体化协调发展中存在的问题

6.4.1 产业结构不够多元化

成渝地区双城经济圈的城市化进程较快，以及土地的城市化、工业化及建设用地占用等，导致了农业规模缩小、产业结构单一化等问题。

（1）土地资源的限制。产业结构单一化意味着城市化进程加快，对农业土地的占用增加。而农业土地是实现农业高质量一体化发展的重要基础，土地资源的限制会影响农业的发展。

（2）农业生产规模缩小。城市化进程加快带来的产业结构单一化，导致农业生产规模缩小，产业集中度不高。这些因素都制约着农业的高质量一体化发展。

（3）农业产业链不完整。农业产业结构单一化，往往导致产业链不完整。比如，农产品加工环节匮乏、包装和物流较落后等问题都限制了农业产品达到高质量一体化发展的要求。

为此，需要从政策层面加强对农业的支持，提高农业投入水平，逐步优化农产品结构，推动农业产业化发展并完善农业产业链结构，从而实现农业高质量一体化发展目标。

6.4.2 农业生产技术落后

成渝地区双城经济圈的农业生产技术相对落后，农业中大量耗时耗工的体力劳动仍然存在，导致成本上升、效益不稳定等问题，这些问题严重制约着农业高质量一体化发展。

（1）种植技术落后。成渝地区双城经济圈农业生产种植技术普遍较为落后，缺乏高效农业和现代农业技术，如高效灌溉、精准施肥等技术，导致了生产规模小、产业集中度不高、生产效率低下等问题。

（2）养殖技术落后。在成渝地区双城经济圈，许多养殖业是以传统的方式进行的，缺乏现代化养殖设施、科学的饮食调理、疾病防治以及环境控制等技术支持，影响了养殖业的发展效率和质量，同时还会存在食品安全问题。

（3）农产品加工技术落后。成渝地区双城经济圈的农产品加工工艺较为简单，缺乏高效的加工技术，加之加工设备陈旧、制造工艺不科学，降低了农产品的加工质量和附加值。

（4）农产品贮藏和运输技术落后。成渝地区双城经济圈的农产品贮藏设施普遍不足，冷链物流设施通过金融机构融资困难，在运输、保存及配送环节出现了损耗、质量下降、库存过多等问题，影响了农产品的市场竞争力。

农业生产技术落后，是导致农业低效、低产、低质量的重要原因之一。因此，需要从政策层面加强对农业技术的支持和投入，逐步优化农业生产结构，不断开展农业新技术、新设备及新材料研发和应用，提高农业现代化水平，推动成渝地区双城经济圈农业高质量一体化发展。

6.4.3　农产品流通市场不畅

农产品流通市场不畅、中间环节缺失等情况普遍存在，导致一些优质农产品流失，对农村经济收益、农民增加收入等带来了一定的负面影响，同时也制约着农业高质量一体化发展。

（1）农产品贸易障碍。成渝地区双城经济圈的农产品贸易障碍相对较高，物流通道欠缺，导致跨区域交流和流通受到阻碍。同时，由于农产品流通渠道单一、营销能力不足，市场竞争力下降。

（2）中间环节缺失。在成渝地区双城经济圈，农产品的流通较为低效。一方面，农产品流通链条较长，中间环节存在缺失；另一方面，营销渠道不畅，营销包装工艺落后，农产品流通效率较低。

（3）信息不对称。由于农业资讯不对称，本地农业市场信息供应不足、不清晰，导致买卖双方难以建立联系。缺乏实时信息传递和公正的价格评估，也使得一些农产品难以高标准进入市场。

（4）物流和贮藏设施不完善。成渝地区双城经济圈的物流与贮藏设施基础设施不完善，农产品在运输和贮藏过程中长时间滞留或储存，可能会导致产品质量变差等问题，影响农产品的销售和价格。

成渝地区双城经济圈农产品市场流通不畅，主要表现在流通难度、环节缺失、信息不对称以及设施不完善等方面，这些问题抑制了农产品的发展以及成渝地区双城经济圈农业高质量一体化发展。为解决这些问题，需要政府加强农业信息化建设，逐步开放农产品交易渠道，推进统一标准和规范，提升流通渠道的金融和物流服务能力，完善农产品贮藏和运输设施，促进农产品营销和价格稳定，推动成渝地区双城经济圈农业高质量一体化发展。

6.4.4　生态环境问题

生态环境问题影响到了农业高质量一体化发展，例如空气污染、水土流失等问题导致农地生产面积下降、农产品品质降低等问题。

（1）土地资源减少。成渝地区双城经济圈城市化进程加速，城市用地的增加和不合理规划可能导致农业基础设施损毁和农地面积减少，从而破坏农业高质量一体化发展的基础。

（2）水土流失问题。水土流失严重影响耕地质量及农作物增产，使得农业高质量一体化发展受到制约。长期的水土流失还可能导致环境恶化，间接影响农业生产及环境质量。

（3）水污染问题。随着城市化的进程加速，城市产业和生活废水排放不规范和治理不力，出现水质恶化的现象，可能对农作物、禽类、畜牧业造成严重影响，致使农产品质量不断下降。

（4）自然灾害。成渝地区双城经济圈位于地震带上，地震、洪水、泥石流、异常气候等自然灾害带来的损失不断，也给农业高质量一体化发展带来了极大的不确定性。

成渝地区双城经济圈生态环境问题对农业高质量一体化发展的影响较为深远，需要加强农业环境保护，推广可持续农业生产技术、加强林草水产等次生产、加强基础设施建设，落实生态农业政策。

6.4.5　资金和技术投入不足

成渝地区双城经济圈农业发展吸引力不够，缺乏长远规划、资金和技术投入有限等问题，使得农业高质量一体化发展的难度增加。

（1）农业科技创新能力较弱。资金与技术投入不足可能导致农业科技创新的能力较弱，针对农业生产和管理以及产品加工等方面的技术创新不足，难以提高农业生产效率和经济效益，无法实现农业由传统到现代、由量到质、由低效到高效的升级转型。

（2）农业基础设施落后。资金与技术投入不足可能导致农业基础设施落后，如灌溉设施、道路、电力、农机具等，这些都是农业生产必须依赖的基础设施。农业基础设施不足会造成生产成本提高、生产效率降低，甚至可能导致农业规模化生产难以实现，从而影响农业高质量一体化发展。

（3）农产品加工能力弱。资金和技术投入不足可能导致农产品养殖、种植与加工等不同环节失衡，农产品加工场所的设施和生产规模存在不足。这可能会降低农产品附加值，影响农产品在流通消费市场上的竞争力。

（4）跨区域农业合作困难。在成渝地区，因两城市行政、经济制度等方面的差异，跨区域农业合作存在一定困难。资金与技术投入不足可能导致无法形成完整的农业产业链条，如果生产、加工和销售环节不能完整衔接，那么农业发展很难做到最优化。

因此，加强资金和技术投入是实现农业高质量一体化发展的必需条件，需要政府、企业和社会共同努力，缩小城乡发展差距，实现城乡一体化发展，促进农业现代化进程加速。

要解决以上问题，需要加强对农业产业化发展的支持，出台优惠政策，鼓励农民扩大种植养殖规模、使用先进技术，完善农产品流通渠道，提高农业产品附加值，加强生态环境保护，增加资金和技术投入，实现农业可持续发展，促进成渝地区双城经济圈农业高质量一体化发展。

7 成渝地区双城经济圈数字农业协同发展研究

数字农业是我国数字中国战略和数字乡村战略的重要组成部分。要利用现代信息技术和数字化手段，在农业生产、管理、经营等方面进行智能化和数字化改造。数字农业不仅能提高农业生产效率和产品质量，还能为农民提供更便捷的农业信息服务，助力农业现代化发展。发展智慧农业需要注重建设农业物联网、农业大数据平台、精准农业技术应用、农业云计算等基础设施。数字农业的发展能够带动农业的高质量发展，使得农业产业结构不断优化，农业生产方式不断改进。数字农业是推动农业高质量发展的重要手段之一。本书基于成渝地区双城经济圈数字农业发展现状，结合典型案例阐释数字农业特有的实践逻辑，直面国情、农情、省情带来的现实挑战，分析探讨成渝地区双城经济圈数字农业的推进策略。

7.1 数字农业发展理念的内涵、特征及意义

回顾已有研究，国外的研究更多聚焦于农业生产层面探讨农业精准化生产议题，认为数据采集扩展平台技术、基于通信模块的物联网技术、人工智能系统自治技术、现代信息技术、生物技术和工程技术等是促进数字农业实现精准化生产的关键技术支撑（Houghton et al.，1996；Silva et al.，2011）。有的研究认为数字农业可以实现农业生产效益、粮食安全与生态保护兼顾（Simon，2009；Paustian et al.，2017）。

国内的研究关注数字农业主要起始于 21 世纪初，在数字经济发展浪潮下，农业产业数字化议题成为热点话题，比如已有研究探讨了数字农业的

概念和发展数字农业的必要性（唐世浩 等，2002），分析我国"大国小农"国情农情背景下发展数字农业面临的挑战及问题（刘金爱，2010），也有研究聚焦于数字农业技术设计（毛烨 等，2016）以及推进中国数字农业发展的路径与对策（胡亚兰 等，2017）。总体来看，我国的数字农业研究仍处于起步阶段。我国的农业发展存在显著区域差异，从已有研究来看，尚未结合国情、省情、农情探讨数字经济与传统农业如何深度融合、有效融合。

我国农业生产具有家庭承包经营为基本形式、多要素密集型集约经营、农村市场运行机制等特征。基于"大国小农"基本国情农情，需要促进小农户与现代农业有机衔接，这也是数字农业发展的必要条件。然而，现代技术在改善小农处境方面是必要但非充分条件。甚至在某些场景下，现代技术的应用可能会背离其初衷，对小农利益造成某种程度的不利影响。因此，在数字化与农业现代化发展交融的背景下，需要考虑数字农业发展的实践逻辑和面临的实际挑战，提出具有针对性的政策建议，推动数字农业更好更快地发展。首先，要明确数字农业发展的实践逻辑。其次，要理性思考国情、农情、省情带来的现实挑战。最后，根据实践逻辑和实际挑战提出政策建议。在数字化与农业现代化的历史交汇期，我们要站在实践逻辑与现实挑战的角度，制定科学合理的政策，推动我国数字农业迈上新的发展阶段，为农村振兴和农业高质量发展作出积极贡献。

《中共中央 国务院关于实施乡村振兴战略的意见》提出"大力发展数字农业"。数字农业是指将现代数字技术应用于农业生产，以实现对农业客体的数字化控制与管理，具体涵盖农业领域的人工智能、大数据、云计算、智联网、物联网、遥感技术等。乡村振兴战略的深入实施为数字农业的发展提供了广阔空间。发展数字农业是乡村振兴的有效引擎和重要任务，有助于深入挖掘数字化技术对乡村振兴的促进作用，全面推动农业产业升级、农村进步、农民增收，以高质量一体化发展解决新时代"三农"问题（赵亮，2023）。

党的二十大报告指出："加快建设农业强国，扎实推动乡村产业、人才、文化、生态、组织振兴。"新时代数字农业发展与产业、人才、文化、生态、组织同频共振、同向同行，为农业农村现代化建设奠定了扎实基础。数字农业赋能乡村振兴的重要意义主要体现在以下几个方面：

一是数字农业可加速产业融合发展。第一，创新数字化产业发展模式，打造定制、创意、认养等农业新业态，推动"云农场"建设，有助于将农业与工业、服务业结合起来，拓展产业链、完善价值链、丰富利益链；第二，在农业领域加快推进"互联网+社会化服务"，构建农业产品新媒体供销公共服务平台，有助于加速实现农产品产供销一体化，推动农产品流通电商化；第三，依托人工智能、云计算、大数据等新兴技术，完善多元化农业信息公共服务体系，有助于促进农业与服务业融合发展，化解工业产品和消费品进入农村"最后一公里"的难题。

二是数字农业可提供人才培养契机。一方面，随着种植业、畜牧业、渔业、种业等乡村生产经营的数字化改造，特别是5G技术、人工智能等战略性前沿技术在农业发展中的推广应用，要求培养能够驾驭数字农业所带来系统性变革的新型职业农民；另一方面，随着数字农业新兴技术研发路线图的确定，农业领域大数据汇总、信息决策分析、个性精准投入、智能回答及推送等技术亟须突破，要求依托高等院校、科研院所培养一批知识结构合理的数字农业技术研发人员。

三是数字农业可促进文化资源数字化。首先，国家农业农村云平台、大数据平台、政务信息系统一体化建设，有助于构建农业文化遗产网络，挖掘乡村文物数字资源，推进农业农村优秀传统文化资源数字化；其次，实施国家数字农业农村创新中心与数字农业试点建设项目，开发数字技术与农业产业交互融合的集成创新平台，有助于打造乡村文化振兴互联网平台，推动"三农"题材优秀网络作品创作，丰富乡村振兴数字文化资源。

四是数字农业可夯实生态环境基础。第一，运用数字技术，构建电子追踪监管模式，借助卫星设备精准监测土地、大气、化肥和农药残留等生态因素，有助于保证农业实现绿色生产方式；第二，建设乡村人居环境实时监测平台和乡村物联网，有助于节约资源，确保水源安全，引领乡村绿色生活方式理念；第三，增强乡村生态保护信息化管理能力，利用卫星遥感技术等监控系统对乡村整体生态系统进行全面监测，有助于促进生态修复，助力"美丽乡村"建设。

五是数字农业可强化组织保障能力。一方面，贯彻数字化理念，推动党建信息平台建设，有助于强化党领导乡村治理的能力，不断提升基层信息服务的综合化水平、乡村治理的智能化水平，进而提升乡村社会治理的精细化、现代化水平；另一方面，以数字技术支持现代新兴农业经营主体、市场化服务组织的发展，加大线上平台渠道、营销资源、金融信贷、教育培训等政策支持，有助于培育具有规模和信息化优势的经营主体、服务组织，不断推进农业生产的全程可追溯化与虚拟可视化，降低个体农户从事生产经营的不确定性。

六是数字农业可成为我国由农业大国向农业强国转型的重要路径之一。数字农业将现代信息技术与农业发展结合起来，促进农业产业数字化转型和升级。发达国家已经积极推进数字农业的发展，将其作为构建农业现代化的产业优势之一。在数字经济时代，农业数字化发展将成为实现农业强国目标的重要路径。数字农业的发展，有助于加快农业现代化进程，提高农业的科技含量和附加值，增强农民的创造力和竞争力。同时，数字农业也为农村经济发展和农民增收提供了新的机遇和动力。

7.2　成渝地区双城经济圈数字农业发展现状

7.2.1　成渝地区双城经济圈数字农业政策梳理

我国日益重视数字农业的发展，相继出台了多项扶持政策，明确推动数字技术与农业生产经营管理等方面的融合，旨在推动农业现代化和农村经济的发展。随着《数字农业农村发展规划（2019—2025年）》的发布，以及2020年和2021年的中央"一号文件"明确提出开展数字乡村试点、实施数字乡村建设发展工程，我国数字农业开始从顶层规划走向实践落地。

2021年发布的《成渝现代高效特色农业带建设规划》明确指出："加强智慧农业基础设施建设，推动数字农业提质增效，大力发展智慧农业。"加强智慧农业基础设施建设，推动数字农业提质增效，须制定一批智慧农业应用标准规范，研发一批成本低、实效好的智慧农业技术，推广一批农业智能化关键技术和成套设备，共建西南丘陵山地国家数字农业装备创新分中心。推动"5G+农业"率先在农业园区（示范区）落地，创建一批数字化现代农业园区，建设一批智慧果园、智慧养殖场。加大"三农"信息化建设力度，建设成渝"三农"大数据信息平台，打通数据瓶颈，消除"信息孤岛"，加快建成成渝共建、共享、共用的农业农村数据中心。利用多元数据，构建成渝农业农村"一朵云"政务云服务体系。开展国家数字乡村试点，探索数字乡村发展模式。

2022 年，四川省农业农村厅印发《四川省"十四五"农业农村信息化发展推进方案》，提出用 3 年到 5 年时间，推动全省农业信息化和数字乡村建设取得突破性进展，到 2025 年底，初步建立符合省情、满足实际需要的农业农村信息采集、监测、农产品溯源、信息共享等相关标准体系，为全省农业农村信息化建设提供依据。基本建成数字"三农"综合信息平台、农业农村基础数据资源平台、农业农村云平台，农业农村数据资源实现有效整合和开放共享。积极推动 5G、大数据、物联网、人工智能等新基础设施在农业农村领域的示范应用，打造好数字化转型"底座"，发挥现代信息技术在农业产业发展中的作用，推动农业数字化、智能化、专业化发展[1]。

2023 年，四川省发布了数据领域第一部基础性法规《四川省数据条例》（以下简称《条例》），并于 1 月 1 日起实施。《条例》第四十五条明确提出，应用数字技术赋能数字乡村，开展智慧农业、农村电商等建设，提升农业农村生产经营精准化、管理服务智能化、乡村治理数字化水平。《条例》在制定过程中针对四川省区域发展不均衡的现实，把坚持绿色低碳发展、缩小数字鸿沟、强化民生服务、推动区域协作等作为特色亮点。《条例》明确要求加强对革命老区、民族地区和农村地区资金、技术、人才等方面的支持，优化数字公共产品供给，加强数字基础设施建设，提升数字基础设施建设水平和覆盖质量。结合省情实际突出发展重点，鼓励打造数字乡村应用场景，提升农业农村生产经营精准化、管理服务智能化、乡村治理数字化水平，以此推动经济与社会的发展。

2022 年，重庆市制定了《重庆市数字农业农村发展"十四五"规划》（以下简称《重庆市规划》）。《重庆市规划》提出了重庆市"十四五"期间数字农业农村发展的五大主要任务[2]：一是强化农业农村大数据建设，二是提升产业智慧化水平，三是促进经营服务智能化转型，四是推动数字农业农村技术创新应用，五是打造整合协同的信息化应用体系。其中，推动数字农业农村技术创新应用的主要内容为通过"外引内育"方式，在农业生产、经营、管理、服务等环节创新落地一批数字化新技术，重点打造一批数字化新产品，复制推广一批数字化新模式；强化"产学研"资源多

---

① https://www.sc.gov.cn/10462/10464/10465/10574/2022/7/6/aac1c5cdcf764b9c96da42a62acc9fe8.shtml.

② http://www.cqnync.cn/zt/snycyh/details.aspx? topicId＝776645&ci＝2075.

元合作，发挥涉农科研院所和农业龙头企业在智力、科技、人才方面的优势，大力推进创新平台建设，拓展平台功能，结合现代山地特色高效农业建设，加快开展数字农业农村创新研究；总结提炼一批数字农业农村新成果，加快推进新成果的转化应用。该任务的目标是，力争到2025年底，建成国家级数字畜牧业（生猪）、种植业（柑橘）创新分中心。

7.2.2 四川数字农业发展现状及问题

努力把"盆景"变成"风景"，四川积极探索数字乡村建设经验及路径。随着新一代数字技术的蓬勃发展，以新兴技术推动现代化新农村建设已成为助力乡村振兴的重要手段。在数字化赋能之下，乡村农产品实现扫码溯源，为农产品安全保驾护航，也在无形之中提升了产品质量。2022年，四川"五良"融合无人农场是四川首个无人农场，即把"良田、良机、良种、良法、良制"的实施融入智慧农场的打造中。无人农场采取"政府+高校+企业"模式，由成都市大邑县农业农村局进行宏观指导和统筹协调，西华大学现代农业装备研究院牵头实施，罗锡文院士团队提供技术支持。无人农场为解决"谁来种地"问题给出了一个答案，也对未来农业生产的发展方向展开了探索。这些都是四川省农业农村数字化、信息化、智慧化发展的一例例实践"盆景"。

如前所述，2022年7月，四川省农业农村厅印发了《四川省"十四五"农业农村信息化发展推进方案》，为四川数字农业农村建设提供了行动指南，提出用3年到5年时间，推动全省农业信息化和数字乡村建设取得突破性进展，到2025年底，初步建立符合省情、满足实际需要的农业农村信息采集、监测、农产品溯源、信息共享等相关标准体系，为全省农业农村信息化建设提供依据。基本建成数字"三农"综合信息平台、农业农村基础数据资源平台、农业农村云平台，农业农村数据资源实现有效整合和开放共享。积极推动5G、大数据、物联网、人工智能等新基础设施在农业农村领域的示范应用，打造好数字化转型"底座"，发挥现代信息技术在农业产业发展中的作用，推动农业数字化、智能化、专业化发展。

四川数字农业农村建设可以分为三个阶段。第一个阶段解决"从无到有"的问题，第二个阶段解决"从少到多"的问题，第三个阶段解决"从弱到强"的问题。目前四川已经走到了第二个阶段，已经明确了四川数字农业农村建设向第三个阶段努力推进。

四川省国家级数字农业试点项目数量位居前列。近年来，四川省农业农村厅、全省农业农村系统都在加大力度推进数字农业农村建设，主要分三步走。第一步花了三年时间，基本解决了数字农业农村有没有应用场景的问题。第二步，就是我们现在正在做的，解决多与少问题。第三步要从弱变强。据悉，四川省国家级数字农业试点项目数量位居国内前列。以园区建设引领现代农业高质量发展，现代农业园区梯次体系稳步推进，创建国家级现代农业产业园 13 个，数量居全国第二位。除全国试点项目外，2019 年，四川省农业农村厅围绕"10+3"产业，选择 3 个县（区）现代农业园区和 1 个省级农场开展省级数字农业试点，分别支持安岳县开展柠檬数字农业试点建设、崇州市开展水产养殖数字农业建设、雅安市雨城区及名山区开展茶叶种植数字农业建设和四川省良种试验站开展种业数字化试点建设。目前"10+3"产业体系初步建成，农业优势特色更加凸显。

与发达地区相比，四川数字农业农村发展相对滞后。四川省数字农业农村虽然在局部区域和部分领域取得了一定的成绩，但总体仍处于起步阶段，发展水平较低，还未形成成熟的、可推广的经验和模式。在数字农业发展过程中，建设统一的标准和规范体系对于推动数字化管理和数据共享至关重要。目前，四川农业农村信息数字管理平台建设尚不完善，缺乏统一的标准和规范体系。全省农业农村 7 级（省、市、县、乡、村、组、户）"三农"数据系统尚未建立，成为制约四川数字农业农村进一步发展的瓶颈。与北京、上海、江苏、福建等发达地区相比，四川农村地区基础设施薄弱，成为严重制约数字农业农村发展的瓶颈。农村互联网基础设施还未实现全覆盖，且农村地区基础设施落后、网络覆盖不完全以及物流成本较高等因素，对农产品电子商务的发展形成了一定的制约。近年来，四川省在物联网设备、软件平台开发等方面的投入较大，后期设备更新维护等费用高，造成农业生产中应用的物联网设施设备技术水平低、管理平台功能单一、信息数据来源不足等问题。对数字农业农村的科研支持不够，缺乏既懂农业技术又熟悉信息化知识的跨界复合型人才，严重影响了"三农"信息技术的推广应用。

7.2.3 重庆数字农业发展现状及问题

重庆的荣昌、巴南、大足、渝北、垫江等"四区一县"是国家首批数字乡村试点地区。重庆成为全国入围名单最多的省级市。重庆数字乡村建设起步较早，也取得了相当大的成绩。根据《2021全国县域数字农业农村发展水平评价报告》，重庆农业农村数字化水平达40.3%，列全国第八名，其中农业农村信息化投入列第二名，仅次于浙江省；行政村电子商务站点覆盖率为92.6%，列第四名。

夯实基础建设，重庆市荣昌区与巴南区先行示范。荣昌区和巴南区在夯实数字乡村基础建设方面提供了成功经验。荣昌区在龙集镇率先开展全镇全域数字乡村试点，以"数商兴农工程"为抓手，重点发展数字化水产养殖，打造特色产业电商孵化基地和直播基地。同时，荣昌区与毗邻的四川省内江市合作，联合实施渔箭河"智慧河长"水域环境一体化监管。荣昌区在提升农民数字素养与技能、智能化社会治理、"互联网+教育"、"互联网+医疗健康"等领域多点发力，全区所有行政村均设立了益农信息服务社，并建成远程互动教学系统，让城区学校与农村学校共享教育资源；区内所有基层医疗机构接入一体化信息系统，村级卫生室即可通过手机扫码预约医疗服务。巴南区则采用政府投入与通信运营商合作的模式，整合通信、金融、保险、农资、医疗、法律等信息资源，联动快递网点、"村村旺"小店、"邮乐"小店等电商平台，构建多功能服务体系，并建设了村级益农信息社。同时，巴南区联网近万个道路摄像头，村民通过手机App即可实时查看院坝情况，大幅提升了乡村社会治安管控能力。

推动产业数字化转型，荣昌区成为标杆。在产业数字化转型方面，荣昌区表现突出。作为国家现代畜牧业示范区核心区域，荣昌区聚焦以生猪大数据为核心的农牧产业数字经济，成功建设了国家级重庆（荣昌）生猪大数据中心。该中心运用大数据、物联网、云计算和区块链等技术，搭建智慧养殖管理、畜禽粪污资源化利用、猪肉溯源大数据等综合服务平台。荣昌区还创新性推出"荣易管""荣易养""荣易买""荣易卖""荣易医"等智慧平台，实现对近20万头生猪从养殖到屠宰的全过程实时监管，有效解决了传统养殖中交易链条冗长、产品质量难溯源、成本居高不下等问题。截至2022年底，该中心已接入全国200多个农贸市场和近700个种猪场，实时对接全国进出口贸易数据，构建起覆盖全国各地区和全产业链的数据采集体系。此举显著减少了养殖户交易环节和成本，累计交易额已突破1 000亿元，为生猪产业的数字化发展注入了强大动能。荣昌区的数字化转型实践，为传统产业升级转型提供了重要示范，为现代农业的可持续发展探索了新路径。

但是，重庆数字农业建设方面仍存在某些短板。比如各区县农村网络基础设施条件参差不齐，有的边远农村地区存在网络信号盲区。"三农"综合信息服务和应用基础"底座"尚不健全，农村资源要素管理尚未实现全面信息化，各类涉农平台和系统未有效整合，涉农数据采集、治理、应用、共享标准缺失统一技术规范，缺乏功能强大的支撑体系。还有一些地区重平台建设、轻数据治理，跨行业跨部门信息资源共享不足，缺乏服务农民、农村、农业的综合性应用场景。目前重庆尚未形成多学科、多产业的数字农业农村创新团队，亟待协同发挥科研机构、高校、企业等各方作用，强化农业农村数字科技创新供给，加快推动农业机器人、智能农机等技术成果逐步投入数字农业建设。培养数字农业农村领域科技人才和加强数字农业农村业务培训，采取多种措施提高"三农"干部、新型经营主体和农民的数字技术应用和管理水平。

7.3 以数字农业推动农业高质量发展

数字农业利用数字信息技术对农业生产过程进行可视化、数字化和信息化管理。对数字化技术的应用，可以实现对农田、作物、农业机械设备以及农业生产过程中产生的数据进行高效管理和分析。四川省是农业大省，重庆市也是农业大市。2022 年，四川省、重庆市先后制定并发布了《四川省"十四五"农业农村信息化发展推进方案》《重庆市数字农业农村发展"十四五"规划》，积极推动农业信息化和数字乡村建设，大力发展数字农业，培育壮大农业数字经济，对农业高质量一体化发展起到了重要作用。

较早关注数字农业的研究认为，数字农业的显著特征是基于数字技术的传统农业生产管理的创新和变革，是一种新型农业（卢钰、赵庚星，2003）。数字农业以现代信息技术作为支撑，能够实时掌握农作物生长情况，并对农作物的生长情况进行数字化存储管理，这使得农业生产的动态信息系统得以形成，借助技术对农业生产管理过程中的现象进行模拟和分析，促进农业生产管理实现数字化和可视化，这是其与传统农业生产和粗放管理方式的显著区别。

也有研究认为，数字农业旨在将农业的生物、环境、技术和经济等过程与种植业、渔业、畜牧业等各结构要素深度数字化，并在农业的生产、教育、科研和流通等方面充分应用农业信息技术，对其进行全方位的数字化、网络化管理。就数字农业而言，将农业生产过程全方位数字化是其重要内容，即在农业生产系统内，农业的生物、环境、技术和经济等过程的全面数字化（曹宏鑫 等，2012）。还有学者对数字农业的概念作了进一步的概括：在高新技术（如信息技术、地学空间模型）的支持下的集约化、信息化的全新农业模式，将多种高新技术深度融合，进而在农业生产过程中，能够及时获取与农作物有关的各种信息，提高产品品质，进一步对生态环境进行保护（葛佳琨 等，2017）。不同学者从不同角度对数字农业的内涵进行了界定，虽研究视角有所不同，但普遍将数字农业界定为农业发展的一种新形式，以信息技术、数字设计、信息管理作为支撑，数字信息被视为农业生产中的一个新要素，将农业的对象、环境及全过程输出可视化，是在数字经济范畴下以数字化重组的形式实现农业产业变革与升级的一种典型应用。

农业高质量发展是一个有机整体，即将生产体系、经营体系与产业体系视为一体。其中，生产体系、经营体系、产业体系分别作为高质量农业的动力支撑、运行保障和结构骨架，经营体系体现为生产关系的要求，而生产体系和产业体系体现为生产力的要求（夏显力 等，2019）。由此可见，农业高质量发展具有特色性、融合性等特性（丁声俊，2018）。农业高质量发展还需要转换思路，找到合理的发展路径，才能推动中国农业保产、高效、减量和增收的目标实现，进而走上因"地"制宜的发展道路（张露、罗必良，2020）。数字农业能够推动农业在技术层面、信息资源层面、农业服务方式层面分别朝着数字集成化、高度自动化和农业数据资源共享协作化的方向发展，进而实现农业高质量发展。要完成农业经济发展由高速度向高质量的转变，必须牢牢把握数字化转型这一机遇，以数字化驱动发展，进一步完善农业标准体系，并重点推动"互联网+现代农业"全产业应用融合与电子商务模式创新等数字化转型发展（吕小刚，2020）。

综上所述，数字农业高质量发展是指将数据信息作为农业生产要素，用现代信息技术对农业产供销全过程进行可视化表达、数字化设计、信息化管理，将数字技术贯穿于"农业生产—加工—流通—消费"的全产业链，进而实现数字生产效率高、科技创新水平高、农业效益质量高、产业融合程度高、信息化发展速度高的发展状态。它以农业数字信息为核心，通过结合大数据分析、物联网、云计算等数字网络技术，将农业与现代数字技术深层次融合，能够在数字生产、科技创新、产业融合、信息化等方面完成高质量发展的目标。因此，构建数字农业高质量发展评价体系，应兼顾数字生产效率、科技创新水平、农业效益水平、产业融合程度以及信息化发展水平等。

以数字农业法治化建设为引领，完善制度体系。首先，推进数字农业发展法律制度的系统化，形成"基本法律规范+配套法律规范+专项法律规范"的完整制度体系。积极制定服务本地数字农业发展的地方性法规，不断完善地方相关制度体系。其次，推动数字农业领域执法、司法、守法机制建设。由农业农村部牵头组建执法协作机制，以化解数字农业涉及领域广泛造成的多头执法弊端；增强技术事实查明辅助人员队伍建设，对涉案技术进行论证说明，以化解数字农业智能化程度较高造成的审判困境；探索数字农业纠纷人民调解机制，由乡镇干部、村委成员、村民代表、科技人员等组建人民调解委员会，为相关人员主动守法提供多元选择。

以数字农业现代化示范区建设为契机，带动平衡发展。一方面，综合考虑东、中、西部地区数字农业发展的资金条件、设施基础、产业环境、资源禀赋等要素，有针对性地聚焦各区域优势产业、特色产业，以县（市、区）为基本生产单元，建设数字农业现代化示范区，充分发挥区位优势，逐渐缩小区域差距，带动数字农业平衡发展；另一方面，将数字农业的发展融入区域重大战略，统筹发展东北、西部、中部、东部四大板块的数字农业技术，加强区域间数字农业对标建设，推动东部发达地区对其他地区数字农业建设的对口支援和帮扶，不断平衡数字农业生产力的发展。

以数字农业公共信息服务平台建设为牵引，提高信息化程度。一方面，加快数字农业大数据中心建设，依托现有社会公共云的基础设施，集合农业集体资产、自然资源、生态环境、交通运输以及个体农户、农民专业合作社、家庭农场等数据信息资源，建设涵盖国家、省、市、县各级农业主管部门的专有云平台，实现全国数字农业信息资源"一网通"；另一方面，依托国家政府信息化工程，以种植业、畜牧业、渔业、种业及其他新业态为依据，不断推进农田、渔港、农业机械化数据的综合管理服务，建设全国数字农业政务信息平台，并打通生产专有云平台和政务信息平台，实现信息数据的实时共享、汇聚治理、决策分析，最终建成贯通数字农业的信息枢纽。

以财政投入与社会资本耦合为重点，构建资金保障体系。一方面，各级政府通过财政补贴、税收优惠等方式，加大对获取数字农业高通量信息技术、新型数字农业知识服务技术、数字农业关键装备技术等关键共性技术攻关的财政支持；同时，实行政产学研联合攻关协作，通过财政转移支付方式，支持战略性前沿性技术在数字农业领域的超前布局。另一方面，发挥社会资本助力数字农业发展的作用，优化金融服务支持，创新普惠金融模式，鼓励各类金融机构开发相关金融产品，为数字农业专用设备的购买和租赁提供资金支持；强化保险功能，在政府和经营主体共同出资的前提下，推行数字农业保险产品，提升数字农业中新业态经营模式应对风险的能力；开展数字农业振兴基金试点，拓展多元融资渠道，设立专项基金，为数字农业基础性建设提供稳定资金；发行数字农业专项债券，聚焦数字农业基础数据资源体系建设、生产经营数字化改造、重大工程基础设施建设，更好地满足数字农业全面发展的资金需求。

以培育新型职业农民和研发管理人才为举措，提供高端人才资源。首先，制定个体专业生产型、经营主体管理型、产业发展带头型等人才培训方案，开展分层、分类常态化教育培训活动，增强农民的数字化思维，扩展其信息化、智能化专业技能，并规范数字农业从业人员培养选拔和评价使用制度，定期开展职称评定，培育新型职业农民，打造一支专家型数字农业从业队伍。其次，依托国家数字农业农村创新工程，建立一批数字农业关键核心技术攻关创新团队，培养各级领军人才和高水平工程师；依托高等农业院校、科研机构、相关企业打造数字农业交叉学科，培养后备科技人才、管理人才；强化"三农"干部数字农业发展培训工作，增强其对国家数字农业发展规划的理解和把握，不断加强其数字化素养，进而发挥其数字农业发展中"关键少数"的作用。

8 成渝地区双城经济圈绿色农业协同发展研究

农业是我国经济之本、生活之源。随着环境污染的日益加剧,以可持续发展为核心的理念受到巨大冲击。突破环境资源的限制,解决十几亿人口的餐桌安全问题,保证农业资源的循环使用,是农业必须走绿色发展道路的动因,也只有真正落实农业绿色化发展,在农业发展中兼顾经济增长、环境保护、资源循环,我们才能够在不同的阶段适应环境和国际社会的变化,始终保证农业的高质量发展。

8.1 绿色农业发展理念的内涵与特征

我国最早提出绿色发展理念是在 2015 年 10 月 26 日至 29 日中国共产党第十八届中央委员会第五次全体会议上,会上通过了《中共中央关于制定国民经济和社会发展第十三个五年规划的建议》[①],其中指出绿色是永续发展的必要条件和人民对美好生活追求的重要体现。必须坚持节约资源和保护环境的基本国策,坚持可持续发展,坚定走生产发展、生活富裕、生态良好的文明发展道路,加快建设资源节约型、环境友好型社会,形成人与自然和谐发展现代化建设新格局,推进"美丽中国"建设,为全球生态安全作出新贡献[②],更重点强调了促进人与自然和谐共生,有度有序利用

[①] 中共中央关于制定国民经济和社会发展第十三个五年规划的建议 [EB/OL]. http://www.cppcc.gov.cn/CMS/tianxuandeng/viewINFOrmzxbarti.action? tabRMZXB.guid=TabR1450051933209259.

[②] 中共中央关于制定国民经济和社会发展第十三个五年规划的建议 [EB/OL]. http://www.cppcc.gov.cn/CMS/tianxuandeng/viewINFOrmzxbarti.action? tabRMZXB.guid=TabR1450051933209259.

自然，调整优化空间结构，划定农业空间和生态空间保护红线，构建科学合理的城市化格局、农业发展格局、生态安全格局、自然岸线格局①。

可见，农业绿色发展就是打破之前传统农业生产模式，根据地区空间结构特色，秉承人与自然和谐共生的原则，科学规划布局、可持续利用自然资源，为社会提供生态绿色食品。

2017年9月，中共中央办公厅、国务院办公厅印发了首个农业绿色发展文件——《关于创新体制机制推进农业绿色发展的意见》②，提出了四个基本原则：坚持以空间优化、资源节约、环境友好、生态稳定为基本路径③；坚持以粮食安全、绿色供给、农民增收为基本任务；坚持以制度创新、政策创新、科技创新为基本动力；坚持以农民主体、市场主导、政府依法监管为基本遵循④。虽然学术界对农业发展的内涵并没有统一界定，但无疑该意见大大扩展了农业绿色发展的内涵，对深入贯彻"五位一体"总体布局和协调推进"四个全面"战略布局有着重要意义，为深度践行农业绿色发展道路明确了目标。

农业环境绿色化：利用天然的地域农业特色及优势，在不改变土地特质的基础上，充分利用环境资源，稳定发展绿色农业经济，充分考虑当地气候、土壤等长期以来的变化，科学布局农业空间。在保证农耕土地面积的大前提下，按照农、林、牧、副、渔的基本划分原则，优化、调整农业地区功能布局，同时在优化布局、集中化布局的基础上，结合当地的农业经济发展，引导地区打造具有当地特色的集约化农业生产链，最终落实农业产业的"专精特新"，以农业经济的发展为绿色农业环境的持续优化保驾护航。适度进行区域性合作，有利于更有效地利用资源，各取所长，互为补短。

农业产业绿色化：农业本质上具有较其他行业跟自然环境关联更紧密的特点，依靠农作物生长规律及气候变化是传统农业的本质，而新中国成

---

① 中共中央关于制定国民经济和社会发展第十三个五年规划的建议［EB/OL］. http://www.cppcc.gov.cn/CMS/tianxuandeng/viewINFOrmzxbarti.action？tabRMZXB.guid=TabR1450051933209259.

② 孙炜琳，王瑞波，姜茜，等. 农业绿色发展的内涵与评价研究［J］. 中国农业资源与区划，2019（4）：14-21.

③ 中共中央办公厅、国务院办公厅印发《关于创新体制机制 推进农业绿色发展的意见》［EB/OL］. https://www.mee.gov.cn/zcwj/zyygwj/201912/t20191225_751539.shtml.

④ 中共中央办公厅、国务院办公厅印发《关于创新体制机制 推进农业绿色发展的意见》［EB/OL］. https://www.mee.gov.cn/zcwj/zyygwj/201912/t20191225_751539.shtml.

立以来，中国农业凭借现代农业生产要素（如肥料、药物、机械手段）的高投入而得以迅速发展，但在资源短缺和生态环境不断破坏之下，回归农业本质，推动绿色农业发展是解决问题的必然选择，因此从耕种方式到土地资源保护到农产品加工全产业链都需要严格把控绿色标准。

农业科技绿色化：实现农业绿色化又不能发生农业经济倒退，是我们既要"青山绿水"又要"金山银山"的博弈，充分应用科技手段对农业进行数据监控，科学评估农业发展中的环境因素、科技因素、地区经济发展因素、政策干预因素等，能有效地分析绿色农业发展各指标之间的关联，更有利于当地农业发展过程中因地制宜政策的推行。加快实现核心种源自主可控，攻克大型智能装备、高端传感器等关键核心装备技术短板，保障粮食安全、农业生物安全和重要农副产品有效供给，提升产业基础高级化、产业链现代化水平[①]。加快解决农业减排降碳、农业面源污染防控、农业废弃物资源化利用等现实问题，加速农业绿色化智能化数字化发展和新材料应用，实现农业农村碳达峰碳中和，推进农业节本增效、转型升级和绿色低碳发展[②]。

8.2 成渝地区双城经济圈绿色农业发展现状

2020年1月3日，习近平总书记在中央财经委员会第六次会议上作出"建设成渝地区双城经济圈，加快现代产业体系建设，打造西部经济中心，建设成渝现代高效特色农业带"的重要战略部署，为成渝地区农业发展指明了努力的方向，对成渝地区双城经济圈农业绿色发展规划具备战略意义[③]。

2021年10月20日，《成渝地区双城经济圈建设规划纲要》正式对外发布，规划明确了成渝地区双城经济圈的战略定位，提出了成渝地区双城经济圈建设的九项重点任务，指明了到2025年和2035年的发展方向，"生态优先，绿色发展"是五个原则之一，强调全面践行生态文明理念，强化

---

① 农业农村部关于印发《"十四五"全国农业农村科技发展规划》的通知［N］. 中华人民共和国农业农村部公报，2022-01-20.

② 农业农村部关于印发《"十四五"全国农业农村科技发展规划》的通知［N］. 中华人民共和国农业农村部公报，2022-01-20.

③ 中共中央，国务院. 成渝地区双城经济圈建设规划纲要［EB/OL］. https://www.gov.cn/zhengce/2021-10/21/content_5643875.htm.

长江上游生态大保护，严守生态保护红线、永久基本农田、城镇开发边界三条控制线，优化国土空间开发格局，提高用地、用水、用能效率，构建绿色低碳的生产方式①。对农业方面的要求则是②：①推动农业高质量发展。支持川渝平坝和浅丘地区建设国家优质粮油保障基地，打造国家重要的生猪生产基地、渝遂绵优质蔬菜生产带、优质道地中药材产业带、长江上游柑橘产业带和安岳、潼南柠檬产区。推进特色农产品精深加工，打造全球泡（榨）菜出口基地、川菜产业和竹产业基地。发展都市农业，高质量打造成渝都市现代高效特色农业示范区。②强化农业科技支撑。共建国家农业高新技术产业示范区。支持建设西南特色作物种质资源库、西部农业人工智能技术创新中心、国家现代农业产业科技创新中心等。推动畜禽遗传资源保护利用，建设区域性畜禽基因库、畜牧科技城、国家级重庆（荣昌）生猪大数据中心。③大力拓展农产品市场。积极开展有机产品认证，健全农产品质量安全追溯体系。做强地理标志农产品，推广"巴味渝珍""天府龙芽"等特色品牌，打造"川菜渝味"等区域公用品牌。强化农产品分拣、加工、包装、预冷等一体化集配设施建设，大力建设自贡等国家骨干冷链物流基地。大力发展农村电商，建设一批重点网货生产基地和产地直播基地。建设国际农产品加工产业园。

8.2.1 成渝地区双城经济圈农业绿色发展环境资源改善

农业环境资源绿化改善明显，空气、水源、耕地等指标都呈优化趋势。在大气环境方面，成渝地区双城经济圈内所有城市的二氧化硫、一氧化碳年均浓度处于达标状态。2019年，成渝地区双城经济圈臭氧年均浓度处于达标状态，空气质量明显改善。从2014年至2020年，成都市和德阳市空气质量优良天数比例分别增长了34.42%和11.64%，分别达到75.96%和80.87%；重庆市空气质量优良天数比例增长了50.16%，达到90.16%③。在水环境方面，川渝地区持续开展流域污染治理省际合作试点，协同推进跨界河湖水生态补偿机制建设。四川省在岷江、沱江和嘉陵

① 中共中央，国务院. 成渝地区双城经济圈建设规划纲要［EB/OL］. https://www.gov.cn/zhengce/2021-10/21/content_5643875.htm.

② 中共中央，国务院. 成渝地区双城经济圈建设规划纲要［EB/OL］. https://www.gov.cn/zhengce/2021-10/21/content_5643875.htm.

③ 西南财经大学成渝地区双城经济圈建设课题组，郭仕利，丁祥宇，胡智勇. 成渝地区双城经济圈迈入绿色发展新阶段的现状、问题与路径［J］. 经济研究参考，2021（24）：5-26，45.

江干流及重要支流建立起正向激励和反向约束的跨界水环境生态补偿机制，重庆市在流域面积 500 平方千米以上且流经两个及以上区县的 19 条河流建立起横向生态保护补偿机制，构建了生态受益者补偿、生态保护者受偿的跨界河流保护格局，成渝地区水环境得到一定改善。以地表水、饮用水水源水质监测为例，成渝地区多年份集中式饮用水水源地水质达标率均在 97% 以上，从 2015 年到 2019 年，水源地水质逐年提高[①]。在耕地方面，四川省持续大力整治耕地环境，减少农药与化肥的施用，加强农膜回收，推进耕地质量监测工程全覆盖。2019 年，四川省化肥使用量为 235 万吨，农药使用量为 4.45 万吨，已连续四年减少施用量，农膜回收率超过 78%。重庆市积极推进耕地质量类别划分，开展试点区域土地重金属污染修复工作。2018 年，重庆市实施果茶有机肥替代化肥示范 10.50 万亩。2019 年，重庆市化肥使用量为 91.08 万吨，农药施用量为 1.65 万吨且呈下降趋势[②]。

绿色农业科技发展迅猛。成渝地区科技创新资源丰富，创新成果多样，是我国西部高校、科研院所和科技人才较为集中的区域。川、渝两地通过开展全方位、多领域合作，研发了多项原创性农业科研成果，协力推动建设成渝现代高效特色农业带，其中涵盖了种业提升、耕地保育、山地农机、绿色种植、营养健康、智慧农业、农产品质量安全、美丽宜居乡村建设 8 个领域，聚焦粮油安全和农产品保供的"神 9 优 28"水稻直播种植技术，该技术可减施除草剂 70%、节肥 15%、节水 10%，已在川、渝两地建立示范田 3 万余亩；聚焦特色高效农业提质增效的"油蔬两用"超高含油量油菜新品种"庆油 3 号""庆油 8 号"，已示范推广面积 10 余万亩，生产优质油菜薹 2 万余吨，菜籽每亩可增产 10% 以上[③]。依靠这些农业绿色技术，成渝地区双城经济圈的农业产业绿色化效果显著。

8.2.2 成渝地区双城经济圈农业绿色发展存在的问题

环境污染在部分区域仍旧显著，集中在成都平原地区、川南地区和重庆主城都市区，其中成都、自贡、德阳、内江四市全局皆为大气污染防治

---

① 西南财经大学成渝地区双城经济圈建设课题组，郭仕利，丁祥宇，胡智勇. 成渝地区双城经济圈迈入绿色发展新阶段的现状、问题与路径 [J]. 经济研究参考，2021（24）：5-26，45.

② 西南财经大学成渝地区双城经济圈建设课题组，郭仕利，丁祥宇，胡智勇. 成渝地区双城经济圈迈入绿色发展新阶段的现状、问题与路径 [J]. 经济研究参考，2021（24）：5-26，45.

③ https://baijiahao.baidu.com/s? id=1735806921597627210&wfr=spider&for=pc.

重点区域，水环境污染主要集中在长江（四川段、重庆段）、岷江干流及部分支流、沱江全流域、嘉陵江部分支流和乌江（重庆段），且跨界流域水污染联防联控联治实施力度有待提升。农业生产中，由于农产地分散、未实现集约化规模化、缺乏技术引导，成都都市核心圈和重庆市主城都市区农药、化肥的使用不规范，农药、化肥的配比更多凭农业生产者的日常经验施用，过度使用对土壤产生污染，二次修复成本高、难度大，不利于农业绿色发展和持续发展①。

农业产业绿色化的技术支撑普及不够。化肥无序投入、生产资源过度使用、部分农户耕种方式落后原始。农业科技应由政府、乡镇村组织进一步推广入户，绿色科技农业产业化从人才培训和支持开始，广泛利用互联网技术，让农户也可以即时接收科技信息。鼓励更多科研人员从理论研究延伸到应用研究，加强农业科技与经济发展的关联性推广，让农民意识到科技兴农、绿色农业发展带来的经济收入提升效果，从而自主学习和推广农业科技。

8.3 绿色农业发展评价指标体系

8.3.1 评价思路

科学的绿色农业发展评价是推动绿色农业发展更科学、合理的关键，而我国幅员辽阔，各地区农业绿色发展进程不一，不同的资源环境、科技水平、经济发展基础等，都对农业绿色发展有着不同的影响。在设计绿色农业发展评价指标体系的时候，应多选用适用于不同地区的指标，从农业绿色发展的内涵去提炼评价指标是较为合适的路径。

在选择评价指标的时候，主要有以下几个原则：简单科学、可量化可采集、权威系统、比较范围较广。简单科学是指能直接反映农业绿色发展的内涵和意义，兼顾到影响绿色农业发展评价的完整度；可量化可采集是指所选用的指标对应的基础数据是真实的，能被采集、整理，且能覆盖几乎所有需评价地域；权威系统是指采集数据的渠道和来源应具备权威性，

---

① 西南财经大学成渝地区双城经济圈建设课题组，郭仕利，丁祥宇，胡智勇. 成渝地区双城经济圈迈入绿色发展新阶段的现状、问题与路径 [J]. 经济研究参考，2021（24）：5-26，45.

是可被证实及认可的；比较范围较广是指选用指标在各种条件差异巨大的地域也能使用或进行替换选择的指标，能保证数据采集之后可分析应用。

国内目前关于评价体系的研究热点，如张建杰等人（2020）立足农业和整个食物"生产—加工—消费"系统，以农业绿色发展的科学内涵和实现目标为导向，围绕社会、经济和生态环境三个维度，以"食物生产—加工—消费"全链条为边界，构建了一套适合开展定量研究和评价中国农业绿色发展的指标体系；孙炜琳等（2019）通过对国内外相关研究的梳理分析，对新时代我国农业绿色发展的内涵进行界定，进一步明确了农业绿色发展的评价思路。在此基础上，他们构建了包括 4 个一级指标、19 个二级指标的农业绿色发展定量评价体系与由 6 个一级指标、15 个二级指标构成的农业绿色发展定性评价指标体系，提出了归一化法和标准化系数法等评价方法；黄炎忠等（2017）则从绿色农业生产的角度，对绿色农业进行了测算，研究不同区域农业生产水平对发展绿色农业的影响。

8.3.2　评价指标体系的特点及研究趋势

这些研究者构建的农业绿色发展指标体系围绕绿色农业发展的内涵与意义，体现了农业"绿色""发展""全链条"的特点，强调了评价的完整性和系统性，从最开始重点在绿色生产、农产资源、农产品本身采选指标发展到目前涉及环境资源、生产工具、经济发展水平、科技支撑、饮食后端等更完整的链条。这需要更长期的数据监控、更准确的数据来源及根据不同空间、时间做出指标调整。目前国内关于指标选用的范畴和方式也有了比较统一的标准，指标体系的建设随着数据采集方法的快速发展而有了更广阔的容纳范围，这更适合我国多区域、地域特征鲜明等特点。在指标分类方式上遵循国际惯例，有必选指标并分级为直接与间接，还有选择性指标，以此来平衡各地区差异。

虽然国内研究者对指标的选用、权重评价方法、得出结论都有了比较完善的框架，但大部分仍被限定在一个区域内进行实战研究，缺少全国范围内采用相同或者不同指标评价结果的对比与准确性反馈。随着大数据应用的加强，我们相信会有越来越多基于各种评价体系的补正信息研究出现。

8.4 绿色农业发展形态

作为国家战略，在推进乡村振兴战略实施过程中要加强农业农村绿色发展规划研究，同时也应该注意到，发展生态农业是实现乡村振兴战略目标的重要举措，其中观光休闲农业、康养农业、有机农业都是因地制宜挖掘特色的绿色农业，可以有效促进农村经济发展，让农民实现增收目标。绿色农业经济发展可以更好地盘活农业生态环境资源，推动农业供给侧结构性改革，助力农业现代化发展。

关于循环农业，国家出台了多项政策。2016 年原农业部出台的《农业综合开发区域生态循环农业项目指引（2017—2020 年)》，提出集中力量在农业综合开发项目区推进区域生态循环农业项目建设，到 2020 年建成区域生态循环农业项目 300 个左右（王帅，2018)。原农业部还印发了《种养结合循环农业示范工程建设规划（2017—2020 年)》，提出到 2020 年，建成 300 个种养结合循环农业发展示范县，重点建设一批标准化饲草基地项目、标准化养殖场"三改两分"① 项目、标准化屠宰场废弃物循环利用项目、畜禽粪便循环利用项目、农作物秸秆综合利用项目。2017 年，中央财政专项安排农业综合开发资金 6.05 亿元，在河北、山西和内蒙古等 23 个省（自治区、直辖市）建设 61 个农业综合开发区域生态循环项目（王帅，2018)。此外，2017 年 8 月，在政府、社会资本和金融机构的合力推动下，全国已建成国家级有机农业示范基地 24 个，面积超过 2 000 万亩（王帅，2018)。

8.5 以发展绿色农业推动农业高质量发展

农业高质量发展包括高标准的农业产品、高效益的农业产业、高效完备的农业经营体系、高品质的国际竞争力（钟钰，2018)。尽管现代农业发展大都具备集约化、高效率、标准化等特色，但各国所具备的农业生产

---

① "三改两分"指：改水冲清粪或人工干清粪为漏缝地板下刮粪板清粪，改无限用水为控制用水，改明沟排污为暗道排污，实行固液分离、雨污分离。

资源不尽相同，发展各有特点。我国是农业大国，但优质土地资源有限，农产品供给压力大，绿色农业的发展切合我国农业经济战略发展规划，是农业可持续发展的根本原则。

8.5.1　成渝地区农业高质量发展困境

成渝地区近年来一直致力于改善环境，推动农业高质量发展，但仍旧面临诸多问题：

主要农产品供需矛盾日益突出，资源环境压力越来越大。成渝地区是全国工业发展重要城市，城市化进程加快。据第三次全国国土调查数据，成渝地区耕地面积比第二次全国国土调查数据减少了 3 090.9 万亩，其中四川减少 2 239.2 万亩、重庆减少 851.7 万亩，区域耕地面积减幅占全国耕地总减幅的比重达到 27.39%（牟锦毅 等，2022）。而川、渝两地外出务工年轻人较多，留下的老、弱、病、残居多，农户分散、知识水平较低，农业科技落户情况较差，区域经济动力不足。据第三次农业普查数据，四川和重庆农业生产经营人员中 55 岁及以上人口比例为 38.1% 和 45%，均高出全国平均水平。另从农业生产经营人员受教育程度来看，川渝地区拥有高中及以上学历的劳动力仅占 5.24%，比全国平均水平低 2.98 个百分点，而小学文化及以下比例却高达 58.32%，高于全国平均水平 10 个百分点（牟锦毅 等，2022）。川、渝两地农业产业结构颇为相似，重庆 11 类农业主导产业与四川"10+3"农业产业具有较高重合度，产业结构同质化是川渝地区农业发展中经常被诟病的问题。受地区形态影响，川渝地区农业生产以散户和家庭作坊为主，标准化、集约化、规模化不足，特色农产品无法品牌化，市场竞争力较弱，走出川、渝甚至走出国门的产品可谓凤毛麟角。截至 2020 年末，四川和重庆的农产品加工业产值与农业总产值之比分别为 1.9：1 和 1.5：1，低于全国 2.4：1 的平均水平，更是远低于江苏的 3：1 以及河南的 3.8：1（牟锦毅 等，2022）。农业产业化整体水平不高。

农户分散经营，使得农业技术的推广受到阻碍。现代农业技术的实施通常以规模化生产为基础，但据农业农村部数据，2020 年，川渝地区农业生产托管面积为 4 465.81 万亩，仅占全国的 2.67%，而京津冀和长三角地区农业生产托管面积占全国比重分别达到 13.52% 和 18.06%；其中，川渝地区小农户生产服务托管面积为 2 760.6 万亩，占生产托管总面积的 61.82%，同样低于全国平均水平（牟锦毅 等，2022）。

适合小农户生产导向的科技成果偏少，在农业科技成果转化过程中遇到的障碍较多，很难真正落地，小农户使用科技手段门槛较高（没有明显经济提升动力），围绕农业全产业链的农业科技社会化服务体系建设也不足，一定程度上，川渝地区农业科技供给有限抑制了农业技术链与产业链的有效耦合，加工农产品增值有限，受地块限制产业化程度也不高，不管是农业生产力还是农业技术及农业产业链竞争力都不强。

川渝地区农业协同发展动力不足，川、渝两地合作目前还依赖行政推动，难以形成市场化推进机制，缺乏市场推动的协同难以扩大范围和持久，遑论循环发展。怎么走出两地竞争，形成各取所长的态势，还需要川、渝两地进一步挖掘自身特色，或者就同一问题进行合理分解。

8.5.2　成渝地区农业绿色发展推动高质量发展举措

目前对农业高质量发展影响因素的研究还未完成，数据资料相对较少。刘涛等（2020）认为，对我国农业高质量发展水平的测度应以新发展理念为基础，从"创新、协调、绿色、开放、共享"五个方面来构建指标体系。农业绿色发展确实能对农业高质量发展起到重要作用，具体表现有以下几个方面：①农业绿色发展是建立一套可持续的、可发展的、环保的生产生态链，不仅能保护农业资源，减缓不可再生资源消耗，也提供了绿色食品，满足了农业高质量发展的核心需求；②农业绿色发展依赖于农业科技的进步与实践，在日益严重的靠高投入产生高回报的粗放式生产与农业产品竞争力下降的矛盾面前，走科技兴农的道路是解决这个矛盾的唯一办法。提高农产品的附加值、降低生产成本、增加小农户收入，才能真正达到农业高质量发展、带动广大农民增收的目的。

成渝地区双城经济圈形成之时就确定了以绿色农业为农业高质量发展方向的主要课题，就绿色农业发展推出一系列举措：

成、渝两地于2021年印发《成渝现代高效特色农业带建设规划》，规划立足成渝地区实际，围绕率先在西部地区基本实现农业农村现代化的奋斗目标，提出了成渝现代高效特色农业带建设的总体要求、主要任务和推进措施（冯晟臻 等，2022），是推进成渝现代高效特色农业带建设的指导性文件。文件强调，充分发挥成、渝"双核"引领作用，着力建设全国农村一、二、三产业融合发展示范区、国家现代农业绿色发展先行区，率先在西部地区实现农业农村现代化（刘云中、杨继瑞，2021）；重点打造地区特色品牌，利用大数据、互联网、文化推广等方式把产品推广出去，促进两地农业产业联动、农业经贸合作、农业科技交流；通过境外展会、中新互联互通项目等重要平台，携手开拓成渝地区特色农产品境外市场。

成渝地区依托两地高校雄厚的科教资源，重视农业科技成果的运用及引进，制定了多种农业科技下乡、龙头企业引领科技走进农户、发挥基层农业科技人才作用等政策，持续提升现代高效特色农业带建设的科技水平。近年来，成渝地区培育和发展了较多地理标志农产品基地，如长毛兔养殖基地、蚕桑基地、生态观光农业示范基地、优质茶叶基地等，形成了茶叶、水果、蔬菜、蚕桑、中药材、白山羊等一批特色优势农业，同时发布了多项农业科技人才招募与培养政策，《成渝地区双城经济圈急需紧缺人才目录》《加快推进乡村人才振兴的重点措施》《重庆市乡村振兴促进条例》等文件中都重点强调了对农业科技人才的重视。

成、渝两地绿色农业初步发展目标为：到2025年，农业质量效益和竞争力显著提升，实现第一产业增加值7 100亿元以上，粮食播种面积稳定在9 600万亩以上，粮食总产量稳定在3 600万吨以上，生猪出栏稳定在6 850万头左右，蔬菜产品达到5 700万吨，绿色、有机、地理标志农产品认证数量达到4 500个以上。现代农业产业支撑水平大幅跃升，累计建设旱涝保收、宜机作业的高标准农田7 300万亩以上，建成种质资源库2个，培育"育繁推"一体化种业龙头企业42个，建成种业优势基地县45个，农作物耕种收综合机械化率达到55%以上，农产品冷链物流设施达到4 500个。创建国家农业现代化园区（示范区）50个左右、省级现代农业园区125个左右、省级现代林业园区40个左右，农村居民年人均可支配收入达到2.3万元以上[①]。

---

① 四川省人民政府办公厅 重庆市人民政府办公厅关于印发《成渝现代高效特色农业带建设规划》的通知（川办发〔2021〕67号）。

9 成渝地区双城经济圈现代农业服务业协同发展研究

9.1 现代农业服务业的内涵及意义

9.1.1 现代农业服务业的内涵

农业服务业的概念可以从广义和狭义两个方面来理解。狭义的农业服务业主要指为农、林、牧、渔等再生产产业提供服务。广义的农业服务业不限于此，还包括农业科技成果转化、农业信息服务、农业物流、旅游农业及农业保险等领域。现代农业服务业依托农业的多功能特征，在传统农业服务业的基础上进行升级改造，形成了新型服务业态。而现代农业服务业的发展不仅丰富了农业的外部功能，提升了农业在经济建设中的地位，还有助于产业体系的完善和产业集聚，已成为现代农业中不可或缺的一部分。同时，现代农业服务业也是农业服务业与服务业共同发展的结果，属于农业中的第三产业。它更依赖市场机制、高新技术和信息平台，提供全面的农业产业链服务。这些服务包括产前的如信息、金融、种子和种养计划合同服务，产中的技术支持和生产资料供应服务，以及产后的产品销售、流通、储存和包装服务。这些服务，可以提升农业产业的市场竞争力，增加附加值和经济效益。与传统农业服务业相比，现代农业服务业呈现出以下特点：服务体系逐步向多成分、多渠道、多形式和多层次发展；服务手段向高新技术化和信息化发展；运作主体趋向多元化、专业化和社会化；运作机制逐渐向市场化和有偿化方向发展。

通过现代科技和信息技术等手段，现代农业服务业能够有效发挥其核心功能，对传统落后的农业进行升级改造，推动传统农业走向现代化，从而提升农业产业的现代化水平。对于像我国这样具有传统农业大国特征的发展中国家来说，发展现代农业服务业具有深远的现实意义。要实现现代农业服务业的高质量发展，必须依赖工业和科技水平的提高。然而，发展中国家普遍面临工业化水平低、人力资本质量不高的问题。因此，发展中国家的农业现代化改造不可能一蹴而就，应当采取循序渐进的方式，通过现代服务业逐步对传统农业进行升级。

现代农业服务业虽然以改造传统农业为主要目的，但其作用范围不应限于农业本身，而应拓展到农业的上下游产业，促进一、二、三产业融合发展。通过延长农业产业链，将上游的研发与下游的加工、物流、金融、信息等环节整合在一起，最大限度地满足市场需求，同时扩大要素利用空间。这种方式不仅为进一步解决"三农"问题提供了更加便捷的路径，也加快了传统农业的改造和现代农业的发展进程。

9.1.2　发展现代农业服务业的意义

发展现代农业服务业有助于中国特色农业现代化加速实现。相对于农民群体数量来说，我国的耕地面积较小，生产方式也主要以小农经济为主，这些是我国现代化农业发展所面临的基本现实。这也限制了我国以土地流转为手段进行大规模集中经营的发展方式，同时基于农民群体的大基数，我国要实现高投入成本、全设备投入也不具备条件。所以，当前我国发展现代农业最有效的方式就是发展现代农业服务业，通过现代农业服务业，将优质品种、先进技术、高效农业设备和科学系统的组织形式等现代生产要素引入小农户生产中，帮助农民解决因资源匮乏而导致的生产效率低下问题，促进现代农业有机融合，推动农业生产专业化、标准化和集约化，以服务过程的现代化推动实现农业现代化。

发展现代农业服务业有助于确保国家粮食安全，是保障农产品供应的关键措施。目前，农业生产成本不断上升，削减了粮食等重要农产品的收益，显著降低了农业生产者的积极性。因此，如何保障国家粮食安全和农产品有效供给已成为紧迫问题。降低农业生产成本、提升农产品效益，是解决国家粮食安全和确保农产品供应的关键所在。通过精细化分工和集中采购生产资料，现代农业服务业可以有效降低农业的物化成本；提高农业机械化水平，开展大规模机械化生产，有助于提升生产效率；引进并大规模使用先进生产技术，统一生产标准，可以显著提高农产品的产量和质量，实现优质优价。现代农业服务业已经成为促进农业降本增效、提高农民收入的最有力手段。

发展现代农业服务业有助于促进农业高质量发展。目前，成渝地区双城经济圈农业发展中存在诸多与农业高质量发展要求不匹配的情况，如在农业生产中过度使用化肥，化肥使用效率低下；技术装备匮乏且普及程度较低，应用效果不尽如人意；农产品品种过于繁杂，品质得不到保障；同时，成渝地区农民素养较低，农民群体缺乏系统的组织，这些问题迫切需要得到解决。而发展现代农业服务业是解决这些问题的有效手段之一。现代农业服务业能够将科学技术和先进的农业生产装备引入农业生产。实践证明，农业社会化服务的过程是推广和应用先进技术装备的过程，是改善资源要素投入结构和质量的过程，是推进农业标准化生产和规模化经营的过程，同时也是提升农民组织化程度的过程。这有助于转变农业的发展方式，促进农业转型升级，实现质量兴农、绿色兴农和高质量发展。

9.2　成渝地区双城经济圈现代农业服务业发展现状

成渝地区双城经济圈在推动传统农业发展的同时，也致力于增加农民收入。此外，该地区还注重拓展农业的外部功能，积极发展以农林牧渔服务、生态休闲观光农业和农产品流通业为核心的现代农业服务业。这一措施有效加速了现代农业的建设进程，提升了农业效益，增加了农民收入。

一是农业机械化服务水平提高，农业生产量稳步增加。2020 年，成渝地区双城经济圈农业机械总动力为 5 148.99 万千瓦，耕地面积 7 870.99 万亩，有效灌溉面积 3 829.24 万亩，农作物播种面积 12 356.73 万亩，其中粮食播种面积 7 788.99 万亩，占农作物播种面积的 63.04%，粮食产量 3 923.1 万吨。具体见表 9-1。

表 9-1　成渝地区双城经济圈农业生产资本

项目	2016 年	2017 年	2018 年	2019 年	2020 年
农业机械总动力/万千瓦	4 598.28	4 751.24	5 001.35	5 099	5 148.99
灌溉面积/万亩	2 440.62	2 486.56	2 515.13	2 528.43	2 552.83

表9-1(续)

项目	2016 年	2017 年	2018 年	2019 年	2020 年
耕地面积/万亩	5 261.06	5 559.24	4 507.87	5 247.33	5 247.33
粮食作物播种面积/万亩	5 411.81	5 184.11	5 162.42	5 165.12	5 192.66
农作物播种面积/万亩	8 234.84	8 034.37	8 063.38	8 112.43	8 237.82
粮食产量/万吨	3 997.75	3 896.07	3 897.09	3 893.33	3 923.1

数据来源：国家统计年鉴各年版。

二是农业信息化进程加速。区域内各市县全面建立了农技机构，一些乡村也设立了农技信息站，形成了高效的省级服务网络。农技系统不仅是科技推广的平台，也是信息传递的渠道。截至 2020 年底，全省农技系统共受理并答复了各类农业技术咨询 377 万人次，发布信息 761 万条。农技服务有效解决了农技人员与广大农户的连接问题，推动了农业科技的普及。

三是现代农业服务业不断特色化发展，观光农业促进农民增收。据统计，区域内有各类"农家乐"4.7 万多家，其中专门从事餐饮的有 2.4 万多家，兼营住宿的有 1.3 万多家，提供休闲度假综合服务的有 1 万多家。四川省和重庆市的文化旅游厅办公室、农业农村厅办公室等部门通过树立典型，积极推进"农家乐"旅游的发展，先后创建了全国农业旅游示范点和休闲渔业示范基地，推动"农家乐"发展规范化服务和品牌化经营。

四是农业公共服务体系不断完善。为满足现代农业发展的需求，突出绿色、生态、可循环、品牌化、高效管理和优化服务等特点，不断健全农业科技创新体系，完善农业标准和农产品质量安全检测以及信息化服务体系。成渝地区不仅农业标准和农产品质量检测体系逐步健全，而且农产品质量安全管理能力也得到了显著提升。

成渝地区双城经济圈现代农业服务业发展还存在以下问题：一是政策协调不足。成、渝两地在农业服务业政策制定和实施上存在不一致，政策协调和联动机制不健全。二是人才资源缺乏。农业服务业发展需要专业人才的智力支持，但随着城市化的加速发展，高学历人才大多涌入大城市以及高新技术、现代服务业，成渝地区双城经济圈农业领域、农村地区的高素质人才较少，在一定程度上制约了农业服务业的发展。三是信息共享机制不健全。成渝地区双城经济圈农业服务信息共享平台数量不足，且现有平台的覆盖范围有限，功能不完善，无法有效整合和发布农业生产、市场、技术等方面的信息，限制了农业服务资源的共享和利用。同时，各类农业信息在平台间和用户间传递速度慢，信息更新不及时，准确性和可靠性不足，导致农业经营主体难以及时获取最新的市场动态、技术指导和政策信息，导致决策延迟和错误，影响生产效率和效益。四是农业科技化数字化建设滞后。成渝地区双城经济圈的农业科技创新投入不够，总体条件较差，重点实验室、农业科技园区等硬件设施建设滞后，大型科学仪器设备和研究试验基地利用率低。同时，成渝地区的数字农业建设发展水平较低，农业农村信息数字管理平台建设尚不完善，农村互联网基础设施还未实现全覆盖，影响了农产品电子商务的发展。

9.3 农业冷链供应链

9.3.1 农业冷链供应链的内涵

理解农业冷链供应链的内涵，首先要清楚供应链以及冷链供应链的概念。供应链是指以核心和主导企业为中心，利用配套零件，生产出中间产品和最终产品，利用销售网络将产品或服务销售给消费者。可以将供应链看成一个整体的功能网链结构，这个网链结构中包括了供应商、制造商、分销商以及消费者等个体供应链，对信息流、物流、资金流具有较强的控制能力。也就是说，供应链上各企业的重要程度和地位是不同的，主要是由处于核心地位的一个或多个企业来主导整个供应链运作，有时会跨越一个或多个物流环节和主体（例如农超对接等）。

冷链供应链是一项系统工程，各类易腐烂食品的成熟期、温度要求、湿度要求等方面都不尽相同，此外，从整个供应链来看，在这个网链结构中涉及诸多个体，供应链是十分漫长的。冷链供应链则要求整个网链结构中的个体必须处于低温条件下，因此个体之间必须在前期具有规范作业的统一制度，互相配合互相协调，为整个冷链供应链的安全高效提供必要保证。冷链供应链中的任何一个环节出现问题，都会影响整个网链的预期效果。此外，还须有效整合相关的物流、信息流和资金流，以提高整个网链的运行效率和绩效。通常情况下，冷链供应链由原材料的冷藏供应、批发、冷藏加工、冷链配送和冷藏销售五大环节构成。五大环节分别由诸多不同的供应链主体构成，每个主体又可挑选不同的合作对象。同时，物流、信息流以及资金流贯穿于这个复杂网状结构的始终。

农业冷链供应链的发达程度与农业现代化的发展水平正相关。农产品冷链物流是指在生产、加工、运输、存储和销售的整个过程中，利用特定的冷藏和冷冻技术来保质保鲜水果、蔬菜、蛋奶和肉类等鲜活农产品。这意味着，从生产者到消费者，农产品始终处于低温环境中，以确保其质量和新鲜度。农产品冷链物流的全过程供应链实际上是一个综合网络，包括产地预冷、冷藏车运输、冷库存储、低温箱配送和冰箱销售。这个供应链系统是一个多元化、多层次和多功能因素的系统，各要素相互支持、相互影响和相互制约，形成了农产品冷链物流的全过程供应链。

9.3.2 农业冷链供应链的特点

一是农产品的易腐性。当前物流市场上，冷链物流公司主要运输和配送新鲜蔬菜、肉类、鱼类、蛋类和水果等。在冷冻保鲜、运输和配送的过程中，每一种生鲜农产品需要的环境温度各不相同。这些农产品极有可能会在温度不符合其保鲜、冷冻标准的情况下迅速变质，从而造成经济损失。

二是运输配送准时性。运输以及配送的时效是农产品冷链物流高度强调的两大关键要素。生鲜农产品具有易腐坏变质的特殊性，一旦其在生产过程、运输过程、流通过程或是销售过程耽误较长时间，就难以保质保量，从而对于消费者的吸引力也会大大降低。基于此，农产品销售商往往会对冷链物流企业提出用更短的时间完成发货的要求，这也让冷链物流企业必须更好地去调整规划生鲜农产品的运输路线。

三是冷链物流成本高。对于农产品冷链物流来讲，装备一批先进且能耗高的冷冻保鲜设备是必要条件，而这必将增加其物流配送的成本。同时，这对企业员工的技能与操作水平也有着更高要求，将会进一步提高其综合成本。此外，生鲜农产品有着不易长时间保存的特性，这就要求必须尽量延长其保鲜期，提高冷冻效果，然而这会导致整个企业的运营效率降低。

四是冷链物流的复杂性。相较于普通物流，农产品冷链物流在技术和工艺上要求更高，对物流配送管理提出了更高的标准。物流企业必须投入大量人力物力进行不同保险农产品的冷冻保鲜配送运输，农产品冷链物流可视为复杂的系统技术。

9.3.3 成渝地区双城经济圈农业冷链供应链发展现状及问题

目前，重庆市内布局有三处国家级冷链物流核心基地，分别坐落于沙坪坝区、巴南区以及潼南区。步入 2021 年，作为重庆陆上物流的关键节点，其国家物流枢纽已规划出总面积达 3 128.63 亩的冷链物流设施区域，该区域内既有的冷库容积高达 45.92 万立方米，业务范畴广泛，涉及药品、肉类等众多交易品类，已有包括中国远洋、民生冷链、普洛斯等在内的逾百家冷链行业领军企业入驻该枢纽。尤为值得一提的是，巴南区所承载的国家级冷链物流基地，其内部被精心划分为四大功能区：农产品冷链综合服务中心、肉类加工与综合配套区域、电商生鲜冷链流通专区，以及医药产品冷链配送服务区。这一布局不仅彰显了其高度的专业性与综合性，还极大地提升了基地的物流效率与服务质量。该基地凭借其卓越的设施条件，成功服务了超过 100 家国内外知名企业，其冷链物流设施占地面积近 900 亩，冷库存储能力更是突破了 66 万立方米，展现了其强大的冷链物流承载能力与市场影响力。

四川拥有成都、自贡、绵阳、达州 4 家国家骨干冷链物流基地。成都国家骨干冷链物流基地分为青白江片区和双流片区，其中青白江片区占地 3 308 亩，坐拥成都国际铁路港综合保税区国际冷链分拨中心、成都共建"一带一路"农副产品供应链中心、盒马鲜生西南区域供应链运营中心等冷链项目 22 个，总投资超过 200 亿元。已实现生鲜农产品年周转量 591.5 万吨，约占全市三成，库容量达到 85.1 万立方米，年交易额约 251.9 亿元，约占全市的 15%，国际冷链通道 5 条，冷链班列年开行数超过 115 列，降低冷链物流碳排放 7 000 吨，应急保供能力达到国内先进水平。

从地理分布上看，成渝地区双城经济圈国家骨干冷链物流基地共有 7 家，呈网络状分布，其中重庆潼南和四川自贡的国家骨干冷链物流基地位于成渝地区中部，起到了连接西部和东部的作用。向西，它们可以联动绵阳和成都，向东则对接巴南和沙坪坝，实现了成渝地区双城经济圈农业冷链供应链的物流无死角。然而，整个布局仍存在一些问题。首先，要关注的是冷藏车市场供需失衡问题。据估算，当前市场供给存在约 10% 的明显缺口。以重庆市为例，为缓解此问题，重庆市政府已从口岸物流专项资金中划拨了 9 498 万元，专项用于新增及改造冷藏车共计 1 449 辆，显著降低了冷链物流的运营成本。其次，农产品进出口贸易结构性不平衡成为阻碍国际冷链物流发展的关键瓶颈。目前，成渝地区双城经济圈面临着农产品进口规模远大于出口规模的问题。为破解此难题，加强与西部内陆地区在消费市场和货源市场组织上的协同合作至关重要，通过优化进口策略以带动出口增长，进而推动成渝地区及西部内陆地区高品质农产品顺利进入国际市场，确保冷链物流的双向流通顺畅且均衡发展。最后，冷链物流产业的信息化与智能化建设亟待加强。当前，重庆市冷藏车辆与冷库库容的实时数据接入率分别较低，仅为45%和50%，且仅有部分区县（含开发区）的连锁商超及零售领军企业完成了数字化改造，众多农贸市场仍处于信息化覆盖的盲区。因此，加快现有冷链物流设施的数字化与智能化升级，强化冷链物流信息平台的服务功能，并积极研发和推广智慧冷链物流的功能模块与应用场景，对于提升生产、仓储、运输及销售等全链条冷链作业的标准化水平，实现全程冷链服务的无缝衔接具有重要意义。

9.4　农业生产性服务业

农业生产性服务业是现代化农业农村经济体系以及现代产业体系构建与完善过程中不可或缺的一个要素，它不仅是驱动农业产业链与供应链高效运转的核心引擎，也是农业价值链增值的主要驱动力，更是优质资源向农业领域有效配置的关键桥梁。步入"十四五"这一社会主义现代化国家建设开局起步的关键时期，推动农业生产性服务业实现高质量发展，对于加速构建完善的农业农村现代化经济体系与现代产业体系具有深远意义。此举不仅能够有力促进乡村产业的全面振兴，还将进一步巩固拓展脱贫攻坚战的胜利果实，为实现中华民族伟大复兴的宏伟目标奠定坚实基础。因此，廓清农业生产性服务业以及农业生产性服务业与现代产业体系之间的关系，具有重要意义。

9.4.1　农业生产性服务业的内涵

在有形商品的生产和消费过程中，包括了中间投入品和最终消费品，与之相对应，服务过程中则包含了中间投入服务和最终消费服务，前者主要的服务对象为生产者，将其称为生产者服务或生产性服务，后者主要的服务对象为消费者。率先提出生产性服务概念的是 Greenfield（1966），而后，Browning（1975）、Marshall（1987）、Coffey（2000）等对生产性服务的概念不断完善。综合几位的观点，可以将生产性服务的概念概括如下：生产性服务以满足中间生产需求为目的，以市场化为主要方式，以生产商品和提供服务的组织为主要服务对象来进行中间服务的提供，包括货物运输、仓储物流、信息服务、金融服务以及生产性租赁、管理等生产性支持服务。基于此，可以将农业生产性服务业理解为面对农业的生产性服务业，即农业生产性服务业主要是面向农业产业链进行服务的提供（姜长云，2020）。2017 年，《农业部　国家发展改革委　财政部关于加快发展农业生产性服务业的指导意见》中也强调了面向农业产业链服务这一概念。该文件指出，"农业生产性服务是指贯穿农业生产作业链条，直接完成或协助完成农业产前、产中、产后各环节作业的社会化服务"。经过学者们对农业生产性服务业的不断研究，其内涵也得到了完善。纵向来看，随着技术手段、产业业态的不断创新和扩大，丰富了农业生产性服务业实现的路径。横向来看，农业生产性服务业的服务领域也不断扩大，从一开始面向农业生产领域扩展到农业观光、休闲产业、生态环境维护、绿色产业发展等领域。综上所述，可将农业生产性服务业的内涵归纳为：面向农业产业链，为农业经营主体提供中间（要素）投入服务，以达到方便农业生产经营主体、提升农业生产效率、助力农产品增值的行业。

9.4.2　成渝地区双城经济圈发展农业生产性服务业的意义

改革开放已 40 多年，我国农业正处于历史性转变的关键时期。经过几十年的实践，现代农业的发展使我们对农业的印象发生了巨大的变化。在农业由传统模式向现代形态转型的征程中，农业生产性服务业经历了从依附他业到独立发展，乃至跃升为战略性产业的深刻蜕变。它不仅是广大农户融入现代农业发展大潮的坚实桥梁，还灵活适配多样化的规模经营模式，有效提升了农民的经济效益与收入水平，成为构建现代农业体系不可或缺的关键要素。

对成渝地区双城经济圈发展农业生产性服务业的意义来说，一方面，西部及成渝地区的农村资源禀赋相对匮乏，农村劳动力大多倾向于往城市或沿海地区流动，人力资源流失严重，而农业劳动生产效率的提升是农村专业化、规模化生产活动的充分条件；另一方面，成渝地区双城经济圈农业的资源禀赋缺失，这一现实促使资本密集与劳动力充裕的区域对农村土地的产出效率提出更为严苛的标准。随着生产经营模式的多元化趋势日益显著，农业生产性服务的需求也随之呈现多样化的特征。尤为重要的是，为积极响应农业供给侧结构性改革的要求，增强成渝地区农业的整体竞争力，农业生产性服务业的发展需求不仅范围更为广泛，而且深度上也得到了显著提升。发展农业生产性服务业意义重大，具体有以下三个方面：一是从宏观层面来说，发展农业生产性服务业，有利于成渝地区农业发展过程中充分利用现有的资源禀赋和经济与社会条件，使农业产品、农业服务具有独特性，其质量优质，成本低廉，提升农业竞争力和产业竞争力。二是从成渝地区农民群体来说，农业生产性服务业的发展有助于降低农户的生产成本，帮助农户节省资金，通过专业或综合的生产性服务，在整个农业生产过程中使得农民省心省力。三是从成渝地区农业企业来说，农业生产性服务业的发展有助于农业企业向现代企业转型升级，在此过程中，农业企业不仅需要纵向发展，例如延长产业链，加强分工合作，优化细化企业产品服务，还要进行横向发展，例如丰富服务内容，扩宽服务领域。

9.4.3 农业生产性服务业在成渝地区双城经济圈现代产业体系中的地位与作用

我国对于现代产业体系的探索已跨越十余载春秋，其起源可追溯至2007年10月党的十七大报告。党的十七大报告指出，我国经济结构面临若干问题，须构建现代产业体系作为破解之道。然而，随着社会经济环境的日新月异，我国现代产业体系的发展蓝图亦随之做动态调整。2017年10月，党的十九大报告精准定位了当时我国现代产业体系的前进方向，强调要"着力加快建设实体经济、科技创新、现代金融、人力资源协同发展的产业体系"。2018年1月，习近平总书记在中央政治局第三次集体学习时发表重要讲话，进一步夯实了现代产业体系以实体经济为基石的核心理念，强调"要大力发展实体经济，筑牢现代化经济体系的坚实基础"。2020年10月，党的十九届五中全会再次深化了这一战略部署，明确指出要坚守实体经济为核心的发展原则，矢志不渝地推动产业基础高级化、产业链现代化进程，以实现经济质量效益与核心竞争力的双重飞跃。

我国对于现代产业体系的研究起步相对较晚，国内学者在对其进行研究时，多参考国外学者关于产业结构问题的相关研究和结论，但忽略了前提假设、动态变化等方面的问题，这就使得我国的现代产业体系研究还存在着诸多问题。在国外关于产业结构的研究成果中，最著名的则是 Fisher 等提出的三次产业划分法。劳动力在人类经济活动过程中的流动方向会不断发生变化，整体呈现从第一产业到第二产业再到第三产业的流动趋势，而在国民收入中，第一产业占比将不断下降，第二产业和第三产业占比将不断上升。在这种理论的影响下，国内学者在进行现代产业体系的研究时将目光集中于第二产业和第三产业，错误地解读了现代产业体系。但还是有学者意识到产业体系并不等同于产业结构。有学者指出，过于聚焦于第二产业和第三产业而忽视了我国产业结构中存在的复杂性和多样性，会导致对我国现代产业体系建设方向的认识偏差。因此，我们在研究现代产业体系发展时，不应当仅仅关注第二产业和第三产业，更应该考虑第一产业对现代产业体系的影响，充分认识到第一产业在现代产业体系中的地位和作用，这有助于我们更好更快地建设我国现代产业体系。

对于成渝地区双城经济圈现代产业体系来说，农业生产性服务业起到了引领和支撑作用。目前成渝地区的农业生产性服务业最大的作用在于为成渝地区农业生产者提供专业化、精细化的服务，加强了农业产业分工，例如在育种、市场预测、农机服务、仓储、保险等方面。一方面，其能够将前沿的创新元素如新技术、新理念等深度融入农业生产流程之中，从而推动农业生产的革新。与此同时，农业生产性服务业还扮演了桥梁角色，将现代生产要素如先进的科学技术、前沿的管理理念、金融资本以及高素质人力资本等引入农业领域，显著提升了农业的生产效能与绩效表现。另一方面，农业生产性服务不局限于对传统农业生产的支持，更在催生新兴农业产业形态方面展现出巨大潜力，诸如观光农业、休闲农业、创意农业等新型业态应运而生。这一趋势不仅极大地延伸了农业产业链，促进了农业与其他产业的融合发展，还为社会创造了更多的就业机会，并有效提升了农业的附加值，为农业经济的多元化发展注入了强劲动力。

9.5　农业供应链金融

9.5.1　农业供应链金融的内涵

一般认为，农业供应链金融的概念来源于供应链金融。供应链金融又称为价值链金融、产业链金融或链式金融。由于学者们研究的侧重点不同，对其说法也不尽相同。例如，有学者认为，强调农业附加值概念比较重要，故在说法上使用"农业价值链金融"一词。但笔者认为，"供应链金融"一词的表述方式最为合理。首先，供应链金融在初期扮演了供应链管理的角色，在此阶段，供应链中的核心和主导企业利用供应链金融来减少供应链中非核心和非主导企业的信贷约束，提高二者资金存量和使用效率，以达到优化资金流的目的。后来，专业的金融组织意识到这一点，则充分利用自身在资金和专业方面的优势逐步取代上述供应链中核心和主导企业的供应链管理地位。其次，这些金融组织通过丰富金融手段，拓宽中小企业在传统金融模式下的融资渠道，提高融资效率。在此阶段，供应链金融的最大特点是出借人充分利用交易关系。比较"供应链""价值链"和"产业链"等词汇的定义后可以发现，以流通和网络为特征的供应链最能体现这种交易关系，因此应使用"供应链金融"这一表述方式更为恰当。

尽管供应链金融是农业供应链金融的基础，但是农村农业农户本身存在着一定的特殊性，所以说农业供应链金融与供应链金融在本质上存在着一定的差异。首先，农民群体比城市居民在地理上更为分散，文化程度相对较低，加之农业基础设施建设滞后，农业供应链金融在交易成本控制及信息高效传递方面遭遇显著障碍。其次，在经济文化落后的农村地区，农民的违约行为易出现"羊群效应"和"蝴蝶效应"，导致道德风险尤为突出。因此，风险管理是农业供应链金融发展的关键（彭璐，2015）。最后，农业的特殊性使得其供应链结构与其他行业存在着巨大差异。例如，在农业供应链中，上游环节多不具有优势，同时，生产周期偏长、依赖季节、高风险、资金回笼慢是农业的特点（Wang，2013），这使得农业供应链金融产品需要针对这些特点进行单独设计。近年来，农业领域见证了供应链金融的广泛渗透与应用，这一趋势已成为推动现代农业向产业化、高级化发展的鲜明标识。通过供应链金融的深入实践，农业产业正逐步实现资金链、物流链与信息链的深度融合，展现出更为强劲的发展动力与广阔的市场前景。

9.5.2 农业供应链金融在健全成渝地区农村金融服务体系中的功能

"三农"问题是我国经济建设中的关键问题，在我国现代经济体系建设中的地位举足轻重，同时，"三农"问题也要求我国农村金融体系的构建更加全面、更能落地，能够更好地服务于"三农"问题的解决。

过去数十年，农业、农村与农民发展缓慢，为城市与工业发展作出了巨大贡献。但这也使农村资金积累能力减弱，资本质量下滑，农业工具落后，劳动力素质不高，生产效率低。这削弱了农村对外资的磁吸效应，加剧了资金外溢现象，对农村金融服务的深化与拓展构成了显著障碍，为"三农"难题的破解增添了重重困难。

基于金融功能论的视角，农村经济组织作为基石承载着农村金融服务的供给重任。而金融服务的范畴广泛，单一业务往往蕴含多重功能，且同一功能亦可借助多样化的金融产品实现。成都市政府办公厅于2023年正式颁布了《四川省成都市普惠金融服务乡村振兴改革试验区实施方案》，旨在激励银行业金融机构紧密围绕农资供应链、农产品加工链、农业物流体系及农村电商生态圈等核心领域，探索并推出订单融资、仓单质押、存货融资、应收账款融资等供应链金融新工具，以增强小农户与新型农业经营主体的融资便利性。同时，该方案以"农贷通"融资服务平台为基石，深度融合保险保障、品牌塑造等增值服务，推动供应链金融与农村电商服务模式创新升级，进一步拓宽平台的服务边界与应用场景。此外，紧跟数字农业试点示范项目的步伐，并融入"数商兴农"战略行动，政策鼓励金融机构将数字金融与供应链金融深度融合，无缝嵌入数字农业平台与农村电商生态系统之中，以科技赋能金融服务，助力乡村振兴战略的深入实施。农业供应链金融在健全成渝地区双城经济圈农村金融服务体系中发挥了重要作用。

第一，农业供应链金融具有融通资金、优化资源配置的功能，能够促进成渝地区双城经济圈农村金融服务体系的发展。当前，农村资金严重缺失，成渝地区农村资金的有效供给是农村金融服务体系构建当中的根本问题。在农业供应链金融框架下，通过构建高效的金融交易机制，能够有效汇聚农村剩余资本，并精准对接成渝地区的农业生产与农村发展领域。一方面，凭借农业供应链金融的专业性，扮演金融桥梁的角色，将分散的资金资源汇聚成流，随后通过借贷渠道精准投放至需求端；另一方面，农业供应链金融亦具备直接融资的能力，并能灵活设计和推广多样化的金融产品与服务，此举不仅优化了资金在成渝地区不同地域与行业间的分配效率，还显著提升了资金的整体使用效能，为区域经济发展注入了强劲动力。

第二，农业供应链金融具有高效专业的清算与支付功能，能够促进成渝地区双城经济圈农村金融服务体系的发展。高效的支付清算金融服务，有利于成渝地区农村建设以及农业投资的顺利执行，成渝地区农民生产生活等活动也需要这种支付清算功能，以提高其便捷性。在农村建设中，成渝地区农村金融服务体系应当提供相关的金融基础设施，诸如信息网络设备与清算支付应用平台等。同时，确保操作这些基础设施的人员具备扎实的金融业务知识与专业素养，是充分发挥农业供应链金融支付清算功能的前提。这一功能效能的充分释放，将显著加速成渝地区农村基础设施建设的步伐，并有力促进农业产业的蓬勃发展，从而为区域整体发展注入强劲动力。

第三，农业供应链金融具有分散金融风险的功能，对于促进成渝地区双城经济圈农村金融服务体系的深化发展具有重要意义。鉴于当前我国农村金融服务体系在功能层次上尚显不足，金融机构间的协作机制松散，缺乏紧密的协同与默契，同时对农村金融从业者风险意识培养不足，有效的风险分散机制难以构建。因此，农业供应链金融所具备的风险分散能力，不仅是推动新农村建设、满足农业发展内在需求的必然选择，也是提升农村居民财产性收入水平、实现经济可持续发展的客观要求。

10 成渝地区双城经济圈新型农业经营主体协同发展研究

10.1 新型农业经营主体的组织特征和功能定位

10.1.1 新型农业经营主体的组织特征

作为推动传统农业向现代农业转型的骨干力量，新型农业经营主体在实现农业现代化进程中发挥着关键作用。新型农业经营主体是以家庭经营制度为基础，具有相对较大经营规模，与现代农业发展和市场经济相适应的农业经济组织（郭庆海 等，2013），主要涵盖了专业大户、家庭农场、农民专业合作社、龙头企业以及经营性农业服务组织（张照新 等，2013；楼栋 等，2013）。新型农业经营主体展现出适度规模经营、专业化生产与服务、集约化运作以及高度市场化的特征，主要体现在：

（1）适度规模。具备较大的经营规模是新型农业经营主体的基本特征之一，这也是其区别于传统农户家庭最重要的标志（郭庆海 等，2013）。传统农业经营主体多局限于家庭，规模较小，而专业大户、家庭农场的经营规模都大于一般农户家庭。依据界定准则，家庭农场展现出土地经营规模大、土地流转关系稳固、集约化程度高、管理水平先进等特性。近些年，在全国土地流转加速的趋势下，规模经营逐步渗透到农业生产及产前、产中、产后服务各环节，家庭农场、农民合作社等适度规模的新型农业经营主体也实现了快速发展。截至2021年底，我国拥有家庭农场390万家、农民合作社220万个。

（2）专业化生产和服务。兼业化是小规模农户家庭的普遍现象，而新型农业经营主体更强调专业化。不同的经营主体分工也不尽相同，专业大户和家庭农场专门从事农业生产活动。专业大户和家庭农场往往具备较好的物质装备条件及出色的经营管理能力，从而得以实现对土地、劳动力等资源的优化配置与高效利用，进而展现出更高的劳动生产率、资源利用率及土地产出率，并取得了显著的规模经济效益。而农民专业合作社，在从事有限的农业生产活动之余，还会为小型农户提供专业的服务支持，如组织生产、组织农户技能培训、提供产前产后流通服务等。龙头企业主要从事耕地以外的经营（郭庆海 等，2013），如农产品产后加工、农产品流通、农业服务等。

（3）集约化经营。相较于传统农户家庭的小规模与粗放型经营模式，新型农业经营主体更加注重集约化的经营方式。传统家庭经营方式多依靠农户积累起来的经验进行生产，缺少专业、系统的农业生产知识，停留在"靠天吃饭"的状态，资源配置效率低下。而新型农业经营主体具备现代经营管理意识和先进的物质装备，能够以更少的农业资源投入带来更高的农业产出，实现要素的集约化生产。

（4）市场化程度高，市场竞争力强。传统农户家庭经营"小农户，大市场"的矛盾突出，小农户生产存在信息闭塞、销售渠道有限、产品品质不均等问题，难以与广阔的消费市场有效衔接，阻碍了农业的发展。而新型农业经营主体有能力掌握市场信息，根据市场需求组织农业生产活动，使得农产品供给能够与需求相匹配。相较于脆弱的小农户，新型农业经营主体的农产品商品化程度更高，市场竞争力更强。

10.1.2　新型农业经营主体的功能定位

新型农业经营主体是我国实现农业现代化的中坚力量。但是不同的经营主体发挥着不同的功能和作用，共同构建起了集约化、专业化、组织化及社会化的新型农业经营体系。

10.1.2.1　专业大户和家庭农场的功能定位

由于专业大户和家庭农场都属于家庭经营（张照新 等，2013），因此其功能定位较为相似，反映在以下两个方面：一方面，专业大户和家庭农场引领了未来我国农业发展的方向。与小农户不同，专业大户和家庭农场的经营规模较大，并且拥有较高的技术水平和经营效率，因此其经济效益、家庭收入也更高，更有可能投入更多资金在采用先进技术上，代表了未来我国农业发展的方向；另一方面，专业大户和家庭农场是我国未来潜在的农业经营的基本主体。在现阶段以及未来较长的一个时期内，我国农业经营仍然将以小农户为主，但随着土地流转的逐步推动，农民进城落户步伐加速，户均耕地面积呈现逐步增长趋势，专业大户与家庭农场在数量和品质上有望得到显著提升，未来它们或将发展成为职业农民队伍的中坚力量（张照新 等，2013）。

10.1.2.2　农业专业合作社的功能定位

农民合作社是基于家庭联产承包经营制度，遵循自愿联合与民主管理的原则，组织起来的专注于同类产品生产的互助性质的经济组织，其功能定位体现在三个方面：第一，其与传统小农户处于共生的地位，农民合作社的存在和发展既以小农户为基本主体，又能够解决小农户无法解决的问题。第二，农民合作社还能在农户自愿的基础上组织生产，提供产前、产中、产后流通服务，发挥其提升农民组织化程度的作用。第三，农民专业合作社不仅承载着经济功能，例如引领散户、整合大户、与企业对接以及连接市场等多重作用（李宁 等，2020），也担负着社会化服务功能，比如农民的技术指导培训、权益维护等。

10.1.2.3　龙头企业的功能定位

龙头企业继承了技术、资金、物质装备、人才等多种先进生产要素，其功能主要体现在农产品加工和流通领域。在农产品加工领域，农业龙头企业通过农业产业化经营组织农户进入市场。在农产品流通领域，流通型的龙头企业通过订单、合同等方式与农户、合作社合作，实现生产与销售一体化。

10.1.2.4　经营性农业服务组织的功能定位

经营性农业服务组织是新型农业经营体系的重要构成，其核心功能是通过市场机制提高农业组织的生产效率。这具体是指以有偿的方式，在产前、产中、产后各个环节为农户提供专业化的农事作业服务，如农田设备安装与使用、植保与收获等，也能提供农产品市场化服务的经济组织，涵盖专业服务公司、专业服务团队以及农民经纪人等多元主体。

10.2 新型农业经营主体协同发展的逻辑与现实

10.2.1 新型农业经营主体的逻辑

新型农业经营主体多元协同发展是实现新时代农业高质量发展和乡村振兴的重要抓手。在培育和发展新型农业经营主体的过程中，单一主体独立经营面临着诸多困难，比如单一经营主体规模偏小、基础薄弱、效率低下，难以抵御市场风险；农民合作社"大群体，小规模"现象普遍；农业企业处于产业链低端等。为了应对这些现实矛盾，有必要将各新型农业经营主体联合起来，探索新型农业经营主体协同发展机制。

新型农业经营主体协同发展是促进农业规模经营的新途径。新型农业经营主体协同发展，让从事农业生产的专业大户、家庭农场，与从事农产品加工流通的龙头企业，以及从事社会化服务的农民合作社形成一个紧密联系的整体，使生产、加工、销售、服务、流通等上下游相互配套，扩大产业规模，形成外溢效应，从而拉动家庭农场、农民合作社增加投入，扩大经营规模和服务规模。

因此，为推动各类新型农业经营主体实现协同发展，构建一套新型的合作机制显得尤为重要。通过采用"公司+农民合作社+家庭农场/专业大户/农户"以及"家庭农场+合作社+超市/直销（社区）"等多种模式，各类新型农业经营主体能够充分发挥各自的优势，实现优势互补、分工合作、产业联结与一体发展。

新型农业经营主体协同发展是培育主导产业的有效措施，也是实现农业产业融合的现实途径。把各类经营主体协同起来，一方面，串联了农业产前、产中、产后各生产环节，以及为生产全过程提供服务的科研、农资、农机、技术支持等配套产业，实现了产业内部的纵向融合；另一方面，协同发展带来的专业化分工、集约化经营，能够促使各主体尽可能地集约利用产业资源要素，拓宽产业发展空间，打破产业界限分割，加速了文化、休闲、观光、定制等农业新业态新模式创新发展，实现线上线下融合互动、生产生活生态共赢，形成产业间横向融合发展的新格局。

10.2.2 成渝地区双城经济圈新型农业经营主体的现实

截至 2023 年底，重庆市共有各类新型农业经营主体 9.83 万户，比 2018 年增加了 3.03 万户，其中家庭农场和农民合作社分别为 4.2 万家和 5.1 万个。四川省的家庭农场总数达 25 万家，在 2023 年实现了经营收入 710 亿元，经营土地面积成功突破 1 500 万亩，并带动 89 万劳动力就业；农民合作社 10.8 万个，入社成员 408.3 万户，其中开展农业社会化服务的农民合作社达 9 028 个，辐射带动 227 万余户小农户。成渝地区双城经济圈各级政府深入贯彻落实习近平总书记重要指示批示精神和党中央、国务院决策部署，坚持把加快培育新型农业经营主体作为一项重大战略，不断健全完善政策措施，推动各类新型农业经营主体健康发展。随着成、渝两地相继出台《关于加快构建政策体系培育新型农业经营主体的实施意见》给予政策支持，加快构建现代农业经营体系、发展新型农村集体经济、探索县域内城乡融合发展改革。成渝地区双城经济圈通过引导小农户发展家庭农场，进而以家庭农场为基础组建农民合作社，再由农民合作社进一步组建联合社或设立公司，从而构建了一个以农户家庭为基础、以合作联合为纽带、以社会化服务为支撑、以龙头企业为引领的现代农业经营体系，为农业高质量发展夯实基础支撑。

然而，随着成渝地区农业农村经济在集约化、专业化、组织化和社会化方面程度的不断提升，新型经营主体的发展仍然面临一些不足：

一是各类经营主体实力偏弱。部分专业大户、家庭农场生产规模偏小，资源配置效率低下，同时经营主体的人员素养偏低，专业化能力较差，且面对数字技术的迅猛发展趋势，经营人员数字素养与数字技术应用能力不匹配的劣势开始显现，如不加强针对性的培训与能力提升，难以满足数字化发展趋势的要求。

二是融资渠道单一。根据国家统计局四川调查总队调查数据，以自有资金为主的新型农业经营主体占 82.9%，单一的融资渠道不利于长期发展。

三是融资难。金融机构贷款程序复杂，时间长，且经营主体缺乏抵押物，经营主体金融素养较差，农村数字金融产品接受程度低，更多的以民间借贷的方式解决资金问题。但民间借贷风险大，且地方财政资金有限，使新型农业经营主体融资困难，其生产经营及发展壮大受到限制。

四是政策和要素支撑乏力。尽管成渝地区双城经济圈各级政府出台了一系列支持农业发展的政策，但在实际执行过程中存在落实不到位的问题。一些政策存在不完善之处，难以切实解决新型农业经营主体面临的现实问题。此外，土地、水资源、资金等关键要素的获取和保障困难重重。基础设施建设滞后，农业生产所需的交通、物流等配套设施不健全，在一定程度上影响了新型农业经营主体的生产效率和市场竞争力。

五是创新研发能力不足。成渝地区双城经济圈新型农业经营主体在技术创新和研发方面投入不足，缺乏专业研发团队和技术支持。这导致其在成渝地区的一些特色农业生产中无法应用先进的技术和工艺，生产效率和产品质量难以提高。此外，信息化和智能化水平低，农业科技成果转化率不高，创新驱动发展能力弱。

六是抵御市场风险能力不足。成渝地区双城经济圈许多新型农业经营主体缺乏完善的风险管理体系，面对市场价格波动、自然灾害、病虫害等风险时，缺乏有效的应对措施。同时，成渝地区农业保险覆盖率低，抗风险的金融支持不足，使得这些主体在遭受风险损失时难以获得及时的救助，恢复困难，韧性有限。此外，市场信息获取渠道有限，决策依据不充分，导致新型农业经营主体经营决策风险较高。

10.3 新型农业经营主体协同发展的市场调节机制

10.3.1 价格调节机制

农产品的市场风险主要源于其生产及产品特性，例如农业生产的周期性特征，加之农产品易腐、不耐储存的性质，共同造成了农产品供给对市场价格变动的反应相对迟缓现象，进而使供给与需求之间的平衡难以维持。此外，农产品市场信息的不充分与不对称性，也是引发不同程度市场风险的重要因素。传统小农户经营规模小，对市场信息掌握不充分，导致其生产具有盲目性、滞后性，对市场风险、农产品价格波动的反应机制也不完善，议价能力和应对风险能力低，使得农产品供需矛盾更加突出。

新型农业经营主体普遍具有较大经营规模，与一般农户家庭相比，其优势主要包括：首先，市场灵敏度提升。通过利用"互联网+"的优势，新型农业经营主体能够更有效地收集市场信息，迅速做出反应，并灵活调整生产安排。这一做法有助于避免盲目生产所导致的农产品价格下跌和销售受阻等问题。其次，市场竞争力增强。新型农业经营主体能够充分发挥规模化生产的优势，进一步拓展产业链，提升产品的附加值。同时，它们还能更好地利用电商平台等销售渠道，扩大销售、增加盈利。最后，新型农业经营主体还具备多样化的市场风险应对策略。通过采用多样化、专业化、组织化的手段，它们能够更有效地应对市场经营、财务管理等方面存在的风险。因此相较于传统的小农经济式经营，新型农业经营主体更能通过农产品市场价格反馈调节自身生产，平衡市场供给和需求。

10.3.2 产销对接机制

传统小农户在分享农产品加工成本、价格、数量等关键信息给下游客户方面，以及农民自身在获取并分析农产品价格、市场行情等信息，运用网络平台进行农产品推广，采用电子商务技术降低与客户交易成本等方面的能力均显得相对薄弱，导致产销对接渠道不畅。但新型农业经营主体的信息化素养较普通农户高，获取信息能力更强，农产品销售渠道广阔；新型农业经营主体产业化经营水平较高，成渝地区双城经济圈的新型农业经营主体创新发展了"订单农业""龙头企业+家庭农场""龙头企业+合作社+农户"等农业产销模式，借助产销一体化、股权合作等模式，与农产品流通企业实现全面、深入且精准的对接，旨在构建产销稳定衔接、利益紧密联结的农产品全产业链条。

10.3.3 市场竞争机制

面对波动幅度大、频率快的农产品市场，以传统农户家庭为基本生产单位、以众多分散农民经纪人为购销主力的农业经营体显得力不从心。而新型农业经营主体能够通过市场竞争机制，引导技术、资金、人才等优质资源从低效率低产出的主体向高效率高产出的主体流动，提高资源配置效率，淘汰部分规模较小、经营效率低下的经营主体。而部分家庭农场、龙头企业等，由于具有较为先进的技术、管理经验和规模优势，在市场竞争中存活下来，并且为了获得更多的经济利润，往往会采用更多先进技术以提高生产率，从而进一步推动新型农业经营主体的发展。

10.3.4 风险管理机制

加强农业风险管理，增强农业抗风险能力，是促进农业高质量发展的需要，是保障农民收入稳定增长的需要，对促进农业农村现代化具有重要意义（郭芸芸 等，2020）。由于新型农业经营主体在农业生产经营上的规模较大，因此其面临的自然风险与市场风险也显著增加。但当前，我国农业保险供给明显不足，政策性与商业性保险主要集中于少数关键农业品种，导致多数农业经营主体风险抵御能力较弱。为提升农业稳定性与实现可持续发展，亟须拓展农业保险覆盖范围，强化多元化保险体系建设（何军 等，2020）。

随着新型农业经营主体的培育和发展，农民合作社、农业产业化龙头企业带动土地集中使用，推动建设有节水灌溉、大棚设施的高标准农田，完善农业基础设施，提高农业机械化水平，从而提升了抗风险能力。通过组建农业产业化经营联合体，鼓励家庭农场加入合作社、合作社与龙头企业联合，构建农业生产、加工、流通、销售全产业链，带动农户实现组织化、产业化经营，增强其应对市场风险的能力。

10.3.5　政策支持机制

近年来，中共中央办公厅与国务院办公厅相继发布了《关于加快构建政策体系培育新型农业经营主体的意见》及《关于促进小农户和现代农业发展有机衔接的意见》等一系列关键政策文件，进一步完善了针对新型农业经营主体培育的政策支撑架构。各部门依据自身职能，针对家庭农场培育、农民合作社规范化与升级、集体经济扶持与扩大、农业社会化服务加速发展、高素质农民培养、农业产业化龙头企业与联合体壮大、新型农业经营主体的金融扶持、农业保险品质提升以及农村一二三产业融合用地保障与规范等方面，制定了一系列详尽且具体的政策措施。这一系列举措已初步构建起一个支持小农户家庭经营与合作经营、集体经营、企业经营等多种模式并行发展的综合政策体系，促进了农业经营模式的多元化与现代化进程。

10.4　新型农业经营主体协同发展的土地流转机制

相较于传统经营模式，新型农业经营主体的鲜明标志在于规模化运营，而土地的有效流转成为新型农业经营主体迈向规模经营不可或缺的必由之路。土地流转是指农户将自身拥有的土地承包经营权，以入股、转包、互换等方式转出。党的二十大报告指出，"全面推进乡村振兴。深化农村土地制度改革，赋予农民更加充分的财产权益。保障进城落户农民合法土地权益，鼓励依法自愿有偿转让"。从2015年至今，每年的中央"一号文件"均强调"依法推进土地经营权有序流转"，以支持"多种形式适度规模经营"。2020年底，全国（不含西藏）土地流转面积达到53 219万亩，占家庭承包经营耕地面积的34.08%。相较于传统家庭经营模式下的土地流转，新型农业经营主体在土地流转的动机、方式、价格以及风险管控机制方面均展现出了显著差异。

新型农业经营主体参与土地流转的行为，主要遵循市场导向，旨在实现价值增值。相比之下，由于经济条件受限、农业经营规模小以及市场机制不够发达，传统农户家庭经营流转土地的主要目的在于利用低成本的土地资源获得微薄的收益（吴学兵 等，2015）。反之，新型农业经营主体则通常具备敏锐的市场洞察力，能够在判断农村土地具有增值潜力的情况下进行土地流转交易，旨在获取高额利润。

不同的新型农业经营主体参与土地流转的方式差异明显。不同的农业经营主体在劳动力、资本及技术等资源禀赋结构上存在差异，且各要素间的相对价格也不尽相同。作为理性经济人的农户，会根据自身的资源禀赋结构及要素的相对价格，对土地等要素的投入以及生产结构进行相应调整（何军 等，2020）。

专业大户、家庭农场的经营者是主要依靠家庭劳动力的自耕农，在劳动力和资本要素禀赋结构调整的背景下，为追求更高的经济效益，倾向于通过扩大土地经营规模来达成规模效益与利润最大化。他们所经营的土地，流转方式大致有两种：一是农村土地的非正式流转，主要依赖亲属或邻里朋友之间的信任关系而得以实施；二是集体经济组织成员依法合规流转的家庭承包地，并按土地流转合同的约定，向流出土地的农户或村集体经济组织支付土地流转费用。

农民把土地流转到合作社开展经营，是农村土地流转方式创新的一种表现。农民合作社流转土地通常采取三种形式：第一种是农业合作社通过包产量、全托、农机服务等形式成片流转土地进行大规模的农业生产。第二种是通过集体经济组织组建土地股份合作社，农户先通过土地承包经营权入股等形式将土地流转至村集体，再由村集体流转给各经营主体，或者由村集体经济组织进行统一经营。第三种是成立以村为单位的合作农场，实行统一经营。与仅限于土地入股的土地股份合作社不同，合作农场允许除了土地以外的其他要素，例如资金等，也作为入股的要素。

社会化服务+农户经营，实现土地统一生产经营。农户可选择依托农业社会化服务，采取土地托管、联耕联种、代耕代种及统防统治等策略，将原本分散的土地经营主体进行有效联结，推动孤立的小规模土地经营单位融入一体化、产业化的经营体系中。这种通过群体组合形成的优势，实现了规模化经营，为土地流转方式提供了新的补充。

10.5　成渝地区双城经济圈新型农业经营主体协同发展的政策保障

10.5.1　强化政策支持保障

第一，增强金融支持力度。成渝地区双城经济圈各级地方政府应采取财政贴息、融资担保、拓宽抵（质）押物范围等综合举措，着力破解该地区新型农业经营主体的融资困境。同时，鼓励成渝地区双城经济圈内的银行、保险等金融机构创新开发适应新型农业经营主体协同发展需求的信贷产品、保险产品及服务模式。倡导成渝地区双城经济圈的龙头企业加入中国人民银行征信中心的应收账款融资服务平台，以支持新型农业经营主体开展应收账款融资业务。此外，鼓励探索实施"订单+保险+期货"的模式，并支持符合条件的龙头企业上市、新三板挂牌及进行融资、发债融资活动。对于具备条件的龙头企业，可鼓励其发起设立农业互助保险组织，以降低成员的风险水平。

第二，优化财税支持政策。成渝地区双城经济圈各级政府要制定完整、系统、综合的财税政策支持体系。做好权利维护，营造公正公平的产业经营环境，长期提供稳定的财税优惠扶持政策，给新型农业经营主体稳定可靠的预期，引导它们制定长期的生产经营规划，适当延长或放宽项目扶持的期限。

第三，强化人才队伍建设。新型经营主体对人才的需求迫切，成渝地区双城经济圈的新型农业主体在加强人才队伍建设时应着重关注两个方面：一是要注重内部人员的培养与转型，推动他们从传统农民向新型职业农民转变。尤其要针对成渝地区双城经济圈的返乡第一代农村能人，采取创业培训、市场指导、资金支持等措施，培养一批能够引领农村发展与致富的带头人。二是注重外部人才的引进。成渝地区双城经济圈的各级地方政府应制定优惠政策，吸引大中专毕业生和专业技术人员扎根农村、投身农业。为此，须在政府补贴、社会保障、项目扶持、金融服务、土地流转、职称评定等方面创新制度和政策，以吸引富有创新精神、专业知识扎实的大中专毕业生和专业技术人员在农业领域施展才华。

10.5.2 强化基础条件保障

推动成渝地区双城经济圈新型农业经营主体协同发展，必须强化农田、农机、农技等基础条件保障。

第一，完善农田基础设施，支持高标准农田建设。在成渝地区双城经济圈内的农田基础设施薄弱、机械化水平相对较低，或已建高标准农田建设标准偏低、农田设施老化损毁严重的区域，应着力更新改造农田设施，补齐基础设施短板，改善农业生产条件，提高机械化作业水平，增强农田防灾、抗灾、减灾能力；积极支持种粮大户、家庭农场、农民合作组织以及农业企业等新型经营主体共同参与高标准农田建设和管护。

第二，加强农机保障。成渝地区双城经济圈的农机合作社、农机经销商、农机租赁维修网点、新型农业合作组织，应督促有关人员及时做好农机准备工作，并定期对旋耕机、播种机、拖拉机等农业机械开展安全检测、设备维修和保养调试，保障农机装备的供给。

第三，加强农业科技社会化服务。一是支持成渝地区的农业科技服务公司、专业服务组织、科技服务能力较强的农民合作社、家庭农场等社会化服务力量作为农业科技示范主体，开展多种形式的农业科技服务。二是通过公开招标、定向委托等方式搭建社会化科技服务平台，构建产学研推用利益联结机制，鼓励企业、产学研联合体研发和承接转化先进、适用、绿色技术，引导农业科研院校发挥人才、成果、平台等优势，通过院地合作、校地合作等方式开展农业技术服务，加快农业科技成果转化落地。

第四，推进基层农技推广体系建设。成渝地区双城经济圈内的县级农业农村部门及推广机构应加强对乡镇农技推广机构和人员的指导管理与统筹安排，加强乡镇农技推广机构建设，推动基层推广机构改善条件、完善手段、提升能力，综合设置的乡镇农业服务中心等机构有专门岗位和专门人员履职尽责。遴选推介一批星级基层农技推广机构。探索建立农技人员"县管乡用、下沉到村"的工作机制，把县域作为统筹农业科技服务的基本单元，把乡村作为农技推广服务的主战场，创新农技推广服务资源配置机制，促进农技人员和先进适用技术"下沉到村、直接到田"。

10.5.3 强化体制机制保障

第一，创新协同机制，推动新型农业经营主体发展。协同成渝地区双城经济圈内的家庭农场、种植大户、龙头企业以及社会化服务组织，构建农业产业化联盟。同时通过签订多级订单协议，明确各方的责任和利益，确保合作的稳定性和可持续性，不断创新利益联结机制，提升合作效益。设计合理的利益分配机制，确保各方在资源共享中受益，激发各方参与的积极性。首先，可以引入按股分红的模式，让农民以土地、劳动力、资金等要素入股合作社或龙头企业，按照股份比例分享收益。其次，实行二次利润返还，将企业盈利的一部分二次分配给参与的农户和合作社成员，增加他们的收入。再次，建立风险共担机制，确保在资源共享过程中，各方既能分享收益，也能共同承担风险，提升合作的稳定性。为了保障利益分配的公平透明，可以引入第三方审计机构，监督分配过程，确保各方的利益得到有效保护。最后，设立农民合作基金，对农民在资源共享中的贡献进行奖励，激励更多农户积极参与资源共享机制。通过这些措施，可以形成一个公平、公正、透明的利益分配体系，保证创新协同机制可持续发展，提升农业生产效率和农户的积极性。

第二，完善资源要素共享机制是当前的重要任务。一是要建立统一的信息平台。积极建设覆盖成渝地区双城经济圈的农业信息共享平台，整合土地、资金、技术、劳动力、设备等资源信息。该平台应具备实时更新、便捷查询和高效互动功能，方便各类农业经营主体及时获取和交换所需资源。此外，平台应设置专业团队进行维护和运营，确保信息的准确性和可靠性，提升资源配置效率。二是优化资源配置机制。依据成渝地区双城经济圈的农业生产需求和市场动态，优化资源配置机制，确保资源高效、合理分配。利用大数据和人工智能技术，分析资源需求趋势，制定科学的配置方案。同时，建立资源需求和供给的动态调整机制，确保资源能够及时响应市场变化，提高资源利用效率和农业生产的灵活性。三是构建共享服务网络。建立覆盖成渝地区双城经济圈的农业社会化服务网络，提供技术指导、农资供应、病虫害防治、市场营销等服务。通过成渝地区双城经济圈内的合作社、农业技术推广站等平台，整合各类服务资源，形成互补、协作的服务体系，提升服务质量和覆盖范围，帮助小农户和新型农业经营主体提高生产效率和市场竞争力。四是推进资源要素的流通便利化。简化资源流通的手续和流程，降低交易成本，提高资源流通效率。通过政策支持和金融创新，促进资源要素在不同主体之间顺畅流动。具体措施包括优化物流体系，建立便捷的资源交易平台，提供便捷的金融服务支持，推动资源要素高效流通，确保资源及时到位，助力农业生产。

第三，完善分工协作机制。一是明确职责分工，充分挖掘各主体的能力。增强成渝地区双城经济圈的龙头企业带动能力，形成"公司+农民合作社+家庭农场""公司+家庭农场"等创新合作模式。同时根据各主体的专业优势和特长，详细划分在农业生产、加工、销售等环节的具体任务和责任。例如，龙头企业负责技术支持和市场开拓，合作社负责组织生产和质量管理，小农户负责具体的种植和养殖工作。通过明确职责分工，确保各方都能充分发挥自身特长，避免重复劳动和资源浪费，提高整体协作效率。二是强化培训和技术支持。定期开展专业培训，提高各主体的技术水平和管理能力。培训内容包括现代农业技术、管理方法、市场营销等方面，帮助各主体了解和掌握最新的技术和知识。此外，还需引入农业专家和技术顾问提供技术支持，帮助解决生产中遇到的技术难题，提升整体协作水平，确保各环节的高效配合和运作。三是推动资源共享和互补。鼓励成渝地区双城经济圈各新型农业经营主体在技术、信息、资金等方面进行资源共享和互补。例如，龙头企业提供先进的技术和市场信息，合作社整合小农户的土地和劳动力资源，形成优势互补的协作格局。通过合理配置和共享资源，减少重复投入，提高整体生产能力和市场竞争力，形成一个协同发展的农业生态系统。

第 3 篇
案例篇

11 农业高质量发展国外案例

11.1 美国高劳动生产率的农业高质量发展案例

11.1.1 美国的大农场模式

目前，美国农业在世界上排第一名。它的农业特征十分鲜明，以家庭为单位，以农场的形式进行集约化规模化生产，即大农场模式。美国的农业机械化程度非常高，早在 20 世纪 40 年代就已经实现了全面机械化，从种植、培育再到收获大都可以依靠机械的力量完成，不仅提高了美国农业的劳动生产率，也提高了农作物的单位面积产量。

美国的大农场模式在世界上非常出名，例如一个人可以管理上千亩的农场，通过飞机来进行农药喷洒，针对病虫草害问题则采用转基因技术。美国的集约化生产特征非常明显，通常一个县甚至一个州都种植一样的作物，然后再通过交通运输到其他有需要的地方。

美国的农场制度发展的方向就是家庭农场，1820 年颁布的《农业经济制度》明确提到将公有土地低价出售给农户，1862 年又出台了《宅地法》，规定只要年满 12 岁且在公有制土地上耕作五年以上就可以免费获赠 160 英亩（1 英亩 ≈ 4 046.86 平方米）土地，这也为后来美国发展家庭农场制度奠定了基础。从那以后，美国的小农场数量开始急剧上升，家庭农场这种生产模式也在美国开始全面普及。在这期间，美国政府为了支持美国家庭农业的发展，出台了一系列相关政策，不仅加强农业基础设施建设，而且给予农业生产者一定数额的补贴，这也快速推动了美国农业现代化的发展历程。如今，美国家庭农场模式仍然是美国主要的农业生产形式，在所有生产模式中的占比高达 95%。

美国农业机械化程度高、劳动生产率高、单位面积产量高，在世界上富有竞争力，它每年的粮食产量不仅能满足本国 3 亿多人民的需要，而且还是世界上最大的粮食出口国，而这仅仅是依靠不到 2% 的农业人员完成的。美国实现农业现代化的过程就是改造农业设备和提高土地生产率的过程。美国政府很早就意识到，要提高农业的产量，必须要实现农业的机械化和提高土地生产率。除此之外，美国政府还非常注重农业组织的现代化管理，把工业化过程中积累的管理经验运用到农业生产上来，推动美国农业向着专业化、一体化、社会化方向发展。

11.1.2　美国农业的机械化

工具在人类历史发展过程中起着至关重要的作用，是人类生产、生活的重要组成部分。马克思说过："劳动手段是人类劳动发展的分度尺，机械性的劳动手段，它们的总和称为生产的骨骼系统和肌肉系统。"[①] 先进的生产工具既是推动人类社会向前发展的动力，也是判断生产力发展水平的重要标志。美国是一个粮食生产大国，也是世界上最大的粮食出口国。数据显示，2021 年，美国共出口了总价值约 1 490 亿美元的粮食，约占全球粮食出口量的 10%。美国农业如此发达，不仅得益于其得天独厚的地理环境，还得益于美国善于使用工具，善于把现代化科技手段运用到农业生产和发展上来，提高农业生产的机械化水平。农业机械化是指通过运用现代机械设备来提高劳动生产率、提高劳动总收益的过程。总的来说，美国农业机械化主要经过了三个阶段，即畜力农业机械化时期、基本机械化时期和综合机械化时期（蒋欢，2013）。

11.1.2.1　畜力农业机械化时期

美国是世界上最大的资本主义国家。资本是逐利的，将这一理论运用到农业领域也不例外。为了降低生产成本，提高农业劳动生产率，获得更多利润，美国农业机械化得到快速发展。从 1797 年铸铁犁的发明开始，美国开始了一系列机械化技术革命，这也意味着美国走上了农业机械化的道路。在 19 世纪前 30 年，耕犁不断进行更新换代，尤其是到了 1837 年，一位美国中部的铁匠约翰·迪尔发明了钢犁。钢犁的出现解决了铸铁犁在耕作过程中容易在土壤中结块的问题，而且钢犁基于自身的材料优势，不易

---

① 马克思. 资本论：第 1 卷 [M]. 北京：人民出版社，1975：53-54.

粘连，清洗起来较为方便，给农业生产带来了不少的便利。这一发明推动美国农业机械化往前迈进了一大步。19世纪中叶到20世纪初，美国以发展畜力农业机械化为主。18世纪末，美国开始了西进运动，但当时的美国西部是一片未经过开发的荒芜不毛之地，天气恶劣，开发难度非常大。困难越多，机会也越多，当时的西部广阔无垠，只要不怕吃苦、肯奋斗，留给人的机会非常多。也正是在此期间，由于西部面积大而劳动力少，采用人力生产不仅效率低而且收益也低。因此，美国从19世纪40年代开始发展马拉农机具，到南北战争爆发之前，马拉农机具已基本取代手工农业。到1850年，美国已成为世界最大粮仓，各种规模化生产开始涌现，农业企业家也层出不穷，迈克尔·沙利文就是其中一个代表人物，他是最早开始利用农业机械进行农场生产的，也是当时规模最大的农业企业家。他拥有数以万计的牛、羊、马和8万英亩的耕地。虽然在这期间，简易收割机、打谷机、播种机等一系列现代化机器都被发明出来并投入使用，甚至伴随着第一次工业革命，还出现了采用蒸汽内燃机的拖拉机，但受当时技术水平的限制，最终没有普及到农业生产过程中，畜力仍然是这一时期的主要动力。所以这个时期又被称为农业的半机械化时期。直到第二次工业革命期间，电力和内燃机的发明被应用到农业机械上来，以电力和内燃机作为主要动力的拖拉机的出现和使用才实现了从畜力为主的农业模式向农业机械化模式的转变，美国基本实现了农业机械化。农业机械化提高了美国农业的劳动生产率，降低了生产成本，推动了美国农业飞跃式发展，同时，也极大地推动了生产力的发展，把一部分劳动力从低性价比中解放出来，推动农业发展从传统模式向技术集约型转变。

11.1.2.2 基本机械化时期

随着第二次工业革命的完成，各行各业为了降低生产成本、提高劳动生产率，开始把工业技术广泛运用到生产实践中去。在农业生产领域也不例外，早在畜力农业时期，美国蒸汽内燃拖拉机作为一种新型农业工具，受到人们的广泛关注。但当时技术不成熟，牵引式蒸汽机在田间工作显得极为笨重，而且要多人操作，对煤气和水的需求也特别大，缺乏一定的实用性。但在此基础上，以内燃机为动力的各式农业机械开始出现，农用内燃拖拉机不仅使用充气轮胎提升了它的灵活性并且简化了操作过程，提高了作业质量。这些农用机械很快就在全国范围内普及，美国也因此进入了农业机械化的第二个阶段即基本机械化阶段。简单来说，从畜力农业机械化到基本机械化时期，也就是从简单机械过渡到复杂机械的时期，是从畜力到蒸汽，再从蒸汽到汽油、电力的过程。1910 年，美国约有 1 000 台拖拉机。随着拖拉机及其配套农具的广泛发展，到 1920 年，达到了 246 000 台的惊人数据。在二战的刺激下，美国各农场主为了谋求更高额的利润，不断引进新的仪器设备来扩大生产，也间接地推动了全国农业机械化的普及。同时，美国基本机械化的完成，使美国农业达到了前所未有的高度，也确立了美国农业在全球范围内的霸主地位。再加上资金充足的大农场主往往采用最先进的技术进行生产，而那些规模较小的农场则受资金和技术的限制，往往在市场竞争中失去了竞争力，最后被大农场重组吞并。从 1920 年到 1941 年，大量中小型农场因为生产成本高、技术较为落后，便逐渐在与大规模农场的竞争中失去了优势。据数据统计，在此期间倒闭的农场数高达 200 多万个。中小型农场的倒闭使更多土地和资源被集中到大农场主手里面，美国也实现了从小农分散经营时期向大农场经济集约化经营时代的转变。

11.1.2.3　高度机械化时期

在二战期间，出于战争的需要，美国大量发展了以军工为首的工业，并且在战争中积累了巨额财富。二战结束后，这些军用科技和工业开始向民用领域转移，从而更进一步带动了美国农业机械化水平的提高，使美国进入了高度机械化时期，即以农业生产普遍使用先进农业机器为主要标志的时期。高度机械化时期主要有两个基本特征：一是动力问题。不同于畜力机械化时期和基本机械化时期以畜力和内燃机为主，在高度机械化时期，几乎所有的农场都采用电力为主要动力，整个农场进入电力动力时代。电力的使用不仅可以给机器运作过程提供更为充足的动力，而且可以统一控制，节省人工，降低燃料、汽油的使用，一定程度上可以减轻农场环境污染和生态破坏，有利于提升农产品的质量。二是信息化问题。信息化的发展将农业带入更广更深的领域。信息化是全球发展趋势，在农业领域也不例外，美国推动农业信息化发展，使美国农业又向前迈进了一大步。农业电子商务的发展，给人们的生活带来了便利，也促进了农产品的生产和销售。

11.2 日本高土地生产率的农业高质量发展案例

日本距离中国东部较近，和中国同处于亚洲地区，同欧美国家相比，日本和中国有着更为相似的自然环境。在地理位置上，日本和中国部分地区处于同一个纬度，有"隔海相望"的说法。在第二次世界大战结束之后，日本作为战败国被美国接管。日本政府担心战争带来的粮食短缺问题和共产化倾向，因此，在1945年和1952年先后出台了《农地改革纲要》和《农地法》，瓦解了地主制度，使农民真正成为土地的主人，并严格限制土地所有权转让，"小农经济"也自此在日本形成（晖峻众三，2011）。虽然这样的生产方式可以让农民享受自己的劳动果实，但小农经济劳动生产率低、收益低和缺乏市场竞争力的问题也使日本农业发展一直比较缓慢。

11.2.1 日本农业改革

战争带来的后遗症不容小觑。二战期间，日本国内经济一直处于停滞甚至倒退状态，基础设施遭到严重破坏，人民生活得不到保障，社会资源短缺，社会环境动荡不安，战争使劳动力数量急剧减少。在这样的时代背景下，为了尽快稳定社会秩序，恢复经济发展，推动日本农业朝着现代化方向发展就显得无比迫切。

日本是一个典型的人多地少的国家，有着平均每平方千米329人的人口密度，且耕地少，多山地，土壤贫瘠，山地和丘陵约占国土总面积的80%，可用耕地仅占13%，独特的地形特征极大地限制了日本农业的发展。再加上工业革命之后，日本农业在发展过程中乱用、滥用农药及化肥，导致土地酸化和水污染严重。在意识到国内耕地面积小且靠化学方法行不通之后，从20世纪60年代中期到21世纪第一个10年，日本政府开始进行一系列的土地整改。耕地面积少，就将原来小片、分散、坡度高的耕地进行标准化改造，使其适应作物生长和机械运作。通过把零散的耕地重新整合集中，大大提高了土地利用率，也为整合后的土地投入机械化生产提供了条件。除此之外，对于土壤整治问题，则坚决摒弃化学农业的弊端，转到有机农业的生产上来。即不采用化学制品改变农作物基因，在作物生长过程中不使用化学产品进行干预，遵循作物自然生长规律，通过协调周围环境，来达到这一区域生态的总体平衡。比如，实行稻田、畜牧、水产养殖三合一模式，形成一个可持续发展格局，既解决了病虫草害问题也解决了水土流失问题，在整体上达到一个平衡状态。

日本耕地面积小，地形不利于大规模机械耕作，且多为以家庭为单位的小生产模式，因此，实行像美国一样的大规模机械耕作是行不通的。日本别出新意，走出了一条独具日本特色的小规模精细机械化模式（陈姣，2008）。针对耕地面积小和地形因素的限制，日本把农业的重点放在精细化生产和机械化发展上，但因为普通农户持有的土地面积有限，因此日本农业机械化呈现出小型农具的特点。加之二战结束以后，日本男性劳动力大量减少，为了快速恢复战后经济，日本经济重心逐渐从农业转向工业，致使农村劳动力进一步流失。但同时日本政府规定不得随意荒废耕地，迫使许多农户家庭的老人、妇女以及小孩投入到农业生产中去。而这一时期的小规模农具生产适应了这一特点，因此家庭农业机械普及率得到大幅度提升。日本这种精细化生产还适用于高品质作物，培育和栽种优良作物，使用高效肥料，运用现代化手段进行害虫防治，科学规范生产经营方式，也让日本农产品在全球农产品中脱颖而出，享有食品卫生、高质量的美誉（刘果承，2013）。此外，还出现了一种以家庭为单位的联合互助模式。二战结束以后，日本国民经济进入飞速发展阶段，现代化水平大幅度提升，农业现代化也逐渐被提上日程。此时，高性价比、多功能的大中型农业机械层出不穷。由于每家每户的耕地数量不同，实际耕种情况也不同，因此在有充足条件的情况下，某些家庭可以额外承担其他家庭的生产和经营，从而获得一些额外的收入。时间久了，这些家庭之间就形成了一种新的家庭联合经营模式，即那些地理位置相近的家庭可以共同采用先进的机器设备来帮助生产，降低生产成本，提高劳动生产率。除此之外，还有一种专门应对资金问题的联合互助模式。即农产品生产过程复杂多样，需要的机器设备也复杂多样，若要配齐各项设备，对每家每户来说则会出现机器设备使用率不高、配置费用过高等问题。针对这一现象，往往村落集中购买，农户共同使用，但同时也会出现使用起来不方便的麻烦。因此，在这种情况下，一般是由几家联合起来商量，各自配备不同的机器设备，独立管理，协调使用，以租借的方式在每家每户中流通。这种联合互助模式的出现，不仅解决了机器设备高额费用的问题，而且还促进了农业机械化投入，大力促进了日本农业现代化的发展。

11.3　法国以小农场为主的农业高质量发展案例

农业合作社是农村现代化农业发展新模式。习近平总书记指出："大力发展农村新型合作经济，符合农民群众根本利益，符合当前农村发展实际，符合新农村建设的基本要求。"[①] 法国不仅是一个发达的工业国，还是一个发达的农业国。虽然法国国土面积只有55万平方千米，和我国四川省国土面积接近，但是在农业上，法国不仅是欧盟主要的粮食来源，在出口量上也仅次于美国，居世界第二位。法国的农业如此成功，首先是因为法国具有得天独厚的气候条件。法国南部为地中海气候，热量充沛，光照充足，适合葡萄等作物的生长。法国西北部为温带海洋性气候，温和多雨，既为牧草的生长提供了有利的条件，也为这个地区畜牧业的发展提供了保障。法国中部地区则为温带大陆性气候，非常适合小麦等粮食作物的生长。再加上法国国土不同于日本的特殊地形，法国以平原为主，平原面积占了国土总面积的2/3，为法国农业发展提供了非常优良的地形条件。不过，最重要的还是法国在农业上的合作社模式。合作社模式在法国普及率非常高。北京外国语大学发布的我国首部《法国发展报告》显示，法国有1.3万个农业合作社，有3 800家农业合作企业，90%的农民参加了合作社（丁一凡，2019）。法国的合作社模式非常成熟，形式多种多样，涉及的范围非常广，而且各司其职，秩序井然。其生产模式灵活，这些合作社可以和农民直接对接，极大地提高了农民的生产积极性，这种农业生产模式成为法国农业的重要组成部分。农业合作社模式的迅速发展使其成为一条完整的产业链，涉及产前、产中、产后，涵盖农业生产、流通和加工，生产工具、生产技术的合作、交流和培训，农业信贷和保险等。学习法国在农业合作组织中的成功经验，对构建中国新型农村合作组织形式具有重要的指导意义，也对推进中国农业现代化具有重要作用。

---

① 中共中央 国务院关于学习运用"千村示范、万村整治"工程经验 有力有效推进乡村全面振兴的意见：2024 年第 6 号国务院公报［N/OL］. https://www.gov.cn/gongbao/2024/issue_11186/202402/content_6934551.html.

11.3.1 法国农业合作组织发展的背景

二战结束之后，人们逐渐把关注的重点从战争拉回到生产和生活上来。农业的发展对经济与社会稳定和环境问题都起着至关重要的作用。欧洲共同体的产生也对农业发展问题提出了新要求。但是，法国农业向来以传统的家庭小规模种植经营为主。据统计，当时的法国以个体农户为主且每人平均占有的面积非常有限。在这种以个体户为主的经营模式下，农作物的生产成本高且产品竞争力不强，带来的收益也相应减少。为了提高农民在农业生产活动中的收益，也为了防止农业问题影响社会运行和经济发展，法国政府进行了农业改革，通过联合经营的模式形成一定规模的农业组织，从而降低生产成本，提高劳动生产率，提高劳动产品的竞争优势，增加农产品生产的稳定性，提高农业生产者的收入，促进法国农业发展。

随着第三次科技革命的发展，人们的生活发生了翻天覆地的变化，这种变化不仅体现在生产与生活上，也体现在政治与军事上。这时，对农业生产又提出了新的要求，农业生产科技化、专业化成为农业领域发展的新方向（叶前林，2014）。法国是第三次科技革命的受益国，其科技水平也处于世界前列，新兴科技在农业领域也开始普及。新兴技术的引进意味着更多的风险和挑战，特别是新的机器设备的应用，需要农户拥有专业化意识，再加上个体农户抵御风险的能力较弱，这对法国小规模的家庭个体农场来说是十分艰难的，推动法国农业向新的组织方向变革就显得十分必要。

早在 12 世纪，法国就有了农业合作社的萌芽，这种传统不仅没有随着时间的流逝而消逝反而得到了发展，到了 19 世纪，出现了具有现代特征的合作社。1832 年，法国成立了第一个生产合作社（细木工生产合作社），1884 年成立了第一个农业信贷地方金库，1910 年成立了农业互助合作组织（王念，1988）。从法国有着悠久的农业合作传统和客观现实结合来看，与其说法国开辟了一条全新的道路，倒不如说法国在新阶段的基础上进行了创新，走出了一条现代农业合作组织的道路。

11.3.2 法国农业合作组织的特点

法国农业合作组织主要有两种形式，一种是全国性的，一种是基层性的，它们各司其职，在农业生产和产品销售方面发挥自己的作用，推动着法国农业朝着现代化方向发展。法国农业合作组织发展至今，已经形成了非常完整的链条，涵盖农业和食品的上、中、下游各个环节。随着时间的推移，它不仅在农业生产和食品行业发挥着巨大的作用，而且还发散到农业保险、投资、借贷等领域，不仅使农业领域得到了更好的发展，而且其涉及的周边领域也得到了很好的发展。它的特点如下：

（1）法国农业合作组织是具有合作性质的组织，这种合作具有非常大的自主性，尊重农户意愿自行决定是否加入。在农业合作组织中，每一个加入了的成员都按出资比例平等拥有参与和决定组织内各种公共事务的权利。此外，对内，社员的内部信息和服务全部公开和免费，在扣除公积金和发展基金后，其余资产全部返回农户手中；对外，则是以谋求利润为目的。

（2）法国有着农业合作的传统，但此前的农业组织主要依靠社员进行农产品的生产、包装、运输和销售、推广等环节。随着第三次科技革命的发展，经济和社会快速发展起来，对农业合作组织提出了新的要求，不仅要求农产品的生产和销售要提高质量、降低成本，带来便利，而且社员个人也要与时俱进，保险、法律、财税等也开始进入农产品生产的各个环节，进一步推动了法国农业合作社朝着现代化体系迈进。

（3）农业合作组织是法国农业发展史上一次巨大的成功，它推动着法国农业领域的进一步发展，法国农业在产量和销量上都位居世界前列。它的成功之处就在于，对内，它对社员提供了生产和销售资料，方便进行农业知识的传播和教育，也方便农户掌握农业领域的最新科技成果和市场的最新动向。对外，政府提供支持，给对外销售农产品和参与国际交流等活动带来了便利。农业生产合作社是生产和销售的中间环节，也是农户和外界联系的枢纽。农业生产合作社给生产和销售带来了便利，为农户搭建了一个优质的平台，增强了法国农产品在市场上的竞争力，抢占市场先机，获得更多的话语权，对外议价定价能力增强。除此之外，跟传统个体农户相比，能尽可能减少市场风险，缓解信息闭塞问题，为农户们创造更大的经济价值。

（4）农业合作组织是由个体农户组成的，组织内的一切事务也是由大家共同参与、商议、投票决定的。因此，相较于个体农户来说，农业合作组织能集聚更多人的智慧，做出更正确更科学的决定。而且，比起单打独斗的个体农户，农业合作组织拥有更专业的生产设施和生产技术。经营和销售领域也不例外，有专业技术人员对市场进行专门的监测，有利于农户在第一时间获得市场的最新动态，在农产品议价和定价方面，也可以制定出更为有利的方案，赚取更多收益。农业合作组织以其组织形式，集结个人的力量，发挥团队的优势，不仅可以在农产品生产、销售等方面拥有更合理的布局，而且增强了决策的合理性和科学性，增强了洞悉市场风向和抵抗市场风险的能力。

11.4 荷兰以科技化设施农业为主的农业高质量发展案例

荷兰农业在世界上非常出名。荷兰的国土面积可以说是非常狭小，仅有 41 528 平方千米，相当于我国重庆市国土面积的一半，且人多地少，农业资源匮乏，人口密度较大。但是荷兰农业在世界上的影响力非同小可，其畜牧业、花卉业和农产品加工业在世界上闻名，具有非常强的市场竞争力。2007 年，荷兰驻上海总领事汪一力在《华东科技》专访中说，在世界市场上，荷兰农业的进出口贸易总额居世界第二位，出口额居世界第三位，仅次于美国和法国。但是荷兰的可用耕地面积只有 7 702 平方千米，远远小于美国和法国，更让人惊讶的是，荷兰只有 2% 的人直接从事农业生产。那么荷兰农业是如何发展起来的呢？荷兰农业的发展在于它找到了正确的发展道路，高度重视科技在农业发展中的作用，优化生产结构，形成了高效农业发展格局。荷兰农业最大的特点就是把科技与农业生产相结合，通过把科学技术应用到农业层面，把科技转换为实际生产力。在这个过程中，农业科研专家活跃在生产第一线，促使科学成果第一时间得到应用，也不脱离客观实际。荷兰农业和科技结合之前，劳动生产率一直很难提高，农民的收入也非常低。为了改变这种状况，政府出台了激励政策，将农业与科技相结合，结果效果格外好。

11.4.1 荷兰农业创新体系

作为荷兰农业发展的支柱，荷兰农业创新体系主要包含科研、教育和推广三个方面，它们相互区别又相互合作，共同推动荷兰农业的发展。早在 19 世纪末，随着科技革命的发展，世界各国的联系也更加紧密，世界市场开始形成。于是，大量国外农产品被输送到荷兰，其价格低廉，质量也不差，给荷兰本地的农产品市场带来了不小的冲击。为了保护本国农业的发展，法国和意大利政府纷纷出台有利于本国农产品生产和销售的政策。反观荷兰政府，不仅没有出台相关政策来保护本国农业，反而放任国外农产品流入，与本国农产品进行公平竞争。在这种情况下，荷兰农户们意识到，必须要提高自身产品的竞争力，才能在激烈的市场竞争中取得胜利，而要想提高自身产品的竞争力，只有加大科学技术研究力度，加强科学技术和农业相结合，推动农业创新，才能在市场上占据有利地位（段莉，2010）。因此，在这种需要下，荷兰人发明了结合科研、教育和推广的农业发展模式。这种模式的好处在于，在运行过程中可以发挥各自的优势，再将这些优势结合起来，推动农业进一步向前发展。换句话说，就是先通过科研院所进行农业技术的研发和实验，在达到一定效果之后，再通过教育使之传递到每一个农业生产者手中，最后通过推广使之运用到生产实践上来，使之成为实际生产力，推动农业的发展和进步。同时，如果在推广的过程中遇到问题，也可以重新回到研发阶段进行新一轮的研发，三者紧密结合，循环往复，推动农业的发展。

（1）研发视角。荷兰耕地面积小，资源贫瘠，人口密度大，但是荷兰农业在世界市场上非常出名。土地集约利用和把科技与农业相结合是荷兰农业取得成功的重要因素，这也使荷兰摇身一变成为农业大国（王丹丹等，2014）。荷兰农业科技研发系统非常完善，包括农业试验站、研究所和大学等。它们各司其职，涵盖农业生产的方方面面，并在研究过程中紧密结合，相互合作。荷兰非常重视科技在农业领域的应用，从1876年开始，就已经出现了农业实验站，并且一直在不断加强这方面的研究，如今荷兰已经拥有超过100家农业研究机构。瓦赫宁根大学就是其中之一，它在农业方面有着非常多前沿性研究，对荷兰农业的发展乃至世界农业的发展都起着重要作用。总的来说，荷兰的农业科研包含两个部分：基础与战略研究，应用与开发研究。基础与战略研究主要是理论研究，为农业研发提供相应的理论基础，而应用与开发研究则更多的是实用性研究，对农业生产活动中遇到的问题进行实际研究，找出适当的解决办法，把理论研究落到实处。在研发过程中，政府所属的农业试验站、私人企业、实验农场是主力军。研发是荷兰农业发展体系中最重要的一个环节，也是这个体系能够运营下去的关键所在。基础与战略研究为满足实践的需要提供理论基础，而应用与开发研究则把这种理论化为现实，二者相互结合，推动农业研发向前发展。

（2）推广视角。研发成果有了，下一步就是推广应用，使研发成果转化为生产力，推动农业发展。荷兰非常重视农业科技成果的推广应用，为此还设立了专门的机构，包含的主体有政府、农业协会、私营农场和私营企业、农业合作社等。这个推广体系就好像一座桥梁，通过它，农民就能第一时间得到农业最新技术，并把它直接运用到生产实践中去。在推广过程中，一方面，可以把最新研究成果第一时间传递到农户手里；另一方面，农户在进行应用的过程中还能将其中的细节反馈给研发机构，使其进一步优化相关技术，这种互动的过程也推动了农业技术不断更新，朝着更优方向发展。此外，还有生产协作组织帮忙完成新兴科技的应用，以及私人咨询服务来解答应用中的问题和困惑。正是这种全方位、多领域的农业发展组织结构使得农业科技可以在全国范围内得到快速应用。国家作为推广的主要力量，负责制订总体计划和安排执行计划。荷兰在农业推广上有着非常完善的体系，各环节不仅可以各司其职，提高效率，还能合理规划，控制出现问题的概率，为农业科技的应用和推广提供有力的保障。

（3）教育视角。荷兰也非常重视农业科技教育系统的构建。良好的教育能提高生产、研发和推广各个环节的效能。荷兰的农业教育涵盖面非常广，包括初级、中级、高级职业院校乃至专业的农业大学，为不同年龄阶段、不同需求的人群设置专门的课程。荷兰在专业技能培养和训练上都非常严格，并且有一套自己的考核系统，只有考核达标的人才能被录用。除此之外，农业教育机构也会在各个地区开展农业教育短期培训，及时有效地向农户传递最新农学知识和农业技术。农业合作社也会统一聘请有关农业专家进行专题讲课，提高农户的农业知识和操作技能。在荷兰，大部分从事农业生产工作的人员不仅能掌握现代农业的生产技术还能熟练应用现代农业的科技设备，还能紧跟信息时代的步伐，通过互联网去收集生产和市场信息。但不管是正规学校教育还是培训机构进行培训，荷兰的农业课程都非常重视实践，非常重视学生在操作过程中出现的问题，并将这些具体的问题反馈到研发机构再进行系统的研究。这种模式也让学生们意识到实践的重要性，只有通过不断学习，并应用在实践上，再回到理论上，如此循环往复，才能给农业生产带来创新和进步，这也是荷兰农业如此发达的原因之一。总之，这种教育模式，让农户们更加了解专业知识，更加科学合理地进行生产和营销，促进了农业的发展和进步。

11.4.2 荷兰农业模式的新发展

随着全球经济一体化进程的不断推进，荷兰农业发展模式对农业的促进作用逐渐减弱。这种农业发展模式的缺陷在于它只能保障农民的利益，但是随着利益主体的增多，这种单一的发展模式就显得有点行不通了。在多个利益主体的要求下，农业的创新和发展不仅要保障农户的个人利益，而且还要兼顾社会其他产业和其他人群的利益。

为了荷兰农业能在全球经济一体化进程中持续健康地发展下去，荷兰政府从2006年开始对农业发展模式进行改革，重新明确了各部门的职责和分工。例如，将大学和农业科研机构进行区分，强调大学只负责进行农业知识的传授和教导，一般不做对策研究（金玉姬 等，2014）；将各类研究所进行整合，保持其优势，不仅使各个部门职能有了更加清晰的界定，而且增强了专业性，也减少了研发过程中的资源浪费问题，提高了科技的国际竞争力，也平衡了农业和其他产业之间的矛盾。

在这次改革中，荷兰对政府的职能也重新进行了界定，重新规划了政府在农业发展中的作用，即政府只对公益性的农业进行补贴，而其他研究中心则采用公私合营的方式。随着资本的进入，研究机构的目标更加明确，市场活跃度得到提高，科技创新的速度也日益加快。

12 农业一体化发展国内外案例

12.1 国外农业产业一体化发展案例

12.1.1 北欧国家农业产业一体化发展案例

比利时位于欧洲西部沿海地区，其2/3的陆地面积为丘陵和平坦低地，全境可分为西北部沿海平原、中部丘陵和东南部高原三部分，受北大西洋暖流影响，属于温带海洋性气候，全年气候湿润温和多雨。全国总人口约1 120万人，国土总面积3万平方千米。该国农业用地面积约133万公顷，农业从业人员不到10万人，农业产值占国内总产值的2%左右。比利时属于外向型的小国寡民经济体，同时也是一个农业品质高端、工业门类齐全、服务业发展程度高的创新型经济实体。比利时的农业以饲养猪和牛的畜牧业为主，同时附加种植粮食作物、经济作物、蔬菜水果等为主的种植业。受本国地形地势地貌以及人们意识的影响，比利时农业产业一体化发展突出表现为精品、精致、精准与生态特点。具体而言，一是农业管理数字化现代化。比利时有着老牌工业化背景，其在农业生产、加工、销售以及追溯等方面融入工业化理念和园区化方式，以机械化、信息化和智能化等工业技术发展本国农业，在实现农产品数据化、标准化和精细化的同时提升了农产品质量与产品的市场竞争力。例如借助智能喂食机器对牛进行精准定量投喂，农场主采用卫星定位系统、农田采集系统等信息化技术精准定位植株距离，以及利用机器人自动识别果实大小功能进行水果采摘并分类。二是生态定位，农业绿色化发展。比利时政府高度重视农业发展的社会效益、产出效益以及循环效益，生态农业发展已历经40余年，国家的生态农业耕地面积占全国农业耕地面积的3%，生态农业从业人员占全国农业从业总人数的 2%，高于欧盟及其周边国家平均水平与标准。比利时在生态农业发展问题上主要采取科研—市场共同发展模式，实现小国自给的同时也能出口加工，使得市场—生态—社会效益达到最大化。三是产学研链式融合，实现综合化效益。国家的农业科研创新由农业部和教育部相关农业部门承担，其中以农业部农业科研机构牵头从事农业应用科学，教育部农业院校承担农业基础理论研究。同时，国家重视农业科研成果与先进经验技术的推广，设有专门的农业技术和成果推广机构、技术咨询机构以及专业协会，以推动农业业内的专业化分工与合作。通过产、学、研、用的链式融合发展，比利时实现了以整合方式驱动农业整体综合效益的提升。

瑞典是北欧土地面积最大的国家，其地形狭长且地势自西北向东南倾斜，国土面积约为 45 万平方千米，其中近 15% 的土地处于北极圈中，因气候寒冷，全国可耕种土地面积只有 264.83 万公顷，仅占其国土面积的 6%。农业比重较小，主要以畜牧饲养业为主，其产值占国内总产值的 80%。在地理条件不佳的情况下，瑞典却打造出了独具特色的循环生态农业发展道路，实现了农业一体化整合发展，农产品自给率高达 80%，生态农业发展水平居于世界前列。瑞典的循环生态农业是将循环经济资源节约和环境保护的理念融入农业中，借助生物内部循环实现闭环式流通并延长农业生产链，实现农业产业"一体式"整合发展。瑞典的循环生态农业主要呈现为"轮作型生态农业"经营模式，具体表现在作物的轮作和农业产出品的环流方面。此外，瑞典已形成了农业"自然资源—产品或农产品—废弃物—再生资源"关联产业闭环式发展流程（黄小柱 等，2015）。就瑞典的生态循环农业而言，主要有以下几个特点：一是借助种植作物实现生物的生产循环与多样性保护，同时又保护了生态环境；二是在农业生产中引入产业化经营，引进和改善农业生物技术、使用生物质肥料保护环境；三是农业组织流程呈现"资源—农业废弃物—再生资源"的反馈式生产模式；四是农业生态产业链延长，对农业生产环节产生的废物进行技术处理，使之成为生产环节原料，充分利用产出品的全方位协同。

享有"欧洲花园"之称的荷兰，国土面积仅约 4.15 万平方千米。荷兰地处马斯河与莱茵河入口的三角洲区域，地势低洼，人均耕地极少。虽然荷兰国土面积小且农业生产的自然条件不佳，但其却是全球著名的世界花卉交易中心和花卉原材料生产基地，是世界上最大的花卉生产和出口国。荷兰农业产业一体化发展值得我国借鉴和学习，其典型特征为高科技农业。首先，农业生产高度规模化、集约化、专业化和市场化。在规模化方面，政府通过法令条例对土地进行整合形成连片的农场，促进了机械化耕种和规模化生产；在集约化方面，农业产业结构高效益化、高附加值化，农业结构中种植业、畜牧业和园艺业分别占40%、54%和6%，创造的农产品产值分别占10%、55%和35%，农业和畜牧业产品出口额达300多亿美元，占农产品总量的60%①；在专业化方面，农业、蔬菜或花等实行专业化分工与精细化生产，如布莱斯维克市红掌公司专门研究和种植红掌花卉，维斯特兰德朗市的番茄种植公司专业生产番茄；在市场化方面，建立起了围绕农产品加工增值的农产品营销体系，借助农业合作社等组织开拓产品市场，提升产品竞争力。其次，设施农业中的集成化工业技术应用与循环发展。荷兰政府重视循环利用技术在农业中的研发与推广，拥有世界上最大规模的温室农业区、大规模自动化养殖、超高效鲜花种植管理和物流技术以及高科技全监控自动化生产线，同时对无土栽培、雨水收集、精准施肥等循环利用技术进行创新，推动农业发展向清洁生产方向发展，创新循环农业发展模式。最后，农业合作组织的后援保障到位。荷兰农业合作组织可以分为农业合作社和农民组织体系（即法定的产业组织，如各种协会），而农民合作社在农产品循环中发挥关键作用，荷兰农民超过60%的收入是通过合作社取得的②。其中，合作社在化肥、精饲料供应行业中占据52%的份额，在牛奶、蔬菜、花卉等销售与加工行业中占据超过60%的份额，农业90%的银行信贷来自信贷合作社③。

通过对上述国家农业产业一体化发展的分析可知，不管是比利时的精细农业、瑞典的循环生态农业，还是荷兰的高科技农业，它们都呈现出同质性特征，即技术引领、专业化分工与合作和绿色生态农业。农业现代化或农业产业一体化发展需要先进技术作为底层基础支撑，在农产品种子培育、种植过程、果实采摘以及产品配送等流程实现完全机械化、信息化、智能化。在农业发展中，专业化分工与合作是农业产业一体化发展的前提，农业参与主体专门从事某项生产经营活动，不断积累经验和知识，是农业经济发展的动力与源泉。比利时的精准化生产与管理、瑞典的循环生

---

① https://baijiahao.baidu.com/s？id=1754074255109094117&wfr=spider&for=pc.

② https://www.69agri.com/114422.

③ https://baijiahao.baidu.com/s？id=1754074255109094117&wfr=spider&for=pc.

态农业以及荷兰的专业化集约化生产均体现了在农业领域专业化分工与合作前提下形成的特色农业模式。此外，绿色生态农业的发展是未来农业发展的重要战略定位，未来农业的发展不应以牺牲现有环境换取发展，应是人与自然和谐共生的发展。从上述案例可以发现，比利时政府已将生态农业作为国家的战略定位并指导该国农业发展。循环生态农业居于世界领先地位的瑞典以可持续发展为导向，现已发展出了适合本国发展的先进农业模式。荷兰借助高科技打造去农药、去化肥的农业循环经济，逐渐探索出一条国家绿色增长模式。

12.1.2 德国、法国农业产业一体化发展案例

德国地处欧洲中部，国土面积35.8万平方千米，可耕种土地仅约为1 190万公顷，在欧洲属于农业用地紧缺的国家。德国地势北低南高，北部为居住区，可供农业发展的区域主要位于南部山地和高原，农业可利用的土地资源有限。随着劳动力老龄化问题日益突出，德国农业从业人员约占总从业人员的2%，相当于一个农民养活150个国民[①]。在土地紧缺和劳动力不足的情形下，德国的农业高度发达，主要表现为农业生产效率高、农产品自给率高、农业组织化程度高、农业科技含量高、农业机械化程度高以及农民收入高，而这归根结底主要得益于德国工业4.0反哺农业以及德国农业组织的支撑。一方面，基于德国工业4.0基础，2015年提出农业4.0，即以网络化、人工智能、大数据等新型技术为支撑的高度集约、精准、智能、协同和生态的新型农业发展形态，表现为精准农业、智能农业、数字农业和生态农业特征。精准农业主要是利用专业化机械技术优化农作物生长条件方法，从播种到收获实现全程机械化，如德国的博世公司将传感技术与xarvio农业智能相结合，365FarmNet公司为小农场打造智能农业智能服务体系；智能农业是在精准农业基础上对收集的数据进行分析，从而为农民提供决策支撑；数字农业借助区块链技术对数据交易安全性、透明性和溯源性进行强化，是精准农业和智能农业的底层基础支撑；生态农业是指发展绿色循环农业经济，实现环境友好发展。另一方面，德国拥有如此发达的农业离不开其国家内部的农业组织。德国农民协会是覆盖本国90%以上农民的全国性服务网，形成了组织联接和政府合作的多层

---

① https://www.sohu.com/a/169775977_294959.

次协作机制①。而德国的家庭农场和农业社会化服务体系是德国农民协会的两大支柱，其中，家庭农场作为农业生产经营主体，主体高度现代化与专业化很大程度促进了德国农业产业一体化发展，而农业社会化服务系统作为家庭农场的服务主体，基本全面覆盖农产品产、供、销等业务流程，为农业产业一体化提供服务支撑。

法国是一个农村地区面积占国土面积90%、农村人口占城市人口60%、农业可利用土地占国土面积60%的国家②。作为欧洲第一农业大国，法国粮食产量占欧洲产量的一半，其既是欧盟最大的农业生产国，也是农产品出口仅次于美国的国家。在农业现代化进程中，法国主要通过家庭农场模式和合作社模式实现农业生产专业化与一体化发展。家庭农场模式是一种依靠家庭成员规模化、集约化、商品化生产经营并取得农业收入的新型农业经营方式。法国家庭农场模式经历了三个阶段，即政府将土地私有化转向集中化的初级阶段、小农经济转向中型家庭农场为主的成长阶段以及政府政策驱动农场主控制经营模式的成熟阶段。家庭农场模式成功解决了法国农业现代化中人多地少的问题，并将分散的土地集中形成模块化经营。而合作社模式主要将农业"产业化"，即合作社负责农产品产前、产中与产后服务。在合作社模式下，法国农业呈现出农业专业化和农业一体化特征。其中，农业专业化包括区域专业化、农场专业化和作业专业化。区域专业化是指形成专业化农业生产基地，农场专业化是指专门生产一种农产品，作业专业化是指农场从自给性生产转为商品化生产。农业一体化又可分为农业纵向一体化和农业横向一体化。农业纵向一体化是指融合农业和工商业资本、产供销一体的综合企业，多为大公司或集团；农业横向一体化是指各种农业专业合作社，其运作灵活多变，自由程度高。通过家庭农场模式规模化集约化经营，农场主借助合作社将农产品"产业化"发展，将本国农业做大做强。

由上述德国和法国农业一体化发展案例可知，国家在农业发展中起着决定性作用，农业组织或协会成为战略支撑力量。德国农业4.0是工业4.0战略反哺农业的结果，是国家宏观战略政策的直接结果导向，同时，在政策和资金的双重支持与引导下，农业在工业化、数智化和生态化方面

---

① https://baijiahao.baidu.com/s? id=1756702222635471480&wfr=spider&for=pc.

② https://m.163.com/dy/article/HB7RRRB505118U1Q.html.

取得高效进展。例如德国的农业补贴政策使得该国农民 40% 的收入来自政府补贴①,直接增加农民所得。此外,政府将农产品的产、供、销各环节视为完整产业链进行开发,使得农产品各环节连接畅通,农产品具有较显著的创收效应。而在解决农业现代化问题上,法国政府通过实行"土地集中"制度将分散的土地规整起来,同时借助"产业化"整合农业产业链,对农业进行宏观指导与战略规划。有了国家或政府的顶层指导,农业组织发挥基层实践作用,作为战略支撑力量践行国家政策。如德国农民协会既是德国农民利益的主张者,又是政府与农民间信息传递和政策制定与决定过程的重要影响者。法国合作社不仅是促进农产品畅通产、供、销的重要组织,也是法国农业科技转化体系重要的推广者,合作社已深入到农业发展的各个环节,涉及 90% 的农业领域,是科研成果转化的底层基石。

12.1.3 美国农业产业一体化发展案例

美国作为全球较早实现农业产业现代化与一体化的国家,其完善的农业产业体系与产业经营模式值得我国学习与借鉴。美国现代农业产业体系的经营主体构成要素包括家庭农场、合同制联合企业以及农业合作社,其以社会化服务为依托延伸农业产业链,提升农产品供给效率与供给质量并推动农业产业竞争力的攀升(李腾飞 等,2018)。构建现代农业产业体系成为农业产业发展的战略核心,在专业化分工前提下的新型组织和经营主体是农产品竞争力的主要来源。美国的家庭农场是农业产业体系中最重要也是最核心的存在。从以农作物种植面积和农产品销售额划分家庭农场规模的标准来看,美国近 99% 的农场为家庭农场,它们的产量占美国农业总产量的 89%。家庭农场中的 90% 为小型家庭农场,经营着美国将近一半的农田②。虽然家庭农场占据主要力量,但随着近年来专业化和集约化经营方式的变革,美国的公司化农场已成为美国农业产业化的中坚力量。此外,合同制的联合企业也是美国农业经营主体之一,该经营组织通过契约化经营方式实现产、供、销一体化。目前,30% 果蔬和近 60% 的蔬菜农场采用了该联合经营方式。以供应生产资料或销售农产品的农场主联合形成的农业合作社是美国农业的第三种类型经营主体,在农业技术咨询、市场信息畅通以及贷款申请服务等方面起着重要作用。近年来,随着农业现代

---

① http://journal.crnews.net/ncpsczk/2018n/dessq1/hq/924298_20180730020639.html.

② 彭丹梅. 美国多样化的家庭农场 [J]. 世界农业,2017 (8):202-205.

化的发展，农业合作社逐渐呈现出数量减少、结构优化、经营机制完善且体系开放、横向与纵向一体化联合发展趋势，且纵向一体化联合逐渐成为美国合作社战略转型的重点。

回顾美国现代农业产业体系建设历程，我们还可以总结出以下几点经验：一是高度规模化和专业化的生产经营模式。美国的家庭农场是在市场导向下高度专业化分工的农业产业化经营，在市场经济制度下打造出了具有国际市场竞争力的家庭农场经营模式。二是高度融合的农业产业化体系。美国的现代农业将农产品生产、工业制造、产品流通以及金融服务等进行了产业一体化融合，同时建立了农工综合企业、工商企业和合作社等为主的产业化经营体系，走出了一条链接农产品各环节的产业链生态系统。三是现代化的科技支撑。美国不仅建立了新型农科教技术创新体系，同时拥有国际性的农业科技园区和技术基地，农业教育为农业发展提供战略性人力资本，同时为农业微观主体经营提供技术保障与人才支持。

12.2　国内外农业区域一体化发展案例

12.2.1　欧盟农业区域一体化发展案例

欧盟是全球最大的农产品贸易地，是全球重要农产品生产地区，农产品进出口额居于全球第一位，目前已成为全球综合实力和一体化程度最高的区域经济联盟体。在欧盟农业区域一体化发展过程中，欧盟通过制定共同农业政策（the common agricultural policy，CAP），搭建起了商品生产与流通、人力资源与要素等的自由流动通道，在跨区域经济协作中起着决定性作用。欧盟共同农业政策是指在 27 个国家范围内实行一体化的农业政策，并交由欧盟机构进行统一预算和管理，其中参与国没有擅自变动本国农业政策的权力。共同农业政策的主要特点表现为：一是共同体内部实行统一的农产品价格，产品优先满足成员国且要素自由流动；二是对共同体外的国家征收关税，税收价格按国际市场价格与内部统一价格之间的价差收取；三是共同体设有共同农业基金，对农产品进行价格补贴。可以说，共同农业政策是欧盟农业区域一体化的基石，是区域产业整合的典范。该政策自 1962 年出台以来，围绕保障粮食安全和食品稳定供应的首要目标，以及增加农民收入促进农业生产的主旋律，一般每隔七年对农业政策进行一次修改。如 1962 年首次出台的共同农业政策以促进农业生产、提高农产品自给率为目标，旨在建立起以价格支持为核心的农业补贴运行机制。最新一次的修改于 2021 年颁布，围绕农业绿色发展、科技创新和政策简化等方面进行修改。在多次修改中，共同农业政策目标逐渐从增产变为绿色发展，由价格支持变为绿色支付，且政策的重心越来越倾向于农业环境保护与农业可持续发展。

通过上述案例可知，欧盟共同农业政策在促进欧盟农业区域一体化发展中起着重要作用，对我国农业区域一体化发展具有较大的借鉴意义。一方面，要优化顶层设计，以政策具象化推进农业转型发展。以 2021 年 12 月正式批准的欧盟共同农业政策（2023—2027）为例，这次修改不仅设置了总体目标，其还根据欧盟总体目标对农业与农村地区经济、社会、环境等设计了具体目标，不仅对农业发展顶层设计进行了优化，并且将政策具象化细分化以加速欧盟农业区域一体化转型发展。另一方面，坚持弹性原则，以灵活多变的政策推动农业发展。在早期，欧盟面临着农业发展落后、农业产品供给不足等问题，该时期欧盟共同农业政策主要通过补助来解决前述问题。但随着政策的持续推行，农业政策的负面影响如补助分配不均、生产过剩、环境恶化等现象逐渐明显，于是共同农业政策围绕绿色农业发展进行了修改。由此可见，欧盟共同农业政策具有较强的弹性特征，以充满柔性的政策应对农业区域一体化中的问题与不足，以期实现农业高效发展。

12.2.2　北美农业区域一体化发展案例

从 20 世纪 90 年代开始，美国对加拿大和墨西哥的农产品出口及农产品投入、美国饲料对墨西哥肉产品的生产消费以及加拿大和墨西哥果蔬生产商对美国的影响，使得三国的农业相互依赖、相互互补，在农业区域一体化进程中的联系不断加强。北美农业区域一体化主要得益于北美自由贸易协定（North American Free Trade Agreement，NAFTA）和乌拉圭农业协定（Uruguay Round Agreements Act，URAA）。北美自由贸易协定由美加、美墨和墨加自由贸易协定三个双边协定组成，其在拆除贸易壁垒、保护投资者以及设立争端解决机制三方面起着重要作用。首先，北美自由贸易协定在排除贸易壁垒方面有着突出要求，协定取消了北美地区大多数的关税和配额制度，极大地促进了地区内部要素的自由流动。其次，协定设定了外来投资者待遇原则，如投资者待遇、最低标准待遇以及外来投资者禁止行为等，协定有助于保护投资者权益，同时在推动和促进市场一体化上起着重要作用。最后，协定设置了针对反倾销、反补贴、投资与服务等的争端解决机制，有效保障了出现问题时有法可依、有路可循。北美自由贸易协定重点在于对市场准入的规定，而乌拉圭农业协定在国内支持和出口补贴两方面具有重要创新。如在国内支持上，协议限制了具有贸易扭曲倾向的国内农业支持政策，使得地区内的农业政策更加具有公平性和普惠性。在出口补贴上，加拿大根据世界贸易组织（WTO）规则取消了针对西部谷物出口进行补贴的运输法案。

在全球区域经济不断一体化的今天，自由贸易区和自由贸易协定作为常见的一体化形式在更多和更广泛的国家与地区出现。北美自由贸易协定和乌拉圭农业协定作为全球较为成功的贸易协定，对我国实施农业区域一体化具有较强的经验借鉴意义。

12.2.3　中国长三角农业一体化发展案例

2019 年 12 月，中共中央、国务院印发《长江三角洲区域一体化发展规划纲要》指出，长江三角洲（以下简称"长三角"）地区是我国经济发展最为活跃、创新能力最强、开放度最高的区域之一，在我国现代化建设与全面开放格局中具有重要战略地位。推动长江三角洲一体化发展对提高经济集聚度、提升区域链接性以及政策协同效率具有重大意义。而长江三角洲农业一体化发展是助推农业可持续发展的客观需要，是提升我国农业综合效益和国家综合实力的根本途径。该纲要发布以来，从农业基本情况来看，长三角区域所辖的上海市、江苏省、浙江省以及安徽省不断探索农业区域一体化发展新模式，借助新型数字技术不断创新赋能，基于数字化和品牌化以供给侧结构性改革打造长三角乡村振兴发展新标杆。从现代农业产业园建设情况来看，截至 2020 年末，长三角地区省级现代农业产业园已创建 69 个，单条产值 10 亿元以上的示范性农业全产业链条达 80 条[①]。

未来长三角农业一体化发展，应以国家战略为支撑，以生产与销售两端精准对接为要领，以联盟与展销一体化合作为手段，以立标与补短板创示范点为目标，为长三角农业一体化高质量发展提供四位一体支撑。生产

---

① 　https://new.qq.com/rain/a/20210205A07NE900.

与销售两端精准对接要求加快农业结构调整，如农业标准化、物流运输以及冷链技术等，是实现产销对接的关键问题。联盟与展销一体化合作要求强化一市三省农业部门的交流互动，深化协同联动机制，开展多形式多组织的展销活动并推动合作项目和成果的落实。立标与补短板创示范点要求做好现代农业生产性社会化服务体系建设，加速农产品流通体系建设，建立健全农业科技创新与应用成果共享机制，打造具有特色与差异性的示范点和新标杆。

12.2.4　中国京津冀农业一体化发展案例

京津冀地区作为我国"首都经济圈"，对于推动国家区域发展具有重要战略意义，而京津冀地区农业一体化协同发展是京津冀发展的共同基础。就目前而言，京津冀农业一体化发展现状呈现如下特征：一是区域发展的战略对接日益融洽，农业一体化宏观环境向好。2005 年正式启动《京津冀都市圈区域规划》工作，标志着京津冀区域发展被纳入国家发展战略，随后北京市、天津市以及河北省等省市均对城市发展做了整体规划，以构建京津冀区域合作地位为主要目标，为区域农业一体化协同发展提供了良好的宏观政策环境。二是农业一体化协同合作模式逐渐清晰。经过前期宏观政策的引导以及较长时间的农业合作，京冀逐渐探索出京承、京张以及北京与河北及其他地方县市共建园区等合作，农业合作已经进入全面对接时期，在项目合作上取得显著成效。三是京津冀地区农业发展划分清晰，现代农业平台与载体发展迅速。京津冀现代农业一体化协同发展区域分为两个区，一是都市现代农业区，二是高产高效生态农业区。都市现代农业区是区域农业发展的核心，以发展现代农业为突破点，打造产业园区化、发展绿色化、田园景观化的宜居生态城市。高产高效生态农业区是区域农业一体化发展的战略腹地，以承接现代农业产业转移、促进农业转型发展为主线，发展优质高效、生态涵养和加工物流的生态农业区。此外，作为农业发展的平台与载体，现代农业产业园已成为农业全产业链发展、现代要素集聚的重要依托，自 2017 年以来，经财政部和农业农村部批准，京津冀地区已创建 151 个现代产业园区[①]，形成了以园区化推动区域一体

---

① 　http://huzhou.021cf.cn/index.php/post/5814.html.

化发展的新格局。

　　京津冀农业一体化协同发展已进入纵向深入阶段，可以从以下几点出发推进：一是优化农业产业结构与布局，立足地区优势合理布局发展重点产业，逐渐缩小三地的发展差距。二是以产业技术联盟推动区域协同发展。产业技术联盟是协同创新的重要载体与手段，以联盟形式推动科技成果转化和区域发展的着力点。三是完善协同发展机制与要素流动机制。完善的产业协同机制和要素流动机制对农业生产标准化、产销对接精准化、农产品质量信息安全管理等提升具有积极推动意义，进而加速区域农业一体化协同发展转型进程。

13 成渝地区双城经济圈农业发展案例

作为保证国际粮食供应的主要力量，农业经营主体正面临着国际市场的巨大压力。中国小农户作为全球农业生产中的一员，与其他国家小农户一样，既有着全球共性，也有着"大国小农"国情农情下的独特性。目前中国呈现出小农户数量众多、种类多样、地区差异明显的特征，农业生产活动已具备现代属性。从中国为发展现代农业提出建立现代农业生产体系、现代农业经营体系和现代农业产业体系"三大体系"和健全农业支持保护体系的构想来看，应把解决好小农户问题和"三大体系"问题、把小农户问题纳入农业扶持和保护体系中作为中心工作。中国推动小农户和现代农业发展有机衔接的探索有利于为解决全球小农户问题提供中国方案，同时也将成为开启"大国小农"奔向现代化路径的一把钥匙。全球小农户数量众多，是农业生产经营主体中的最主要构成。由于自身的局限性，小农户在经营和发展中面临着规模小、进入大市场能力弱、经营和管理者文化素质低等问题，并且随着经济全球一体化进程的不断加快，面临的风险与挑战也不断增加。但是他们作为农业生产和经营中不可缺少的一部分，是世界粮仓的重要组成部分。因此，有效解决好小农户问题，对全球农业持续健康发展具有重要意义。

在坚持家庭承包经营的基础上，积极培育从事农业生产和服务的新型农业经营主体是关系我国农业现代化的重大战略。党的十八大以来，各地区都在大力培养新型农业经营主体，许多市场导向性家庭农场、农民合作社、龙头企业把质量效益和竞争力作为农业生产和经营的目标，对现代农业进行了深入的研究，这在新的道路上为中国农业的发展提供了良好的环境，奠定了发展的基础，从而加速了从农业大国走向农业强国的步伐。习近平总书记在党的二十大报告中指出，"发展新型农业经营主体和社会化服务，发展农业适度规模经营"。

13.1 成渝地区双城经济圈家庭农场典型案例

2020 年 8 月，农业农村部发布了《新型农业经营主体和服务主体高质量发展规划（2020—2022 年)》（以下简称《农业农村部规划》)。《农业农村部规划》是指导 2020—2022 年三年各地开展新型农业经营主体和服务主体培育发展工作的重要依据。《农业农村部规划》特别提到，要加速发展作为一种新的农业生产、发展和服务形式的"家庭农场"。当前，应以农户为基本组织单位，以农户为主体，进行规模化、标准化和集约化的农业生产。

从世界经济发展的一般规律来看，随着工业化进程的推进，我国居民的收入水平会随之提高，农村居民的收入水平也会随着工业化进程的推进而不断提高。由于小农户的收入不可能跟上国民收入提高的步伐，所以，小农户只能选择转产高价值农产品，扩大经营规模，兼业，甚至离农和政府四个途径平衡收入。要使家庭农场更快地发展，就要把农民放在第一位，支持和引导愿意长期从事农业生产的农户适度扩大种植面积，使家庭农场发展形式多样化。将符合标准的种植、养殖专业农户，也列入"家庭农场"，并提供适当的支持与服务。由此引申出农业科技进步，提高了技术效率和经济效益，实现了农业专业化、商品化、产业融合和带动与服务小农户等外溢效应。

随着现代经济体制的逐步建立，在生产和经营过程中，小农户所面对的生存压力也在不断增加。同时，经营规模较大的家庭农场和各种新型经营主体在农业生产上的表现越来越突出，他们已经成为农业生产的主体。发展多种类型、新型经营主体为主的新农业是我国农业发展的主要趋势，也是我国农业发展的主要方式。对于一个人口众多、小农户众多的国家来说，要做到这一点，是一项艰巨的任务，但发展方向和趋势不可改变。中国目前在农业方面的相关政策也努力在这个过程中促进小农户和现代农业更好地融合，尽可能减少阻力，帮助农业经营主体成功转型，保证农业持续稳定健康发展。

在工业社会中，小农户所付出的劳动机会成本较高，而农业比较效益较低，因此就出现了小农户粗放经营和撂荒土地的局面，这样就阻碍了农业生产效率的提高和农业生产收入的增加。为解决小农户在农业作业中规模经济不成正比的问题，提高农产品质量、农业生产效率，国家不仅在服务主体上进行了创新，还设有与农业生产配套的社会化服务机构。这种模式在实践中取得了成功，因此，农村中逐渐兴起了单环节、多环节、关键环节和全程等多种托管模式。

近年来，国家为解决农村土地规模不经济问题出台了一系列政策，主要是培育和发展新型农业经营主体，除了扶持家庭农场来增加效益，还大力发展新型农业服务主体，提供社会化服务。这种新型经营模式，主要有家庭农场、农民合作社、龙头企业以及专业服务企业等。因为新型农业服务主体数量较多，与小农户的距离较近，地理上的关联性较强，所以其对农户的外溢服务效应也较强。

尽管近些年来，我国已经涌现出许多以家庭农场为代表的新型农场经营主体和服务主体，但总的来说仍不够成熟，存在着发展差异大，发展不足、优势不足、抵御市场风险能力较弱等问题，在国际市场上赢得主动权越来越困难。所以，在对家庭农场等新型农业经营主体和服务主体进行培育和发展的过程中，不仅要提高数量，更重要的是提高质量。只有提高家庭农场经营效率和收益，才能在发展中维护好自身利益和带动农业生产发展。这既是发展现代农业的要求，也是在激烈的国际竞争中不被淘汰的重要途径，同时也是实现乡村振兴的手段。

加快培育家庭农场并实现高质量发展，需要从两个方面着力：一是提升家庭农场经营者的素质和能力，增强其在市场经济中的活力，坚持将发展质量与效益放在首位。二是依托政府的有力支持。在全球范围内，农业和农场的发展都离不开政府的推动，这主要是因为农业自身存在弱质性、外部性以及劳动生产率较低等特性。因此，加快家庭农场的发展离不开政府的支持。相关规划中专门用两章内容详述完善家庭农场支持政策和强化保障措施，提出通过制度设计来发挥政府在引导、培训、技术、示范、财政、金融、保险等方面的作用，以切实促进家庭农场的发展。值得注意的是，政府的支持不能停留在形式化的层面，而应聚焦家庭农场的现实需求，提供精准且高质量的服务与帮助。例如，在提升家庭农场经营者素质和能力的培训上，一些地方此前的培训效果并不理想。为提高培训质量，政府应委托培训机构优化培训内容和方式，包括选聘优质师资、合理设置培训渠道与时间、提升培训的针对性与实用性等，确保培训的效果切实助力家庭农场发展。这种高效、适宜的培训措施能够显著提高经营者的素质和能力，为家庭农场的高质量发展奠定坚实基础。

13.1.1　首批全国家庭农场典型案例

2019年10月14日，农业农村部发布了《关于推介第一批全国家庭农场典型案例的通知》，公布了26个典型案例名单，四川入选两例，其中，四川开江鸿发家庭农场在养殖类家庭农场中入选，四川宜宾叙州区稻香坛种养殖家庭农场在种养结合类家庭农场中入选。开江鸿发家庭农场通过子承父业，开展标准化规模养殖，重视和追求技术进步、市场化互动和充分对接，以市场化为导向，通过养殖技术推广、市场信息传递共享等方式，与其他规模养殖户联动发展，取得了良好的经济效益。稻香坛种养殖家庭农场农场主是退伍军人返乡创业，农场主一直坚持自己的科技兴农之道，以多年的稻虾养殖经验为基础，自主开发了野外防逃装置、专用运输装置、投食系统等实用新型技术，并获得了18项国家专利，实现了综合效益提高、精准高效生产。这两种模式不仅体现了个体特征，也体现了普遍的实践经验，更体现了与小农户密切相关的特征，符合了适度规模、集约生产、先进管理和显著效益的要求。2019年7月，四川省出台全国首个省级家庭农场培育行动方案（2019—2022年），指出四川省将以带动小农户发展为方向、以"五化"（多元化、特色化、品牌化、数字化、标准化）培育为路径、以多措并举为支撑，带动小农户进入现代农业发展轨道。

13.1.2　重庆市梁平区徐园椿家庭农场①

重庆市梁平区徐园椿家庭农场秉承"三品一标"（品种培优、品质提升、品牌打造、标准化生产）理念，促进果园四季飘香，入选2021年全国家庭农场典型经营管理水平提升案例。该农场精选特色水果品种，打造"四季果园"，采用绿色生产技术确保果品品质，推行标准化种植、精细化管理。农场美化园区环境，注重安全生产，塑造品牌形象，成为当地采摘

---

① 农业农村部办公厅关于推介第三批全国农民合作社和家庭农场典型案例的通知［EB/OL］. http://www.hzjjs.moa.gov.cn/gzdt/202111/t20211115_6382153.htm.

农场中的标杆。

徐园椿家庭农场位于重庆市梁平区星桥镇河井村，于 2016 年注册成立。农场主徐事有原本在外搞建筑，2000 年返乡后流转土地 20 余亩从事水果种植。近年来，农场借助地处城郊以及二环路开通带来的交通优势，逐渐扩大种植面积至 300 余亩，主要种植翠冠梨、樱桃、李子、枇杷、柑橘等多种水果，打造"四季果园"，采用顾客自行采摘为主的水果销售模式。2020 年，农场销售收入 70 余万元，纯收入 40 万元以上，被评为重庆市示范家庭农场。

精挑细选，培优品种。农场始终追求优良的果品品质和丰富的产品供给。一是口感好。采摘型鲜食水果，好吃是基本要求。糖梨味道虽甜，但肉质和果皮口感粗糙。因此，2016 年，农场放弃了种植多年的糖梨，改种果大皮薄、肉脆汁多、味浓鲜甜的翠冠梨。挂果第一年，就以每千克 10 元的价格被抢购一空。二是品种全。随着种植规模的不断扩大，单一品种已不能满足市场需要。农场以市场为导向，通过向专家咨询和实地考察等方式，结合当地气候条件、百姓消费习惯，精挑细选，增种了市场需求量大、适合当地种植的樱桃、枇杷、李子、柑橘等多种水果。每类水果采取早熟、中熟和晚熟品种相结合的方式种植，整个农场一年四季水果飘香，顾客盈门。

科学管理，提升品质。农场注重果园管理，努力提升果品品质。一是依靠科学技术。农场经营管理人员多次参加市区农业农村部门组织的果树种植培训，更新管理理念，掌握最新技术，提升农场种植水平。二是坚持绿色生产。更多施用农家肥、有机肥，减少化肥用量，增施微量肥，提高果品甜度。严格规范农药使用，大量采用生物和物理方法防治病虫害。三是提升产品品质。农场请专门技术工人精心管护果树，采用套袋、防虫防鸟网、架设避雨设施等技术，保持果品外形美观。农场坚持自然成熟原则，不催熟、不打膨大剂，确保果味纯正。通过精心栽培，农场产出来的翠冠梨、五星枇杷等，圆润个大、色香味美，深受消费者欢迎。

开拓市场，打造特色品牌，助力水果销售。一是树信誉立口碑。及时跟进市场需求变化，提升果品质量，硬化采摘便道，提供热情优质服务，树立了良好的市场信誉。二是强宣传重营销。充分利用当地媒体和微信朋友圈进行广泛宣传，联合"梁平万事通"开展水果促销活动，线上与本村的"抖音"网红联合销售，线下利用在二环路边插彩旗、放广播等方式吸引顾客上门。三是四季采摘不打烊。农场四季生产鲜果，2月沃柑、3月樱桃、5月枇杷、7月翠冠梨、8月李子、10月椪柑。市民在农场可随时享受采摘乐趣，一想起水果采摘就想到徐园椿农场。

管控质量，标准化生产。农场把标准化生产作为发展壮大的基石，实行全产业链标准化生产，从未发生过质量安全事故。一是科学选址。农场果园建在土质适宜无污染、水源清洁有保障、阳光充足、交通方便的地方，并逐步向绿色和有机果园发展。二是规范种植。按照技术规范，参考采摘要求，横竖成行、成片种植果树，既有利于果树生长，又方便顾客采摘，整个果园美丽有序。三是精细管理。重点做好肥、水、药管理，采用测土配方施肥，把握用药时机，精准防治病虫害。四是安全生产。严格按照农产品质量安全生产要求做好生产记录，逐一记录农场农事活动、生产资料进出等信息，确保农场生产高质高效安全。

联农带农，共同致富，农场的发展带动了周边乡亲共同发展。一是为村民提供务工机会。聘用当地村民务工，农忙时节性务工人员每天40~50人，按照每人每天60元的标准支付劳务工资，帮助农户增加收入。二是传帮带发展水果产业。农场主徐事有是当地有名的水果种植"土专家"，他免费传授种植经验，带领当地村民发展水果种植1 000多亩，示范带动文春农场、鑫浓农场等果树种植家庭农场，引领当地水果产业健康发展，共同走上致富道路。

13.1.3　四川省遂宁市安居区绍兵家庭农场①

子承父业，集约增效，家庭经营升级换代，四川省遂宁市安居区绍兵家庭农场入选2021年全国家庭农场典型经营管理水平提升案例。四川省遂宁市安居区绍兵家庭农场加入农业产业化联合体，借力技术专家和龙头企业，拓展产品市场销路，打造绿色有机大米品牌，提高生产管理水平。农场还拓展稻鱼共生、生产托管和农旅融合，丰富经营模式，拓宽创收渠道。

绍兵家庭农场位于四川省遂宁市安居区三家镇芦城村，2004年初创，2013年注册，是全省首家种植类家庭农场，现有家庭成员7人，其中劳动力4人，经营面积640亩。农场第一代农场主为旷绍兵，其子旷世力于2007年从城市回到家乡接班，他年轻、好学、肯干，探索走出了一条做精

---

① 四川省遂宁市安居区绍兵家庭农场 [EB/OL]. https://baijiahao.baidu.com/s？id＝1814527720221477227&wfr＝spider&for＝pc.

做强、集约高效的经营之路。2020 年，农场实现经营收入 200 多万元、利润 60 余万元，被评为省级示范农场，农场主旷世力被评为 2020 年度四川省家庭农场风云人物。

流转土地，规模经营。农场创立之初，致力于改变家家户户分散种田的局面，把土地集中起来耕种。一是规范流转。2004 年，农场流转土地 140 亩，按照每亩每年 250 千克黄谷的市场基准价，给予农户土地流转租金。2021 年，再次流转土地 500 亩，扩大水稻种植规模。二是连片成块。在不损害农户利益的前提下，农场通过以整换零、以近换远、以肥换瘦三种方式，将流转的土地连成片，投资进行土地整理，改善基础设施，实现了田成方、土成型、旱能灌、涝能排，便于机械化耕种。三是信守承诺。农场与镇村签订"五不"承诺，即不转包、不抛荒、不搞"农家乐"、不搞非农化、不搞养殖，保证了农场、农户、村集体三方长期合作互利。

高效集约，科学生产。一是优选良种。农场利用地处琼江中下游、雨量充沛、日照充足、适宜水稻生长的有利条件，选择种植宜香优 2112、川作优 619、川优 6203 等优质水稻，并采用绿色防控技术，使用太阳能杀虫灯防治水稻虫害，实现亩产绿色优质水稻 500 千克以上。二是机械耕种。农场投入 30 余万元，购置旋耕机、插秧机、播种机、催芽机、收割机等生产机械，实现了水稻拼地、育秧、插秧、收获全程机械化，效率是传统种植方式的 8 倍，亩均节约生产成本 650 元。三是粮经复种。立足提高土地利用效率，推行"水稻—蔬菜""水稻—中药材"粮经复合种植模式，大春水稻亩产值 4 500 元、秋菜亩产值 2 200 元、中药材亩产值 8 000 元，实现了亩产"千斤粮万元钱"的目标。

精细管理，提质增效，农场提高管理效益。一是借力借智，强化技术支撑。依托区农业农村局专家服务团，获得农资、农机、农技、植保等全方位技术指导；加入三家大米农业产业化联合体，搭上龙头企业的"便车"，严格按照联合体"四新五良七统一"技术规程，进行标准化生产，保证农产品绿色安全。二是全家动员，实行分工管理。农场制定了《绍兵家庭农场成员分工办法》，明确了旷绍兵负责农场全面管理工作，妻子蒋秀芬负责财务，儿子旷世力负责生产，儿媳张东情负责销售，家庭成员各司其职，高效运转。三是辐射周边，带动村民致富。农忙时节，请周边村民来农场打工，工资每天 80~100 元；同时，还利用农场自身的销售渠道，以高于市场价 10% 的价格收购村民种植的水稻，助力周边村民增收。

开拓市场，树立品牌。农场以市场为纽带，做实做活农场产业。一是完善基础设施。农场通过申请粮食补贴、良种补贴、农机购置补贴、中央财政农业生产发展资金家庭农场项目、"银政保"贷款等，完善农场基础设施、添置农机设备，增强了农场生产经营实力。二是精心包装树品牌。农场注册"留庆三家大米"商标，申报有机、绿色产品质量认证，打造了有主体、有商标、有认证的"三有"产品形象。农场定制的大米真空包装礼品售价16元/千克，仍然供不应求。三是走出家门闯市场。积极邀请职业经理人和农业专家到农场实地指导，依托政府网站发布优质农产品销售信息，农场大米成功打入成都、重庆等地大中型超市。

多元经营，产业融合发展。农场在提升效益、做强产品的同时，充分挖掘产业横向组合潜力，提高纵向发展附加值，走出了一条融合发展的新路。一是优化生产结构。农场创立之初，主要实行稻菜轮作模式，受劳动力成本上涨等因素影响，种植效益一直不太理想。2018年，农场按照综合种养标准改造稻田，平均一亩水稻放养鲤鱼1 000尾、鲫鱼100尾。当年，农场产稻田鱼40多吨，经济效益比种植蔬菜提高20%，而且稻鱼共生，米的品质更好，价格翻番。二是开展农业生产托管。2016年以来，农场陆续推出多项农业生产托管服务项目。①产前服务供秧苗：农场每年按1 000亩播栽面积育秧，除满足自身播种外，其余销往周边农户，仅此一项每年就创收8万余元。②产中服务代耕种：农场利用自家农机，联合周边农机合作社、家庭农场等成立了农机服务队，为周边农户提供机耕、机防、机收等农业生产托管服务，年服务面积达1 000余亩，实现业务收入近10万元。③产后服务搞销售：农场以高于市场价10%的价格收购村民种植的水稻，统一销售，既让村民增收，又让村民免于销路奔波之苦，得到周边村民的普遍认可。三是农旅融合发展。农场参与举办稻香节、抓鱼赛等农业休闲活动，谋划开设稻渔综合种养和乡村旅游体验基地，推动农场一、二、三产业联动，跃进新的发展阶段。

13.1.4　四川省广汉市好耕夫家庭农场[①]

四川省广汉市好耕夫家庭农场，铸造品牌开创市场，科学种粮提质增效，入选2021年全国家庭农场典型科学高效种粮案例。四川省广汉市好耕

---

① https://baijiahao.baidu.com/s? id=1745585262818304300&wfr=spider&for=pc.

夫家庭农场采用稻麦轮作模式，应用稻茬小麦免耕直播技术，建设稻米加工生产线，变单纯"卖粮"为加工"卖米"，实现了种粮效益提升。农场还牵头组建广汉市家庭农场发展创业联盟，提供产业引领和劳务服务。好耕夫家庭农场位于四川省广汉市金鱼镇月湾村，创办于2019年，家庭成员5人，雇用常年帮工3人。农场秉承"科技引领、市场为先"的理念，主要种植水稻、小麦，生产销售鲜米、糙米、菜籽油等，成功创办优质粮油品牌"八零耕夫"。2020年，农场销售收入300万元、纯利润60万元。

科学种田，节本增效。农场注重应用农业科技发展适度规模经营，实现节约成本、提质增效。农场主吴春曾经是四川省农业科学院的一名科研人员，从事农业作物栽培科研工作10余年。吴春利用这一优势，与国际玉米小麦改良中心、南京农业大学、四川农业大学、四川省农业科学院等科研单位建立了长期战略合作关系，采用稻麦轮作模式，推广稻茬小麦免耕带旋播种技术，提高黏土通过性和播种质量，每亩用种量为传统方式的一半，实现了全程机械化作业，亩均增产100千克以上、增收300元，实现了效率和效益双提升。

绿色生态，品质优先。农场坚持"绿色种植、品质为先"，通过土、肥、种多措并举，不断提升农产品品质。农场流转土地前，首先对所选地块进行60厘米耕层土壤养分和重金属含量分层测定，坚持租用符合国家标准的田块。农场选用优质水稻品种川优6203、高抗高产小麦品种川麦104等优良品种，有效保证了原料粮的商品特性优良。推广采用灭虫灯、性诱剂、黄板等物理灭虫以及稻茬麦免耕条播、"一喷三防"等技术，减少化肥、农药使用量20%，亩均降低成本40元。农场每年都将原粮和商品大米送官方检测机构进行检验，指标均符合国家标准要求。

产业融合，提升价值。农场按照"一产为主、一二互动"的思路，打破单纯产粮的传统模式，走出了一条产粮、卖米双赢的产业融合发展之路。在坚持做好粮食种植的基础上，农场积极建设稻米加工生产线，提升稻谷的附加值，加速商业化进程。在开展稻米加工前，农场的稻谷平均售价在2.6元/千克上下，亩产值1 600元左右，且在销售环节没有议价权，稻谷年间价格波动较大。开展稻米加工后，农场的大米平均售价为4.8元/千克上下，亩产值接近3 000元；同时，随着产业链的延伸，终端产品售价稳定、价格可控，经营风险进一步降低。

打造品牌，开拓市场。在生产好粮、加工好米的基础上，农场创立

"八零耕夫"粮油品牌，推出"7天新鲜到家"服务，农场产品不仅畅销川内，也走向了全国。农场"八零耕夫"自主品牌成为"腾讯为村"全国首批15家优质粮油产品，获得"四川省扶贫"商标、德阳市区域公用品牌"蜀道"、广汉市区域公用品牌"罐禾禾"的授权，进驻京东商城、有赞等线上销售平台，并在成都、德阳、雅安等地的商场超市进行线下销售，获得消费者的青睐。通过打造"八零耕夫"品牌，农场产品复购率从过去的10%增长到现在的40%，线上平台销售份额从5%增长到35%。

牵线引路，组建联盟。在促进自我发展的同时，农场积极探索推进全市家庭农场资源整合，抱团发展，共同闯市场。2020年，农场联合4家家庭农场，组建了广汉市家庭农场发展创业联盟，目前联盟成员已发展到178家。四川农商银行广汉支行为联盟整体授信6亿元，联盟成员可按程序申请10万~30万元的低息信用贷款，为成员发展提供了资金保障。联盟与邮政集团合作，开设家庭农场联盟邮政快车专线，降低物流成本60%。联盟还同广汉市气象局密切合作，推出农忙时节气象精准日报，精确到乡镇，农场根据天气预报决定粮食收割和田间管理的作业时间和内容，既提高了工作效率，又降低了经营风险。

产业帮扶，带动农户。农场所在的月湾村原是德阳市级贫困村。农场通过产业引领和劳务服务，带动周边150多户建档立卡贫困户一起发展。农场开展农技培训，带领当地贫困户发展水稻、小麦规模种植，并以高于粮站的收购价收购，带动当地大米加工规模发展到2 000多亩，2017年月湾村实现整体脱贫。贫困户江贤俊在农场的帮助下，注册成立了家庭农场，从事粮食规模种植，经过努力年收入达到80多万元，过上了小康生活。农场主吴某先后被评为德阳、广汉两级"扶贫标兵"。

13.2　成渝地区双城经济圈农民合作社典型案例

农民合作社作为新型农业经营主体之一，推动了农村经济的发展，实现了现代农业和小农户发展的有机衔接，对乡村振兴具有重大意义。中国于2007年7月发布并实施了《中华人民共和国农民专业合作社法》，而新修改后的《中华人民共和国农民专业合作社法》于2018年7月1日开始实施，为我国农民合作社的健康发展作出了明确的规定。乡村振兴是党的十九大报告提出并写入党章的国家战略，2018 年的中央"一号文件"提出了 2020 年、2035 年和 2050 年三个阶段的目标任务，将"产业兴旺、生态宜居、乡风文明、治理有效、生活富裕"作为其具体实施方针。要实现乡村振兴，就要以产业兴旺为目标，而农民合作社肩负着产业发展、生态建设、脱贫攻坚等重任，是乡村振兴的一支重要力量。在实现乡村振兴的过程中，组织建设是根本，它包含了农村各种类型的合作经济组织，其中最主要的就是农民合作社。乡村振兴是以农民为主体、政府为主导、市场为基础，多种主体协同发挥作用，在这一过程中，农民合作社可以担当起乡村振兴的主体角色。相较于其他农业生产经营主体，农民合作社具有更多的价值优势、功能优势、制度优势和发展优势，可以成为乡村振兴的主力军。中国不同于西方发达国家，小农户数量众多，要实现农业农村农民的现代化，必须将农业农村农民纳入现代化农业的总体发展轨迹，并持续提升农业农村农民的自我发展能力。然而，基于现代农业农村和小农户自身的特征，现代农业的发展必将排斥传统小农户，如果只靠传统小农户自己的力量与现代农业发展进行有机对接，将是一件非常困难的事情。以小农户为主体的农业现代化，只有通过建立农民合作社才能实现。农民合作社以其低廉的费用，有效地减少了农民合作关系中的风险，是当前农民专业合作社最主要的组织载体。小农户应该利用合作社这个平台来获得生产性服务、经营性服务和金融性服务等现代农业服务，从而让他们与现代农业的发展融合在一起。

13.2.1　四川省广元市朝天区英明农机专业合作社①

广元市英明农机专业合作社因地制宜提供精准服务，实现山区机械化种菜，入选 2021 年全国农民合作社典型案例。英明农机专业合作社致力于山地蔬菜种植社会化服务，购置先进适用的农机装备，因地制宜推广机械化作业，建设农资仓储仓库，按需提供"六统一"综合农事服务，培养专业化服务团队，成为助推山区农业发展的综合性服务组织。

英明农机专业合作社位于四川省广元市朝天区临溪乡场镇，成立于 2014 年 5 月，成员 123 户（其中有 30 户脱贫户），标准化农机库棚 800 余平方米，大中型农机操作手 8 名，各类农机具 167 台（套），价值 320 余万

---

① https://www.gyct.gov.cn/mshow/2f726d07ce9f44f19f3e7cd49819b05e.html.

元。自从成立以来，合作社就一直坚持对操作进行严格的要求，将所有的制度都构建完善，坚持服务创新、技术创新，全力推行农机操作服务，推进农作物规模化种植，取得显著成效，已成为提供马铃薯等蔬菜产前、产中、产后全程机械化服务的农机服务组织。

（1）敢为人先，决心找到高山农业现代化出路。"曾家山"高山露地绿色蔬菜是当地有名的产业品牌，但传统的种植方式导致蔬菜种植效益低，有些农民说"种地不如打工"。合作社积极引入社会资金200余万元，购买了适合山区的各类农业机械27台（套），打造全程、综合服务平台，为农户提供集中育苗和各类农业生产全程机械化等"一站式"服务，成为山区产业发展的助推器、农民增收的好帮手。

（2）敢闯敢试，探索山区机械化"一条龙"作业。为改变蔬菜种植以机耕机防、人种人收为主的实际情况，合作社大胆探索，定制改装农机具，购买马铃薯播种机、中耕培土机、无人植保飞机、收获机、高床辅助收获平台、杀秧机等，解决了马铃薯种植、植保、杀秧、收获、转运的机械化问题，实现全程机械化生产服务，进一步稳固了服务对象。仅两年时间，合作社服务面积从200亩发展到4 200亩，为农户每亩增收近300元，合作社实现收益近5万元。通过购买蔬菜精量育苗流水线、移栽机、起垄施肥覆膜机、灭茬机等，进一步实现了辣椒、甘蓝等蔬菜育苗、栽植的机械化，每年育苗5 000余亩，机械作业面积2 500亩，为农户每亩节约成本150余元，合作社实现收益近25万元。

（3）因地制宜，多样化推广山区农业机械化作业。合作社因地制宜推广农机作业服务。在高标准农田、现代农业园区等宜机化程度较高的区域，积极推进"播种至收获"全过程机械化，为农民提供服务的农田达22 000多亩，农业综合效益显著。其余地区则采取机械和人力相结合的办法，使机械化程度达到最大。在经营模式上，坚持示范先行、大小结合，订单和托管同步。合作社已经流转了800多亩土地，用来试验品种、试验技术、试验农机，比效益、做示范、做总结。目前，合作社已经与两家公司、六个蔬菜专业合作社、四个村民小组的300多户农民签订了农机操作合同，每年的机械操作服务面积已经达到了32 000亩。在利益结合方面，按照生产规模，将可分配利润的70%返还给合作社村民，村民可以享受股份分红，可以优先安排农机作业，可以优先享受代管和托管服务；对入社工作者给予优先考虑和其他福利。

（4）顺应需求，实现综合农事"六统一"服务。提高服务水平，提高生产品质，建立农资仓库 500 平方米，与农民签订购货合同 28 000 多亩，实行种苗供应统一、技术服务统一、农资采购统一、病虫害防治统一、贮藏加工统一、包装销售统一的"六统一"服务，平均每户农民每年增产近 500 千克，增收约 500 元。在农业机械维修、统一采购等方面，该合作社已为农民带来了 5 万多元的收益。

（5）创新管理，致力精准服务实现多元化经营。合作社注重品牌打造，开展产品加工包装、绿色食品和有机食品认证，"曾家山"品牌蔬菜第一次在全国范围内进行了"农超对接"，已有 20 余家农村电子商务企业参与其中，直供超市蔬菜的附加值提高 2.6 倍。通过 360 互联网"农机帮"获取一手资源，并在微信平台实时共享。利用农业机械智能终端系统，可以对每位机手的操作情况进行追踪和把握，同时还可以询问服务对象的建议，并随机抽取其服务质量评价。以生产为本，以顾客为本，统一为成员提供"一站式"服务，将重点人群发展为 VIP 农户，稳定服务对象，推行"订单作业"，开展"六代"（代耕、代种、代管、代收、代购、代销）服务。

（6）重视人才，打造一流的专业化服务团队。合作社注重人才培养，支持成员通过自学、自考等方式获取专业知识。最近几年，合作社成员利用自学考试等途径获得了 1 个本科学历、3 个专科学历；合作社出资送 2 名无人机操作手、5 名农机维修人员、6 名农机驾驶员到相关培训机构进行系统学习，考取资格证书；帮助各村培训合格农机操作手 200 余名、农机修理人员 60 余名，解决农村就业人员 80 余名，与 3 名生活困难机手签订长期工作协议。合作社成立了农作物种植部、农机作业管理部、农资销售部、中药材种植部、机械维修部、蔬菜销售部、网络营销部，打造了一支适用于山区的农业机械化服务队伍。

13.2.2　重庆市奉节县铁佛脐橙种植股份合作社①

重庆市奉节县铁佛脐橙种植股份合作社积极发展特色产业，加强合作

---

① https://gongshang.mingluji.com/chongqing/name/%E5%A5%89%E8%8A%82%E5%8E%BF%E9%93%81%E4%BD%9B%E8%84%90%E6%A9%99%E7%A7%8D%E6%A4%8D%E4%B8%93%E4%B8%9A%E5%90%88%E4%BD%9C%E7%A4%BE.

促农民增收，入选 2021 年全国农民合作社典型案例。铁佛脐橙种植股份合作社加强规范化建设，探索决策权与经营权分离，由成员大会通过一人一票民主选举理事会成员、确定盈余分配方案、商定产业发展重大事项；由理事会负责具体的专业化运营，优先面向合作社成员招聘专职管理人员，按交易量（额）向成员返还可分配盈余，建立起合作社与成员利益共享、风险共担的联结机制。

重庆市奉节县铁佛柑橘专业生产经营合作社，坐落在中国的"脐橙之乡"——重庆市奉节县康乐镇铁佛村。该公司成立于 2009 年 1 月，成员出资总额 1 200 万元，合作社成员 756 户 2 245 人。经过多年稳步发展，种植面积由 400 亩发展到 3 000 多亩，2020 年实现总产值 3 800 万元，带动 1 500 多个农户发展，使之变成了本地农户增加收入的一个主要来源。合作社在 2014 年被评为国家农民合作社示范社。

（1）健全组织架构，探索决策权与经营权分离。一是健全三会制度。合作社设立成员大会、理事会和监事会，理事会内设办公室、财务部、营销部、技术部、项目部。合作社理事会面向社会公开聘用文秘、财务、技术、营销等方面的专职管理人员 12 名，在同等条件下优先聘用合作社成员。二是实行内部决策权与经营权分离。合作社严格按照"民办、民管、民受益"和"服务系列化、经营实体化、形式多样化"的原则，实行理事会统一领导、监事会民主监督、重大事项民主决策的运行机制。在权益决策方面，以成员大会为核心，以一人一票为原则，决定理事会选举、综合效益分配、产业发展等事项。在经营决策方面，由理事会负责专职化管理与运作，理事会成员以"工资+绩效"的形式获得报酬。三是严格财务公开。合作社聘有专业财会人员持证上岗，实行独立的会计核算，根据公司的有关规定，对公司的各项支出进行合理的核算，并在每个月的末尾进行经常性的财务公示。成员与合作社进行的一切商业往来，均以真名存入成员的私人账户，对非成员同合作社发生的一切业务往来，实行分开登记、分开会计。在一个会计年度结束的时候，合作社准备好年度业务报告、盈余分配方案、亏损处理方案以及财务会计报告，经过监事会的审核之后，在成员大会召开后的 15 天内，将其放在自己的办公地点，以便成员查阅，并接受成员的询问。

（2）推动科学种植，增强市场竞争力。一是引进优良品种，优化产品结构。合作社还在大力发展脐橙特色新品种，坚持"主业多品""一主多辅"的发展方针，以"95-1"为主体，以"72-1"中熟脐橙为主，并结合当地的土壤和气候条件，引入了"鲍威尔"等优良新品种。通过多年来的选育和改进，"鲍威尔"已成为奉节地区典型的晚熟型脐橙，将采摘期延长至次年4月，把铁佛村打造成了全县特色鲜明的晚熟脐橙种植基地。二是推行"绿色化"的生产模式，提高脐橙的质量。合作社改变了以往的化肥施用方法，大力推行"肥水灌溉"，不仅降低了种植费用，而且减少了化肥的使用量，使脐橙的质量得到了明显的改善；与传统栽培相比，脐橙单位面积增产15%。2020年，合作社推广面积达5 000余亩，实现了基地种植户全覆盖。三是引入循环农业技术，促进农业可持续发展。合作社利用畜牧养殖与果树共生性强的特点，兴建一座年出栏3 000头生猪的养殖场，建设生猪粪便无害化处理和利用工程，形成"猪—果"循环农业模式，为示范基地一半的种植园提供有机肥灌溉，减少了化肥及农药用量，促进了农业可持续发展。

（3）夯实产业基础，拓宽农产品营销渠道。一是兴建储流平台，延长上市周期。在市政府和县政府的大力支持下，该合作社于2012年建成了一座占地面积7 000平方米、单次冷储能力为3 000吨的冷链物流中心，保证一年八个月的脐橙新鲜水果销售，实现了从生产到包装再到冷藏再到销售再到运输的"一条龙"服务。二是对商品进行了品牌登记，并实施了规范化的生产。建立了一套完善的投入管理制度，建立了生产档案制度，建立了基地准出制度；建立了一个可以追溯的系统，从而构建出一个产供销全过程质量管理体系，实行工艺规范一本书、生产档案一本账、园区通行一条路、肥水保果一口池、果实增甜一包肥、预冷预贮一间房、理化诱杀一张板、无疫栽植一个罐、以螨治螨一袋虫、绿色防控一盏灯的"十个一"工程，成功申报了"铁福春"品牌，并获得了"迟熟脐橙"的"绿色食品"认证，通过了晚熟脐橙绿色食品认证。三是拓宽销售渠道，强化市场营销。合作社在重庆、成都、西安、广州设立了奉节脐橙直销点，实现与商业连锁企业的"农超对接"；利用淘宝、京东开辟网络销售平台，形成"礼品果+超市果+网络果+散果"的市场营销体系，构建了横贯东西、纵连南北的销售网络。

（4）密切利益联结，提升服务能力。通过拓宽成员筹资渠道，提高成员服务成员的水平，并与成员形成利益共享和风险共担的联结关系。一是要拓宽融资渠道。实行资金、土地和果树并用；采用技术等多种出资方式，采用"合作社+基地+农户"的模式，对其进行统一管理、统一收购、统一加工、统一销售。二是保底收购成员产品。合作社收购成员产品，在3元/千克保底价的基础上，根据市场行情由成员代表大会研究决定最终收购价；合作社结余的40%记入成员的账户中，用作合作社的发展资金，剩下的60%根据成员与合作社之间的交易金额予以退还。三是推广订单销售。合作社率先在奉节县内实行订单销售，统一销售指导价，形成良性营销机制，避免无序竞争，保护果农和客商利益。2020年，合作社销售脐橙4 800吨，销售收入2 880万元，盈余208万元，合作社成员分红60余万元。

（5）强化技术培训，参与脱贫攻坚。一是加强技术训练，促进技术进步。合作社以重庆市农技中心、奉节县脐橙研究院为技术支持，长期聘用专业技术人才，大力推行"树开窗""植草""施有机肥"的经营模式，采用生物药剂、农药灯、黏虫板、捕螨、喷雾剂和冬季防冻相结合的综合性实用技术。合作社组织了30余场农业生产技术培训班，累计参加人员6 500人。公司的种子统一繁育、农资统一采购、病虫害统一防治，均达到100%，大大节约了企业的生产成本。二是实行"四优先一保障"，对贫困家庭的成员给予帮助。对贫困人口的技术指导、农业生产物资的供给、技术训练和在合作社中的工作机会的分配，向贫困户成员提供所有商品的担保，有69个在当地提供的工作机会被提供给了成员，成员为他们的家庭提供了425吨商品，他们的家庭平均年销售额达到了1.77万元。到2019年底，60名贫困农户已全部脱贫。三是成立劳动服务队，解决农村闲置人员就业。合作社积极吸纳帮扶周边农户入社，组织周边闲置劳动力成立劳动服务队，定期无偿组织技术培训。采取合作社牵线、成员及村民提前预约、服务队上门有偿服务的模式，组织服务队进行镇内流动服务。服务队已吸纳并培养50多名成员，仅2020年10—12月就创收50余万元。

13.3 成渝地区双城经济圈农业产业高质量一体化发展案例

13.3.1 "双昌"农业产业园①

　　成、渝两地打造现代高效特色农业带，"双昌"合作园驶入"快车道"。在成渝地区双城经济圈建设背景下，2021 年 3 月，重庆荣昌与四川内江隆昌携手共建"双昌"农业产业园，打造成渝现代高效特色农业带。该产业园由荣昌区安富街道、盘龙镇、龙集镇、荣隆镇和隆昌市石燕桥镇、胡家镇、界市镇、普润镇"七镇一街道"组成，园区总规划面积 19.6 万亩，其中，荣昌 10.1 万亩，隆昌 9.5 万亩。"双昌"农业产业园按照坡上猪场油茶（茶园）种养循环、旱地高粱油菜轮作、水田稻渔综合种养的发展思路进行产业布局，实行"生产+科技+加工+服务"一体化发展，涉及道路交通、高标准农田、智慧稻渔基地、智慧示范猪场、农旅融合、科技创新、农产品加工物流、美丽新村建设等 30 余项建设任务。产业园打破行政区划界限，探索优势互补、产业协同、资源共享、政策叠加、合作共赢的跨区域合作模式和体制机制创新。据悉，稻渔综合种养产业是"双昌"农业产业园首要推进的合作方向。双方建设稻渔综合种养基地，构建"多位一体"的稻渔产业模式，突破四大家鱼传统养殖模式，开发稻鱼、稻虾、稻蟹、稻鳖、稻鳅等多种稻渔综合种养模式，优化水产品结构，联合打造"双昌"稻渔公用品牌。规划到 2025 年底，提升和新建稻渔综合种养产业基地 4.4 万亩。

　　荣昌猪是重庆畜牧业的一块金字招牌，而四川省的生猪养殖规模也排在全国前列，川、渝两地相关地、市、区、县协同做强生猪产业，做强产业链，为成渝地区双城经济圈建设赋能。在位于荣昌区的国家级生猪大数据中心内，智能猪场养殖监测电子屏上，可以看到四川绵阳戴富珍猪场的实时情况，猪只的吃喝情况、站立还是躺下的姿势，都一目了然。有了这个直观的数据，养殖户就能立刻判断出家猪的健康情况。这套设备全称为"全国智能畜禽养殖（生猪）试点区项目"，为全国中小养殖企业尤其是川

---

　　① https://www.cq.gov.cn/zt/cydqscjjq/chscjjhjjq/202407/t20240710_13363458.html.

渝地区的中小养殖户提供了智能化解决方案。

荣昌区与四川畜牧兽医局、重庆畜牧兽医局合作，在川、渝两地的大型养殖企业、屠宰企业、农贸市场等建立了 34 个数据采集点，并对川渝地区的"能繁母猪指数""重庆母猪指数"和"重庆母猪存栏量"进行了系统的统计分析。从 2021 年至今，川、渝两地已实现了接近 1 200 万条的猪肉行业信息共享，成为川、渝两地猪肉行业发展的"数字引擎"。据悉，该中心计划在四川遂宁、重庆万州等落地成渝地区双城经济圈国家生猪大数据中心区域中心 10 个，生猪智能养殖、溯源消费、粪污资源化利用、无纸化出证系统等数字产品在川、渝两地投用，赋能川、渝两地生猪产业发展。同时，建立成渝地区双城经济圈国家生猪大数据中心建设合作机制，形成共建国家生猪大数据中心的发展新格局。

13.3.2　安岳县—大足成渝现代高效特色农业带合作园区

唱响"双城记"，努力建设新的增长极、新的动力源泉，引领国家实现高质量发展。2021 年，四川省安岳县与重庆市大足区围绕粮食、中药材产业开展合作园区建设试点，探索经济产业合作新机制、新模式。合义乡是安岳县中药材种植基地乡，是川白芷原产地之一，在省内外具有较高知名度。白芷具有极高的食用和药用价值。合义乡常年种植白芷 1 000 余亩，亩产 400 千克，年产量 400 吨，产值达 1 000 万元。近年来，合义乡又大力发展中药材黄精种植，目前种植面积已达 1 000 余亩。村民田意强家改造后的 20 余亩高标准农田便位于合作园区内，他按照一年三季分别种植春莴笋、辣椒、早秋莴笋模式，收入相当不错。合义乡和大足区铁山镇合作园区的核心地带里，有 3 500 余亩农田进行高标准改造，将大力推进有机高效栽培技术和种养循环模式，发展水稻、小龙虾、中药材三种产业，力争做到每一田块全年种养殖无缝连接，经济价值成倍增长。

第4篇

建议篇

14　成渝地区双城经济圈发展农业新质生产力研究

14.1　农业新质生产力的概念与内涵

14.1.1　农业新质生产力发展的时代背景

党的二十大报告明确指出，实现高质量发展与全体人民共同富裕是中国式现代化进程的中心目标，而农业农村高质量发展是建设现代化农业强国、实现农民农村共同富裕的必然选择。2023 年 9 月，习近平总书记在黑龙江考察时首次提出"新质生产力"的概念，"新质生产力是创新起主导作用，摆脱传统经济增长方式、生产力发展路径，具有高科技、高效能、高质量特征，符合新发展理念的先进生产力质态"，"新质生产力本身就是绿色生产力"。此后，学界围绕新质生产力开展了一系列研究，对其科学内涵、战略意义、实现路径等进行了理论探讨。我国已进入新发展阶段，贯彻新发展理念、构建新发展格局、推动高质量发展，发展新质生产力是内在要求和重要着力点。

农业作为国民经济的重要组成部门，同样要依循这个大逻辑。习近平总书记在中共中央政治局集体学习会议上，强调了发展新质生产力是推动高质量发展的内在要求与重要着力点。农业不仅是国家发展的根基，也是国家强盛的基础，它对中国经济增长的质量具有决定性影响。缺乏农业的现代化，将导致整体现代化的不完整和不稳固。因此，必须聚焦于加速农业强国建设等关键战略任务，合理规划科技和产业创新。推动经济高质量发展，农业领域面临着最为艰巨和繁重的任务，同时也是最广泛和坚实的基础。我们迫切需要以创新的生产力为引擎，加速推进中国农业现代化。这不仅是对传统农业生产方式的一次重大革新，也是对农业发展模式的一次深刻突破。农业作为传统产业、基础产业，是发展新质生产力的重要领域。农业在劳动者、劳动资料和劳动对象方面具有特殊性，发展农业领域新质生产力既要遵循创新驱动等新质生产力发展的一般规律，更要立足我国农业资源禀赋、农业"压舱石"特殊使命，长远看要锚定建设农业强国目标，现阶段要锚定稳产保供目标，把农业生产可能性边界拓展、农业综合生产能力提高建立在农业全要素生产率提高的基础之上。

目前，以基因技术、生物技术、人工智能技术、新能源技术和新一代信息技术等为代表的新技术革命浪潮正在席卷全球并加速向农业领域深度渗透、跨界融合，极大地丰富了农业劳动对象，拓展了农业生产边界，创造了现代农业发展的新空间，也为农业新质生产力的形成提供了深厚的土壤。

14.1.2　农业新质生产力的内涵解析

农业领域新质生产力是由科技和改革双轮驱动，运用现代生物技术、数字技术、人工智能技术等，大力发展循环农业、精准农业、智慧农业，逐渐摆脱主要靠耕地、淡水、化肥、农药等资源要素投入的粗放型外延式发展路径，具有高科技、高效能、高质量、可持续特征，符合新发展理念的先进农业生产力质态。学者杨军鸽和王琴梅认为，数字新质生产力的发展会产生数字农业领域新质生产力，推动农业高质量发展[①]。刘长全认为，农业领域新质生产力能够通过增产、节约、延展和生态化路径推动农业现代化[②]。结合学者对农业领域新质生产力的理解和分析，李宏伟认为，农业领域新质生产力是指以颠覆性农业技术为代表，在农业技术、经营模式、市场机制等方面取得关键性突破的全新生产力[③]。农业领域新质生产力以绿色生产经营理念主导劳动力、土地、能源、资本等农业生产要素配置，形成和农业绿色发展相匹配的新型生产关系，促进实现共同富裕。通过农业生产方式的绿色转型，从产前绿色投入品开发使用，到产中绿色技

---

①　杨军鸽，王琴梅. 数字农业新质生产力发展水平的地区差异及收敛性［J］. 西安财经大学学报，2024，37（X）：1-15.

②　刘长全. 颠覆性农业技术促进农业现代化的作用机制与实践路径［J/OL］. https://m.sohu.com/a/726301800_121123712? _trans_=010004_pcwzy.

③　李宏伟. 以新质生产力赋能农业生态产品价值实现［J］. 人民论坛·学术前沿，2024（10）：63-70.

术模式的创新，再到产后的资源化利用农业废弃物，全链条、全流程推动农业可持续发展。

农业领域新质生产力源自科学技术革命性突破、生产要素创新性配置、产业深度转型升级，以劳动资料、劳动者、劳动对象及其优化组合的跃升为基本内涵。

农业领域新质生产力是劳动资料从常规投入品向新型投入品跃升的农业生产力质态。劳动是财富之父，土地是财富之母。要在守住耕地红线的同时，加快高标准农田建设，加强退化耕地治理，提高土壤有机质含量，以耕地质量的跃升提高土地产出率。农业领域新质生产力是劳动对象从常规动植物品种向高产优质耐逆动植物品种跃升的农业生产力质态。好儿要好娘，好种多打粮。如今我国优良品种对提升农业产出的贡献为45%以上，而发达国家普遍达到了60%以上。我国玉米与大豆单位面积产量分别仅为美国的六成和七成左右。要针对制约种业振兴的关键卡点，把新型举国体制的优势充分发挥出来，以重大创新平台、大型企业为龙头推进联合研发和应用协作，推动重大品种的研究、开发、推广、应用一体化。农业领域新质生产力是生产要素组合从传统种养业向新产业新业态新模式跃升的农业生产力质态。劳动者、劳动资料和劳动对象以小规模家庭经营为平台、以传统种养业为载体实现组合，有其历史必然性和现实合理性。随着农户的不断分化、大型农业机械规模经济临界点的扩大、信息技术的渗透等深刻变革，需要以家庭农场、农民合作社等新型经营主体和生产托管、服务外包等新型经营形态承载农业领域新质生产力。实现生产要素的创新性配置，农业新质生产力不仅包括劳动力、土地与资本等传统的生产要素，还涵盖了数据、技术、管理等新的生产要素，通过生产要素的优化组合，延长农业的产业链，提升农业的价值链，推动一、二、三产业协调发展。

14.1.3 农业新质生产力的特征及发展农业新质生产力的必要性

我国"三农"具有特殊性，决定了农业新质生产力具有以下特点：一是农业生产的长周期、低效益、高风险性，决定了农业新质生产力需要具备较强的韧性；二是人多地少、资源紧缺的现实决定了农业新质生产力需要具备较强的集约导向；三是当前和未来一段时间内，以小农户为基础的经营方式决定了农业新质生产力需要具备更好的兼容性和包容性。

优先培育农业领域新质生产力是推动新质生产力发展的必然要求。作为国民经济的第一产业，农业不仅是经济的基石，也是构建现代产业体系的基石。长期以来，中国的农业发展取得了令世界瞩目的成就，以仅占全球9%的耕地资源，成功养活了近20%的世界人口，解决了全中国14亿人口的温饱问题。但同时，中国农业也存在一些短板。例如，食用植物油、大豆、奶类、肉类等农产品进口量持续提升；农产品品质和美誉度有待继续提升（韩一军，2023）；农业的劳动生产率和世界农业强国相比仍有着较大差距；种子来源等还面临"卡脖子"压力（孔祥智、何欣玮，2022）；农产品的国际竞争力和产品安全保障能力仍然有待加强；等等。只有大力发展农业领域新质生产力，才能破解目前农业发展面临的短板制约，夯实农业在现代化产业体系中的基础地位，推动服务业和工业等其他产业高质量发展，从而打造竞争力强、安全可靠、自主可控的现代化产业体系。发展农业领域新质生产力是实现中国式现代化的主要推动力，农业领域新质生产力不仅能够提升传统产业的竞争力，推动新兴产业快速发展，还能够促进农村就业创业，缩小城乡差距，增加社会财富，实现共同富裕。

14.2 成渝地区双城经济圈农业新质生产力的发展现状

14.2.1 发展农业新质生产力的优势

14.2.1.1 农业科技方面

成渝地区双城经济圈拥有丰富的科技创新资源和丰富的创新成果，是我国西部地区高等教育机构、研究机构和科技专业人才的集聚地。此外，该地区也是国家重要的三大种子产业基地之一。相关数据表明，成渝地区汇集了66所涉及农业的高等教育机构和研究机构，其中作物学与生物学等学科已入选国家"双一流"学科建设计划。该地区还拥有6个国际合作实验室和科研平台、86个国家级科技创新基地和综合实验站、63位国家级农业科学家、18支省级现代农业产业创新团队，以及319位省级以上学术领军人物和享受政府特殊津贴的专家。中国农业科学院的三个研究机构已在成都设立，并正在成都建设国家级现代农业科技创新中心，以推动该领域的进步。成渝地区双城经济圈农业科技进步为都市现代农业的繁荣提供了强有力的支撑，提供了农业科技创新的稳固基础。此外，成渝地区的农业科技推广与服务体系已经相当成熟。该地区致力于创新推广方法，以满足农民的技术需求为基础，旨在提高农业技术的普及程度。通过创新服务购买机制等策略，积极推广新品种、新技术、新经营模式和新管理体系。同时，成渝地区已经建立了一种新型职业农民培训模式，以增强农业科技服务的能力。该区域的雄厚科技实力和创新成就，极大地促进了成渝经济带在农业科技领域的合作与发展。

近年，成渝地区的高等教育机构、研究机构以及企业等持续加强彼此的联系与合作，区域协作基础日益坚实，科技与产业的协作也在不断深化，合作成果开始显现。例如，以产业发展为例，西南大学下属的柑橘研究所即"中柑所"已与资阳、眉山等地区的柑橘种植区建立了牢固的合作关系，共同推动了西南区域柑橘产业的兴盛与成长。在人才发展策略上，成都市致力于提升农业领域的吸引力，以培养高端、专业、紧缺人才为目标，制定了具有明显竞争优势的人才培养政策。通过深化"人才+项目+资本"的联合引才机制，成都市正努力成为国际领先的农业人才和价值实现的中心。同时，成都市农林科学院与西南大学联手，建立了由农业农村部和教育部支持的"西南大学—成都市农林科学院农科教合作人才培养基地"，在项目申请、粮油作物、蔬菜新品种培育、农业机械装备等领域开展了深入合作。这种合作基础，为成渝经济带的农业科技协同发展带来了强劲的推动力。

14.2.1.2 农业产业方面

成渝地区双城经济圈的农业产业以油料作物和粮食种植为主，近年来，蔬菜和水果的产量也在稳步增长。根据四川和重庆两地的统计年鉴，川渝地区的粮食产量持续超过 4 500 万吨，大约占全国粮食总产量的6.9%。油料作物的产量在全国的份额为12.4%，总量超过 400 万吨。特别是在 2021 年，成都的粮食产量达到了 230.6 万吨，而重庆的产量高达1 092.8 万吨；成都的油料产量为 34.7 万吨，重庆则为 68.5 万吨（刘文等，2023）。成都的主城区专注于都市农业的发展（彭锐 等，2021），成都平原中部地区以丰富的粮油、畜禽和蔬菜产出著称，西部地区则以特色农产品如药材、茶叶、猕猴桃和食用菌等闻名，东部地区则以粮油、蔬菜和畜禽生产为主。重庆的农业发展呈现为"一核心两圈层"的格局，核心区域以园艺农业为主，内圈层主要生产蔬菜等生鲜农产品，外圈层则以水果和茶叶产品为主，这一发展模式与重庆的城市化进程相协调。表 14-1对比了 2012 年与 2021 年成渝地区主要农产品的产量变化情况。

表 14-1　成渝地区 2012 年与 2021 年主要农产品的产量变化情况

单位：万吨

类别	成都		重庆	
	2012 年	2021 年	2012 年	2021 年
粮食	255.6	230.6	1 060.5	1 092.8
油料	27.0	34.7	49.2	68.5
蔬菜	1.7	2.3	3.1	5.1
茶叶	538.6	630.7	1 508.4	2 184.3
水果	118.2	173.2	280.3	553.2
禽蛋	19.7	18.0	35.7	47.9
猪肉	74.7	30.2	138.0	142.0

数据来源：《成都统计年鉴（2022）》《重庆统计年鉴（2022）》。

　　成渝地区双城经济圈农业新业态和新产业不断更新，三产融合得到快速发展。自 2006 年国家废除农业税后，农民不再需要缴纳传统的"公粮"，中央政府对农业的支持力度也随之加大。随着社会经济的持续发展，农业展现出了新的功能，催生了多样化的新兴产业和业态。农产品加工业作为农业工业化的产物，以及农业与旅游业的结合，催生了休闲农业和田园康养等新型产业模式。在川渝地区，农业与旅游、文化等产业的融合已经成为一种趋势。到了 2020 年，川渝地区的农产品加工产值达到了农业总产值的 1.5 倍，精深加工显著提升了农产品的附加价值，延长了保质期。休闲农业和乡村旅游吸引了约 5.3 亿人次的游客，创造了 1 187 亿元的综合经营收入，成为全国领先者。互联网和数字技术的应用提高了农产品的销售效率，使得大量原本难以销售的农产品得以通过网络平台销往国内外，科技的进步也在农业生产的各个环节中发挥了重要作用，推动了农业现代化水平持续提升。

14.2.2　发展农业新质生产力的制约因素

14.2.2.1　农业科技水平有待提升

　　尽管成渝经济带近年来在农业科技领域的发展上取得了显著成就，政府对农业科技的支持不断加强，科技政策体系、推广服务等方面均有显著进步，科研环境呈现出开放态势，然而，面对国内领先城市，成渝地区在农业科技创新、成果转化以及体制机制创新等方面仍有较大的提升潜力。当前,推动农业新质生产力的发展迫切需要科技助力。

(1)农业生产技术落后。成渝地区双城经济圈农业生产种植技术普遍较为落后,缺乏高效农业和现代农业技术,如高效灌溉、精准施肥等技术,导致其生产规模有限、生产效率不高、产业集聚程度不足等问题。在成渝地区双城经济圈,许多养殖业是以传统方式进行的,缺乏现代化养殖设施、科学的饮食调理、疾病防治以及环境控制等技术支持,这不仅制约了养殖业的发展速度和产品质量,还可能带来食品安全隐患

(2)当前的发展阶段与乡村全面振兴的目标尚未完全契合。根据实地调研结果,成渝地区双城经济圈的农业科研实力尚未达到支持农业和农村高质量发展的要求,其对现代都市农业及乡村全面振兴的推动作用不足。

(3)农业科技创新潜力有待充分挖掘。目前,成渝地区双城经济圈的农业科技规划和布局尚未完全体现国际视野,需要进一步优化。农业科研项目中存在的重复劳动和资源分散现象亟待解决,项目的立项流程也需要进一步完善。一些农业科技企业过分关注短期利益,缺乏持续的创新动力,依赖外部支持,其自主创新能力未能满足都市现代农业发展和乡村全面振兴的需要。

14.2.2.2 产业结构不够多元化

成渝地区位于长江上游区域,有着相近的纬度和气候条件,以及多样化的地理特征,这些因素使得两地种植的作物种类具有较高的相似性。这种相似性导致了两地农业产业的高同质性,进而可能引发竞争,包括不利于区域发展的恶性竞争。这不仅加剧了资源的紧张状况,还可能导致区域内市场产品过剩。目前,成、渝两地在农、林、牧、渔各领域的布局比重相近,主要农产品包括粮食、油料、蔬菜、水果和生猪等,这些产品种类在两地都颇为普遍。例如,重庆的奉节和万州与成都的蒲江在柑橘产业上存在同质化;重庆的涪陵与成都的郫都在泡菜产业上也表现出类似情况。这种产业的同质化趋势阻碍了两地在产业链不同环节实现差异化发展和协同合作的可能性。成渝地区双城经济圈的城市化进程较快,以及土地的城市化、工业化及建设用地占用等原因,导致了农业经营的规模缩减和产业构成趋向单一化等一系列问题

14.2.2.3 高质量涉农人才相对欠缺

人才是推动地区社会经济发展的关键资源,拥有专业技能的人才能够

为地区发展带来持续的创新动力。在21世纪，人才的竞争愈发激烈。东部地区的许多城市通过各种措施积极吸引并留住优秀人才，以促进地区发展。然而，相比之下，川渝地区在人才政策上的影响力相对较弱，尤其是在农业和农学领域的专业人才方面，显得尤为不足。此外，在招聘过程中，农业相关部门往往对专业要求较为严格，导致相关专业岗位较少，而行政岗位较多。这种情况限制了农业专业人才进入农业管理领域，影响了农业工作的专业化水平提升。成渝地区农业新质生产力的发展迫切需要加强农业人才的交流与合作，而高素质农业人才的缺乏和就业不匹配，进一步制约了农业高质量发展的步伐。

尽管成渝地区双城经济圈在农业科技人才储备上具有一定规模，但在该领域内顶尖专家和创新团队的数量相对较少，具有全球视野和达到国际水准的农业领军人物更是稀少。目前，农业科技领域对于能够跨界整合知识的复合型人才的需求迫切，特别是那些既精通农业科研又能推动科技成果应用的人才更是供不应求。农业科技人才的引进和培养体系需要进一步优化和发展，引进人才的方法应该更加多样化，培养人才的途径也需要更加广泛和深入。尤其是在培养具有创新精神的农业科技人才方面，现有的培养机制还未能充分满足市场的需求。此外，为了提升对人才的吸引力，农业科研工作者的薪酬待遇需要提高，科研工作环境也需要进一步改善，科研机构人员的流动性也应得到加强，以促进知识的交流和更新进而促进创新。

14.2.3　成渝地区双城经济圈农业新质生产力政策梳理

成、渝两地出台了多项惠农政策，通过政府的协调规划，各地区根据实际情况开展了具有地方特色的农业模式。2010年，成都市为了促进现代农业的快速发展，发布了《成都市现代农业发展规划（2010—2020）》，该规划着重于农产品生产的标准化、规模化和区域化，首次明确了都市农业的基本发展框架，并设定了成为西部领先、全国先进的目标。同年8月，原农业部选定了50个地区作为首批国家现代农业示范区，成都市被列为整体推进示范区，随后成都市发布了《成都市国家现代农业示范区建设规划（2011—2015年）》，该规划遵循发展"高产量、高品质、高效率、生态友好、安全可靠"的农业指导思想，以期实现建设世界级现代田园城市的历史使命和长期目标，加快了成都农业向现代化转型的步伐（冯晟臻 等，2022）。

成都市进一步制定了《科技成果转化与知识产权政策措施实施细则》，致力于畅通政府、企业、高校和研究机构之间的协同创新路径，加速形成知识产权的全面保护体系。该政策旨在全面提升创新成果的供给能力，推动科技成果的权益改革，激发城乡一体化发展的创新与创业动力。政策还鼓励在成都的高等教育机构和科研单位实施职务科技成果的权属多元化改革，赋予这些单位更大的自主权，以促进科技成果的有效转化和应用（杨坤等，2019）。

2012 年，重庆市发布了《关于加速推动农业现代化的若干建议》，旨在主城区周边建立都市现代农业的示范区域。该建议设定了政策目标，即到 2017 年，重庆市的现代农业发展取得显著成果，主城区及周边农业区域率先达到农业现代化的标准，力争使全市的农业现代化水平在西部地区处于领先地位。同年 12 月 26 日，重庆市政府办公厅进一步发布了《关于促进都市现代农业发展的指导性意见》，强调到 2017 年，主城区农业区域的都市现代农业发展达到西部地区先进水平，并在全市范围内率先基本完成农业现代化转型。2019 年，重庆市又推出了《关于加速现代农业产业园区建设的指导性意见》，旨在创建一系列国家级现代农业产业园区。

我们从成、渝两地的政策发展可以看出两个主要趋势：首先，成都市在推动都市农业发展上起步更早，并且规划的起点更为先进；其次，成都市倾向于支持农业向规模化和集约化方向发展，而重庆市则更注重扶持小型企业和具有地方特色的乡村发展。自 2018 年起，《中共中央　国务院关于构建更有效的区域协调发展新机制的意见》就强调以成都和重庆为双核心，带动成渝城市群整体发展。2020 年，《成渝地区双城经济圈建设规划纲要》发布，进一步提出了共同建设国家级农业高新技术产业示范区的目标。2021 年，四川与重庆两省市的政府办公厅联合发布了《成渝现代高效特色农业带建设规划》，这标志着成渝地区双城经济圈及其农业产业在国家发展战略中的重要性得到了进一步的加强和提升。

14.2.4　农业新质生产力一体化发展评价指标体系

14.2.4.1　评价思路

在构建农业新质生产力一体化发展评价指标体系时，评价思路是构建这一体系的首要步骤和基石。评价思路是确保评价体系有效性、合理性和科学性的关键。它可以从宏观和微观两个层面来综合考虑农业发展的现状、趋势和潜力。在宏观层面上，评价思路要与国家农业政策、区域发展战略以及全球农业发展趋势相协调，以确保评价指标体系能体现国家与区域农业发展的整体需求与目标。在微观层面上，评价思路应深入农业生产的各个环节，包括种植、养殖、加工、销售等，以确保评价指标能够具体反映农业生产的实际情况。因此，评价思路是构建农业新质生产力一体化发展评价指标体系的核心，它需要综合考虑多方面因素，以确保评价体系的有效性、合理性与科学性，为农业的可持续发展提供有力的支持和指导。

国内目前关于评价体系的研究，如王珏、王荣基（2024）根据对新质生产力内涵的界定，分别从劳动者、劳动对象和生产资料三大维度构建新质生产力综合评价指标体系，通过应用熵权法对我国 30 个省级行政区（不含港澳台、西藏）的新质生产力发展状况进行了评估。朱富显等人（2024）从马克思生产力三要素理论出发，运用投影寻踪指标测度方法，构建了基于新质劳动者、新质劳动对象、新质劳动资料三个维度的新质生产力指标测度体系。卢江等（2024）认为新质生产力是一个至少涵盖科技、绿色和数字三大方面的集成体，并基于科技生产力、绿色生产力和数字生产力三个一级指标构建了新质生产力的综合评价体系，利用优化后熵权-TOPSIS 方法对各省级新质生产力的发展程度进行了量化分析。李松霞和吴福象（2024）综合考察了人力资源、创新平台、研发能力、创新成果、创新环境五个维度，构建了新质生产力发展潜力评价体系，对我国不同地区新质生产力发展潜力进行了总体及分维测度与评价，并分析了驱动因素。

14.2.4.2　评价指标体系的特点及研究趋势

尽管新质生产力已经成为引领经济高质量发展的重要推动力，但学界对新质生产力的内涵的研究仍处于起步阶段。对于新质生产力水平的测算还未开始，且存在统计困难。首先，从统计对象上看，由于新质生产力的定义尚不明确，新质生产力的核算范围难以界定，导致对新质生产力活动的识别存在困难。其次，从统计实践来看，新质生产力的统计覆盖不足，导致所需核算的新质生产力基础数据严重缺乏。就目前的测度研究而言，一方面，在一定程度上忽视了社会进步带来的生产力系统变革，难以体现生产力各要素优化组合的跃升。随着社会经济的发展，新技术、生产组织、数据要素等渗透性要素的作用日益凸显，这些渗透性要素尽管不能独立参与生产，但其已经与实体性要素相结合从而对生产效率产生了巨大的促进作用，目前的研究在测度框架上并未体现新质生产力的这一新特征。另一方面，在具体指标的选取上并不能很好地体现"新""质"与先进性。对于发展新质生产力所需的创新型劳动者、原创性和颠覆性技术、重大科技基础设施等，目前的研究在指标选取上并未很好地体现其特质。

目前，评价指标体系的研究正逐步转向以数据为驱动力和智能化评估，并通过利用大数据和人工智能技术提高评价的准确性和效率。同时，注重可持续性的评估方法正变得越来越重要，这包括对环境保护和资源的合理利用。此外，评价体系也越来越多地考虑到不同地区的特定需求和政策导向，使得评价指标更加定制化并与政策制定紧密相连。总体而言，构建和应用农业新质生产力的一体化发展评价体系是一个持续进步的过程。它要求我们不断整合各种因素，进行优化和创新，更有效地支持农业的持续发展，并为实现全球粮食安全和农业现代化做出贡献。

14.3　成渝地区双城经济圈农业新质生产力的发展路径

14.3.1　协同实施"成渝良种"工程

创设"成渝良种"示范区，以提升种业科技自主创新能力和确保种源自主可控为总体目标，推进"成渝良种"项目。通过整合政策支持、资源配置和力量集中，全面致力于解决关键问题、弥补发展不足、增强现有优势和控制潜在风险（施海波 等，2022）。培养一系列在种业细分市场中领先的"隐形冠军"，推动成渝地区特色高端农产品的增长。目标是到2025年，进一步完善成渝地区农业种质资源保护机制，建立多个育种创新平台，推广一系列新的种养品种，发展一系列现代化的种养良种生产基地，实现种业在基础、体系、科技和企业方面的全面强化，并在水稻、玉米、薯类、小麦和大豆等主要粮食作物领域建立"成渝良种"示范区域。

积极推进种业关键技术突破体系建设，主动促进种业关键技术突破的系统构建。以"生物技术结合人工智能与大数据技术"为育种新标准的4.0时代种业为参照，实现技术升级。重点开展水稻、玉米、薯类、小麦和大豆五类粮食作物核心技术攻关，发力分子育种、生物育种。依托成都长江中下游水稻新品种展示示范基地、四川农业大学、西南大学和成渝地区农科院水稻新品种中试基地、蜀州水稻研究所，建成水稻创新创意研发中心，发展高端水稻种业，打造中国西南地区高端水稻种业集散地。突出抓好功能水稻种业的培育与推广，大力提升农业综合效益。加强与四川农业大学、四川大学华西医院等科研单位的合作，重点研究"稻田综合种养在降低重金属含量、防治糖尿病等方面的功效"，研发和生产预防高血压、糖尿病等药食同源功能水稻产品，发展高端功能大米种业，壮大发展中端绿色有机大米种业，拉长功能水稻种业的产业链、价值链，提高附加值和综合效益。

14.3.2 协同实施"成渝良田"工程

以"藏粮于地"战略为核心，重点发展永久性基本农田保护区、粮食生产重点区域、关键农产品生产保护区以及种子繁育基地。加速推进高标准农田的建设，以此加强和提升粮食的整体生产效率。推进"千年良田"项目，全面展开大规模高标准农田的建设工作，涵盖整个村庄、乡镇乃至更广区域，目标是达到万亩甚至十万亩规模。打造"一带三区五流域"的高标准农田发展模式。增强农田的机械化适应性，实施地块合并、延长和直线化等措施，优化机械化作业环境。以实现"七化"为发展目标，创建高标准农田示范区域。强化高标准农田的地理信息系统管理和全周期监管。优化高标准农田的维护体系，明确维护责任主体和职责。建立高标准农田的持续改进和更新机制。

促进农业机械化，提升农业耕作环境。重庆市以"地块合并、水利改造、道路修建、土壤改良"为核心措施，实施丘陵山区高标准农田改造与提升示范项目。通过这些努力，已成功打造了一系列既适宜机械化作业又便于耕作、具备良好排水灌溉系统、能够稳定高产且抵御旱涝灾害的高标准农田。着力改善农业生产条件。在大足高升镇太和村，万亩良田整齐划一，以前机器不能去的地方，也有了农机的身影。专业农机服务企业兴起，为农业生产提供了强有力的技术支持，显著降低了农民的劳动负担，同时促进了农业生产效率和科技应用的提升。

14.3.3 协同建设成渝地区双城经济圈"森林粮库"

森林粮库是指以森林资源为基础，通过发展林下经济和森林食品产业，构建多元化食物供给体系。森林粮库的建设是成渝地区双城经济圈充分利用自身资源优势，践行大食物观的创新性谋划，旨在将森林资源的多重效益转化为经济优势，使林地与耕地共同担负起建设新时代更高水平"成渝粮仓"的国家使命。森林粮库的建设包括了木本粮食、木本油料、森林蔬菜、森林药材等多种森林食品，这些食品不仅营养丰富，而且受自然条件影响小，是重要的人类食物来源补充。成渝地区双城经济圈作为中国西部的关键增长引擎，其农业新质生产力的发展策略，尤其是"森林粮库"的共建项目，对于促进该地区的生态保育与社会经济进步扮演着至关重要的角色。成渝区域凭借其丰富的森林资源，推动"森林粮库"的建设，首先应确立以生态为核心的发展计划。这涵盖了制定严格的森林保护法规、执行高效的森林监管和评估体系，以及倡导森林资源的持续经营方式。这些行动旨在保障生物多样性、保持生态平衡，并为当地社区提供生态产出与环境服务。构建一个持续且稳定的长效机制，确保"森林粮库"的长期发展。这涉及制定持久的发展规划，确立监管和评价体系，以及创建政策、市场与社会三方联动的推进机制。政府需制定相应政策，提供财政援助和税收减免，激励企业和农民参与森林资源的保护与合理开发。成渝经济带的"森林粮库"建设需实现跨区域协作与资源整合，形成协同效应。此外，还要加强与国际先进地区的协作与知识交流，引进先进的林业技术和管理知识，提高本地区"森林粮库"建设的质量和效率。

借助这些策略，成渝经济带能够充分利用其自然资源和文化优势，共同推进"森林粮仓"计划，并促进农业新质生产力的增长，实现经济增长、社会进步和生态保护的和谐共赢。此举不仅能够增强成渝地区双城经济圈农业的竞争力，还能够为国内外农业的可持续性发展贡献宝贵的实践经验。

14.3.4 积极协同发展数智农业

深入实施以大数据智能化为引领的创新驱动发展战略行动计划，将发展智慧农业、建设数字乡村作为促进农业转型升级的重要抓手，促进现代信息技术与农业农村深度融合，不断壮大成渝地区双城经济圈乡村数字经济。

成渝地区双城经济圈应围绕粮、猪、菜保供产业和现代山地特色高效农业，加强智慧农业应用标准规范制定和关键技术攻关，推进新一代信息技术在农业生产管理、加工流通、市场销售、安全追溯等环节实现融合应用。建设和完善"三农"大数据平台，推动农业农村业务系统全面整合、统一上云，实现部门间数据精准调用和按需共享，提升政务服务智慧化水平。成渝地区双城经济圈积极开展柑橘、榨菜、脆李等重要农产品单品种全产业链大数据综合应用试点，推进国家级重庆（荣昌）生猪大数据中心建设，打造生猪数字"大脑"、生猪数据"云仓"、生猪产业"数谷"，探索可复制的农业全产业链数字化改造模式。持续开展重庆品牌农产品网销行动，加强与国内知名电商平台合作，培育壮大网销品牌。结合特色农产品优势区、"一村一品"示范村镇建设，打造具有明确产业定位、文化内涵、旅游特征和社区功能的农业特色互联网示范小镇。

14.3.5 积极协同发展绿色农业

绿色农业是一种以环境保护和可持续发展为核心理念的农业生产方式。它强调在农业生产过程中减少对环境的负面影响，提高资源的利用效率，保护生态平衡，同时确保农产品的质量和安全。循环农业是绿色农业的重要组成部分。成渝地区双城经济圈可通过推进农业清洁生产，优化产业结构，调整种养结构，发展草食畜牧业，支持饲草料种植，开展粮改饲和种养结合型循环农业试点，推广稻鱼共生、鱼菜共生等新模式。同时，推进农业废弃物资源化，推行标准化规模养殖，推广畜禽粪污综合利用技术模式，加大秸秆深翻还田、炭化还田改土等示范推广，加快地膜标准修订，鼓励使用加厚地膜，开展农田残膜回收区域性示范。

此外，成渝地区双城经济圈还应注重加强耕地质量保护与提升，完成重点城市永久基本农田划定任务，采用间套轮作、保护性耕作等促进种地养地结合，探索实行耕地轮作休耕试点，建立耕地质量调查监测体系。推进农业资源养护，稳步推进退耕还林还草工作，加强水生生物和水产种质资源保护区建设，开展草原自然保护区建设和南方草地综合治理，加强野生动植物自然保护区建设。构建生态循环农业示范带动体系，探索推广技术模式，围绕"一控两减三基本"目标任务，形成"猪—沼—果"等典型模式。通过整体规划、系统布局农业产业，促进物质多次重复和循环利用，实现经济效益、生态效益和社会效益的全面提升。

14.3.6 协同建设成渝地区双城经济圈"现代高效特色农业带"

推动都市农业繁荣，增强城市需求的高品质农产品供给能力，并促进农业与商业、文化和旅游的深度融合。在重庆市中心区域创建集现代性与高效性于一体的特色农业示范区域。这一区域将专注于培养包括绿色蔬菜、各类调味品、优质绿茶、药用植物以及乡村旅游在内的产业。此外，该区域还将致力于发展都市农业的多种形式，如高端精品农业、具有观赏价值的景观农业、设施完备的农业以及提供休闲体验的农业。以柠檬、茶叶、柑橘和蚕桑等具有地方特色的产品为核心，构建生态与文化旅游相结合的产业集群。在成德眉资地区建设都市现代高效特色农业示范区，成为城乡一体化发展的典范。实施城市基本生活物资保障工程，确保农产品供应链的可靠性和持续性。加速构建促进农业国际贸易的高端发展平台。建立农业总部经济区和科技创新中心，增强以川渝味食品、水果、药材、茶叶与酒类为主导的产业集群的全球市场竞争力，巩固其作为"全球美食文化都市"的城市品牌。保护并传承巴蜀地区的自然和文化遗产，培育农业与文化旅游融合新业态，打造世界级的乡村休闲体验胜地，塑造"世界休闲农业之都"的形象。

积极利用现代农业产业园区的示范和引领效应，促进要素和资源高效整合，致力于打造高质量、高标准的成渝地区现代高效特色农业带示范合作园区。通过联合申请国家级重点项目支持，并共同投入资金以推进现代高效特色农业带示范合作园区的建设，整合农业相关项目资金，全面支持成渝主轴、渝东北和川东北、渝西和川南等邻近区域发展，围绕主要产业，超越行政区划限制，实现基础设施的互联互通与产业链各环节的优势互补，共同打造农业与文化旅游融合示范区、高品质生活宜居区、成渝现代高效特色农业带合作示范区。同时，协作建立现代农业产业园区、国家级农村产业融合示范园区和农业科技园区。加快安岳、潼南等地的柠檬产业以及隆昌稻渔等国家现代农业产业园区的建设，确保其发展成效。

14.4 成渝地区双城经济圈发展农业新质生产力的对策

14.4.1 抓种业"芯片"赋能农业提质增效

种业是农业的"芯片"，成渝地区应注重种业"芯片"攻关，为种养业的提质增效赋能。

（1）种业科技创新。农业种养业的技术革新是增强其市场竞争力的关键。成渝地区双城经济圈应致力于建立长江上游种子资源研发中心，打造国家级的区域性家畜、家禽种业创新平台和市级水生生物遗传育种中心，并深化与企业的合作，深入开展对水稻、玉米、根茎类作物、豆类、油料作物、蔬菜等联合项目研究。成立成渝经济带种子行业智库，建立太空水稻试验示范基地和长江上游种子资源创新基地等大型科研设施，以此激发种业的技术革新，增进种子资源的开发与应用效率。

（2）种质资源保护。成渝地区应加强种质资源的保护与管理，计划建设更多市级与国家级农作物种质资源圃（库），以及市级和国家级畜禽遗传资源保护场（区），确保农业遗传资源的安全和生物多样性。通过建设水产种质资源库，实施长寿区翘嘴鲌鱼水产种质资源场项目。推进合川黑猪、荣昌猪、大足黑山羊、涪陵黑猪等畜禽种质资源保护利用，建设重庆市六九畜牧种公猪站、国际顶级共享父本猪培育基地，为可持续发展奠定基础。

（3）供种保障能力提升。为了保障区域种源的稳定供应，成渝地区应新建或改造标准化优势农作物良种生产基地，扩大良种生产规模。创建荣昌、垫江国家现代农业（种业）产业园，提升垫江国家级杂交水稻制种基地和市级优质双低油菜制种基地，积极推进北碚、江津两地建设成为国家级良种繁殖示范区，并努力将巫溪、涪陵打造成同等级别的良种繁殖基地。同时，加快推进重庆市南繁基地的基础设施升级改造工程。

（4）种业监管服务体系。建立健全种业监管服务体系，对保证种业健康发展至关重要。成渝地区需致力于发展国家级别的农作物品种区域性试验站点、市级农作物品种区域试验站、重庆市薯类作物种薯（苗）质量检验测试基地，确保种子质量的严格监管。同时，建设成渝地区农作物种子质量分子检测站、农作物种子质量检测分站，提高种业监管服务的科技含量和效率。

通过这些对策的实施，成渝地区双城经济圈可以有效提升农业新质生产力，促进传统种养业转型升级，保障区域粮食安全，提高农业竞争力，为提升农业从业者的经济收入提供有力支持。这些措施将有助于推动成渝地区双城经济圈农业的高质量发展，实现农业现代化，为地区经济与社会发展提供坚实的生态支撑和物质基础。

14.4.2 突破自然条件限制，建设农业新兴产业和未来产业

在成渝地区双城经济圈发展农业新质生产力的过程中，突破耕地等自

然条件的限制是实现农业现代化的关键。针对耕地资源紧张的问题，成渝地区双城经济圈应探索创新土地利用模式，如推广间作套种、轮作休耕等农作制度，提高土地利用率。同时，倡导开发非耕作土地资源，例如促进林下经济的发展，充分利用森林地区的立体空间进行种植与养殖活动。此外，要严格执行农田保护政策，加强落实永久性基本农田保护职责，实施针对农村非法占用耕地建房的专项整顿措施，坚定不移地防止耕地被转为非农业用途，严格控制耕地用途偏离粮食生产。确立耕地使用的优先级，将永久性基本农田优先分配给粮食作物的生产，尤其是直接食用的粮食作物。而一般耕地则主要被用于种植粮食作物以及油料、糖料、蔬菜等其他农产品，同时也可被用于种植饲料作物。对耕地和永久性基本农田实行差异化的管理目标和管控力度，严格限制耕地转变为林地或园地等其他农用土地类型。加强对土地流转过程中用途的监管，提升并优化因建设需要占用耕地时的土地补充管理措施，保障耕地总量稳定不减。综合应用工程技术、生物技术和保护性耕作技术，实施土壤改良、地力培肥、保水保肥和控污修复，提高耕地质量等级。完善对耕地数量与品质的监控与管理体系，建立一个能够实时反映耕地品质变化的监测网络，加大对耕地保护工作的监察和法律监督力度。

14.4.3　加快成渝地区关键核心技术攻关，为农业新质生产力蓄能

一是积极推进种业核心技术攻关体系建设。依托成都长江中下游水稻新品种展示示范基地、四川农业大学和四川省农科院水稻新品种中试基地、蜀州水稻研究所，建成水稻创新创意研发中心，发展高端水稻种业，打造中国西南地区高端水稻种业集散地。加强与四川农业大学、四川大学华西医院等科研单位合作，重点研究"稻田综合种养在降低重金属含量、防治糖尿病等方面的功效"，研发和生产预防高血压、糖尿病等药食同源功能水稻产品，发展高端功能大米种业，壮大发展中端绿色有机大米种业，拉长功能水稻种业的产业链、价值链，提高附加值和综合效益。

二是重视对农业科技领域的资金投入，以此提高农业投资的产出效率。通过高效地汇聚区域内分散的农业科研资源，促进成渝地区的高校、研究机构和企业联合建立农业科技的创新合作平台，增强农业科技的自主研发实力和科技成果的转化应用效率。鼓励在农业科技领域进行原创性研究和创新成果的普及，加速培育并产出一系列拥有自主知识产权的农业科

技重要成果。

三是强化发展农业领域新质生产力的科技创新体系。应紧盯世界农业科技前沿，大力提升成渝地区双城经济圈农业科技水平，发展农业领域新质生产力，为建设农业强国提供坚强支撑。为此，农业领域新质生产力应聚焦生物育种、农机制造、智慧农业等重点领域，强化关键核心技术的创新，构建农业绿色发展的技术体系，占领农业发展高地。

14.4.4　完善成渝地区涉农人才培养机制，培养农业新质劳动者

一是构建多层次农业人才体系，完善人才培养、引进、使用、合理流动的体制机制。成渝地区双城经济圈应大力发展面向"三农"的职业教育，发挥高校涉农专业师资力量作用，深化校企合作和产教融合，建立长期稳定的农业人才培养教育机制。增强农业技术传播团队力量，完善服务设施。利用农业科技研发中心、专家工作站和地方农业技术推广站点，为农民提供多级和持续的技术教育，迅速培育出一支既具备专业技能又擅长经营与管理的专业农民团队。

二是实施返乡创业工程。成渝地区双城经济圈应鼓励和支持多层次、各类型人才返乡创业，包括在外创业成功人士，城市退休干部、专家、教师，外出务工返乡中青年劳动者，高校毕业生等。成渝地区具有庞大的人口规模和市场规模、充足的医疗教育资源，在近年形成了显著的人口特别是高素质人才吸引力，两地应当加快资源整合共享，提升两地宜居属性，持续增强人才和人口吸引力，创造科技创新良好环境，促进产业结构和人口结构由制造型向创新型、研发型、生产生态生活友好型方向转变。

三是推动种业人才在研究机构与种子企业间实现有效交流与合作。成渝地区双城经济圈推动科研机构与企业建立有效的利益联结机制，加快育种资源、人才、技术从科研单位向企业聚集，推动更多的优秀育种人才下沉企业。发挥"土专家""田秀才"的作用，以种业大户培训为引领，形成以种业发家致富产业链，成为高素质种业农民的"领头雁"。

14.4.5　以内陆农业开放倒逼农业新质生产力发展

成渝地区双城经济圈作为中国西部的关键增长动力，其农业领域正迫切寻求转型与升级。在此背景下，培育农业新质生产力对于促进该地区经济的高质量增长至关重要。在成渝地区农业新质生产力的发展过程中，内

陆农业的对外开放扮演着至关重要的角色。借助中老铁路、陆海贸易新通道、中欧班列等物流优势，成渝地区能够更高效地将农产品推向全球市场，扩大其销售网络。这不仅能够增强农产品在国际市场上的竞争力，还能吸引外部投资和前沿技术，推动农业产业的结构性优化与升级。此外，内陆农业的开放也有助于加深农业与第二产业、第三产业的整合，推动农业向更大规模、更高效率、更现代化的方向发展，确保农业可持续发展。通过这些开放的物流渠道，成渝地区能够更直接地引入国外的优质农产品与农业资源，激发农业品种的更新与技术革新，提高农业的整体竞争力。

沿着成渝中线高速铁路、渝广（安）达（州）万（州）铁路，以及嘉陵江和长江沿岸，打造一系列美丽的巴蜀地区宜居乡村示范区域。同时，在嘉陵江、长江、涪江、岷江、沱江、渠江等流域，发展休闲农业村庄、具有地方特色的小镇和以农业为主题的公园，打造全球休闲农业和乡村旅游典范区域。内陆农业开放不仅有助于提升农产品的国际竞争力，还能吸引外来资本和先进技术，促进农业产业结构优化升级。同时，通过这些开放通道，成渝地区可以更便捷地引进国外优质农产品和农业资源，促进农业品种改良和农业技术创新，进而增强农业领域的整体实力，确保农业的长期稳定发展。

14.4.6 加强制度改革与创新，构建新质生产关系

一是健全产业建圈强链的体制机制。成渝地区双城经济圈应以"粮头食尾"和"农头工尾"为核心，将农产品加工作为重点，发展与农业产业相衔接的加工环节，形成完整的产业链，实现农产品的附加值提升和产业的可持续发展。为了提升农产品加工产业的竞争力和创新能力，需要在成渝地区引进国家高水平科研机构和建设相关研究中心创新平台，加强技术研发和装备研发，加快推动农产品加工技术升级和创新。

二是打造区域农业品牌的共享机制。做强我国好产品产业与地理标志性农产品，宣传特色品牌，创建区域共享品牌，开展具有地理标志特色的农产品保护工作。对于已入选中欧地理标志相互认可的品牌如"四川泡菜""安岳柠檬""峨眉山茶""巫溪洋芋"等区域，可以重点进行推广宣传和开发研究。同时，合力打造"川菜渝味"等独特的区域共享公用品牌，积极推广"自然贡品""涪城麦冬""永川秀芽""巴味渝珍"等特色品牌，并支持各品牌企业在重庆及成都地区开设实体店和专卖店。

三是深化产权制度和农村土地制度改革。成渝地区双城经济圈做好土地确权、赋权及农村产权交易平台建设工作，推进农村各类资源的承包权、经营权有规范合法的平台进行交易运行。借助成都的农村产权交易平台与重庆的农村土地交易平台，共同构建成渝地区农业资源资产信息共享系统，促进农村集体经营性建设用地及宅基地使用权依法进行流转和优化配置。

15　成渝地区双城经济圈农业高质量一体化发展的路径

15.1　建设"十大系统工程"，推动成渝地区农业高质量发展

农业高质量发展是一个生产力与生产关系契合的大系统工程。本章以土、肥、水、种、密、保、管、工、绿、市这十大工程作为经济圈农业高质量发展的路径。

15.1.1　优质土地是农业高质量发展的要素基础

土地是农业生产的基本要素。在新时代，我们一要严格耕地保护制度，守住18亿亩耕地底线；二要加强土地整治，以便于机械化作业、适度深耕细作、灌溉、排涝和保持水土；三要通过优化保持和投资改良，以确保土地的优质肥力和生态功能；四要深化农业产权制度创新，按照农地集体所有权、承包权和经营权"三权"分置的要求，促进农地经营权活化，借以培植以农地产权入股、租赁、合作等类型的新型农业主体、现代化农业实体和家庭农场等，以适度土地规模经营实现农业的高质量发展。

15.1.2　科学施肥是农业高质量发展的物质养分

肥料，特别是有机肥料，在提高农作物产量和不断改良土壤质量方面起着关键作用，但无节制地使用化肥，将引起土壤的酸度变化，造成土壤盐碱化。这将直接导致土壤的有机质下降和土地板结，从而阻碍农作物的生长。在新时代，农业的高质量发展要通过减（化）肥增效，突出有机复

合肥、生物绿色肥对农产品提质增效所起的重要作用。为此，有机复合肥和生物绿色肥的开发与利用势必迎来发展新高潮。

15.1.3 现代水利是农业高质量发展的关键命脉

在新时代，为了促进农业高质量发展，农业水利建设从要依靠经验转变为依靠新发展理念；水利建设和管理要从以人工为主，向机械化、电气化、自动化的方向转变；创新和严格执行"河长制""湖长制""（水）库长制""湿地长制"以及 PPP（公私合作）等政府与市场相结合的投融资制度安排，并从单纯的工程建设发展到与植树、种草等生物措施恢复相结合，从单纯的排灌水利建设发展到对水资源以及土壤资源的保护和综合利用相结合。

15.1.4 种子革命是农业高质量发展的优质源泉

对优良农作物品种的培育和推广工作，在互助合作化时期已经展开。新时代种子革命和农作物优良品种的选育，要从注重"吃得饱"到注重"吃得好""吃得健康"转变，以法治思维和制度安排，加大农业政策支持与完善品牌和优良育种相协同。同时，要进一步建立和完善种子法治化的监管系统，坚持上下对接管理工作责任，签订规范的种子生产、经营承诺书。进一步加大优良种子培育的科技研发力度，增加种子科技对农业优良品种和品牌价值的贡献度。

15.1.5 合理密植是农业高质量发展的科学种植方式

合理密植以及科学套种，一是可以充分利用可耕种面积，提升农作物种植数量。二是可以避免农作物质量降低。作物数量过多会导致营养、水分与光照失衡，进一步致使作物长势不好。农业高质量发展，应该加强科学种植研究和试验，大力发展精准农业和智慧农业，在全国范围健全和完善不同经纬度地区、不同海拔地区、不同气候地区、不同土壤、不同品种与种类、不同季节的农作物科学套种和合理密植的大数据库，树立示范样板，为农业种植大户提供精准农业的种植指导。

15.1.6 农作物保护是农业高质量发展的保障手段

农作物保护需要生产、科研、教育部门、科技人员、农民群体通力协作。要充分利用技术手段，运用农药、人工、土办法、生态措施等，来预防、解决作物病虫害问题。但是，我们必须正视这把"双刃剑"，化学农药可有效保障农业生产，防治农业生产中的病虫害，达到农产品产量提高的目的，但是也会因此而重度污染及危害生态与环境。为了促进农业高质量发展，不仅在农药环境的管理体系完善上，而且在技术服务机制创新上，都需要研究者、销售者和农药管理者等从技术研发、管理制度、污染修复与教育培训等多个方面做出努力，实施合理科学使用农药的手段，更多地采用生物技术、低毒甚至无毒无残留农药，最终实现保护环境、增产保质与生态平衡的农业高质量发展长远目标。同时，要通过财政与金融协同、公司与农户协同等制度安排，加强农业保险对农作物自然灾害防范机制和保障机制。

15.1.7　农机具革命是农业高质量发展的根本出路

农业机械化是农业过程中依靠机器推进农业生产的方式。衡量农业的高质量发展水平，农业机械化程度应是一个重要指标。新时代的农业迈入4.0阶段，受到了智慧生活、智能技术的深刻影响，将呈现出以大数据、云计算、移动互联网、物联网等为基本手段和重要支撑的现代化新型农业形态。在农业4.0环境下，促进农业高质量发展就是要实现信息化与机械化的融合，同步推进农业发展的"新四化"：一是农业生产智能化，通过科技与农业融合，促进农业生产技术进步；二是农业管理高效化，依靠政府决策，整合行业资源，提高农业行政事务效率；三是农业营销网络化，实现农业产品的国内外市场资源整合、农业资本的顺利流通；四是农业服务便捷化，做到农业行政服务更便利，促进农业生产、销售的高效推进。

15.1.8　科学的田间管理是农业高质量发展的综合手段

三分在种、七分在管。"管"即综合运用与科学配置种、土、水、肥、密、保、工、绿、市等生产要素。如间苗、中耕、灌溉、追肥、培土、防冻、防虫、压蔓、整枝等，确保农产品的绿色有机发展和满足市场需求。为了保证田间管理效果，需要根据作物生长发育特征以及当地自然条件，采取灵活的、有针对性的相应措施。为此，我们要深入推进乡村振兴战略，促进农村繁荣和劳动力回归，改善一些地区农村存在的"六一（未成年人）""三八（妇女）""七一（老年人）"现象，培养一大批新兴职业农民和种田能手，加大对科学田间管理的各种技能培训，建立示范基地。同时，要支持新型职业农民享受创新创业扶持政策，给予他们更多政策关怀，使财政补贴、金融保险、产业扶持、人才激励等政策能够促进他们更多地投入田间管理。

15.1.9　绿色生产是农业高质量发展的生态本色

绿色发展是新时代生态文明建设的重要组成部分，也体现了农业现代化发展的内在要求。由于过量使用农药、化肥，农业发展面临着巨大的资源压力。生态环境的"红灯"亮起，昭示了加快农业转型升级、实现农业绿色发展的必要性和紧迫性。因此，必须防止农业发展过程中的"面源污染"，实施农业绿色发展的"农作物秸秆处理""畜禽粪污资源化利用""农膜回收""果菜茶有机肥替代化肥"和"水生生物保护"五大行动。同时，要加快建设农产品质量安全追溯体系，加强国家追溯平台的应用与推广，建立农业生产信用档案制度，对面源污染严重者实施"黑名单"管理，强化无公害农业、绿色农业和有机农业发展的制度保障。

15.1.10　市场拓展是农业高质量发展的重要条件

在社会主义市场经济条件下，农业高质量发展要按照政府主导、市场配置资源的经济规律，调整农业结构，完善农业投入机制，切实增加农业投入，完善农业家庭组织形式，加大农业产业化步伐；把握区域经济特点，积极实施适度规模经营和品牌经营战略。同时，要及时转变基层政府的职能，建立和完善全领域、全方位、全业态、全层次和全过程的服务体系，助力农业高质量发展，特别是处理好农业生产与农业市场的关系，帮助农业生产、经营主体抢抓市场机遇和对接国内外大市场；发挥政府主导和市场引领功能，大力发展创汇农业、订单农业和合同农业，帮助农业生产、经营主体克服市场拓展和供给侧结构性改革中的分散性和盲目性。引领农业品牌的优质化和生产经营的国际化，从根本上改善农业的"弱智"现象，大幅度地提升地区农业发展的质量、效益与竞争优势。

15.2 实施"成渝良种"工程，打造农业高质量发展"芯片"

习近平总书记指出，要"把乡村振兴摆在治蜀兴川的突出位置，更好扛起粮食、生猪、油料等重要农产品稳产保供责任"。乡村振兴要"聚焦小切口，锲而不舍、久久为功"。习近平总书记强调，"要抓住种子和耕地两个要害，加强良种和良田的配套，打造新时代更高水平的'天府粮仓'"。

俗话说，"好儿有好娘，好种产优粮。"种业是成渝地区现代化农业和打造更高水平"成渝粮仓"的"芯片"，是成渝地区农业整个产业链的源头，是成渝地区双城经济圈战略性、基础性核心产业。成渝地区是种业大区，也是我国三大制种基地之一。因此，成渝地区既要在实施"成渝好田"工程上走在前列，更要在种业科技创新上下功夫，在"育好种""种好粮"上做出示范和标杆，以"成渝良种"工程提升更高水平"成渝粮仓"的含金量。

15.2.1 创设"成渝良种"示范区

紧紧围绕种业科技自立自强、种源自主可控这一总目标，实施"成渝良种"工程，集中政策、集中资源、集中力量，全力以赴破难题、补短板、强优势、控风险。培育一批种业细分领域的"隐形冠军"，带动成渝地区特色高端农产品发展。力争到2025年，成渝地区农业种质资源保护体系进一步完善，打造一批育种创新平台，选育推广一批种养业新品种，建成一批现代化种养业良种生产基地，实现种业基础强、体系强、科技强、企业强，建成水稻、玉米、薯类、小麦和大豆五大类粮食作物的"成渝良种"示范区。

15.2.2 积极推进种业核心技术攻关体系建设

对标"生物技术+人工智能+大数据信息技术"种业4.0时代育种标准。重点开展水稻、玉米、薯类、小麦和大豆五类粮食作物核心技术攻关，发力分子育种、生物育种。依托成都长江中下游水稻新品种展示示范基地、四川农业大学和四川省农科院水稻新品种中试基地、蜀州水稻研究所，建成水稻创新创意研发中心，发展高端水稻种业，打造中国西南地区高端水稻种业集散地。突出抓好功能水稻种业的培育与推广，大力提升农业综合效益。加强与四川农业大学、四川大学华西医院等科研单位合作，重点研究"稻田综合种养在降低重金属含量、防治糖尿病等方面的功效"，研发和生产预防高血压、糖尿病等药食同源功能水稻产品，发展高端功能大米种业，壮大发展中端绿色有机大米种业，拉长功能水稻种业的产业链、价值链，提高附加值和综合效益。

15.2.3　建立省域统筹育种攻关联合体

全省一盘棋，上下联动、地区协同，上马种业项目、建设种质资源库，合理布局，避免低水平重复建设。运用现代信息网络技术，整合各类科研院所、涉农高校和种业企业内部数据资源，高水平搭建育种技术攻关及数字化共享服务平台，完善大数据平台育种技术信息公开、交换机制，优先向种业企业开放共享；通过建立联合实验室等方式，推动科研院所与种业企业深度合作，促进育种创新成果转移转化，加快形成在基础研究、育种研发、产业推广上分工有序、配合密切、权益分享的种业发展新格局。

15.2.4　积极探索农业重大品种研发与种业推广后补助政策

促进种业人才在科研机构与种业企业之间合理流动。推动科研机构与企业建立有效的利益联结机制，加快育种资源、人才、技术从科研单位向企业聚集，推动更多优秀的育种人才下沉企业。发挥"土专家""田秀才"的作用，以种业大户培训为引领，形成以种业发家致富产业链，成为高素质种业农民的"领头雁"。遴选2至3个发展潜力大的"育繁推"一体化企业，在前期研发和运营方面提供优惠贷款，激发其创新活力；鼓励种子企业加强对科技创新的投入，加快新品种培育，积极给予研发投入资金及政策支持。研发方式由定向研发向自主研发转变，补助方式由先补后研向研好后补转变，相应的高标准农田、宜机化改造、节水灌溉等基础设施建设与之配套，做到"好马配好鞍"，积极释放新品种潜力。

15.2.5　加快构建高效的商业化育种体系

通过政策导向、市场需求、项目支持促进企业内联外引、兼并重组，培育一批商业化育种能力强、机制模式先进、具有产业主导能力和核心竞争力的种业龙头企业。以促进关键技术突破和科技成果转化应用为目标，充分发挥科研单位在种业创新中的基础性作用，鼓励"育繁推"种子企业和科研机构共同组建一批育种创新联合体，使育成的品种更加符合市场需求、更快进行市场化推广。

15.2.6　加快新品种研发转化步伐

引导和鼓励大型种子企业积极探索种子"连锁直销模式"，充分利用供销农资系统乡、村"农资放心店"开展配送直销。通过大范围实施粮油作物高产高效创建、园艺作物标准园创建，推动种子企业与基层农业技术推广机构、各种农业专业合作社密切合作，大力开展新品种展示、示范，通过统一配送、统一采购、统一育秧（苗），加快优良品种的转化和推广。

15.2.7　深入实施"藏粮于地、藏粮于技"战略，
强化种业科技和装备支撑

农业强国之所以都是发达国家，就在于农机、农地、种子、农艺、农人等关键要素高度配合。成渝地区要聚焦农业机械化空白领域和关键零部件，强化农机研发、制造和推广一体化工作。要进一步优化种业农机购置和应用补贴政策，完善种业机械化水平评价指标体系等。

15.2.8　积极推进种业与现代服务业深度融合

持续办好成都种业博览会、天府国际种业博览会。要积极利用种业会展机制，重构成渝种业技术、人才、资源、资本等创新要素的"集成组装"能力，使种业科研、生产、市场、投资、推广都能找到相应"接口"，形成种业圈链，推进种业创新成果快速产出和转化。

15.2.9　健全种质资源保护、鉴定和评价体系

加大"川"字号种质资源收集、保护及利用力度，由四川省农业农村厅牵头促进育种创新，制定各市州种业发展规划。不断扩大优质种质资源储备；建设成渝种子"芯片"种质资源库；开展粮食作物种质资源精准鉴定，定向培育一批具有成渝特色、自主知识产权的高产、优质、抗逆的核心种质资源。

15.2.10 依法构建种业市场监管体系

强化种业市场监管力度，严厉打击无证经营、套牌侵权、制售假劣种子（种畜禽）等违法行为；拟定《四川省种业专利法》，强化品种知识产权保护制度建设；提高种业主体和种子管理人员的法律素养；构建市、县（区）、乡三级种子监管网络，形成职权明确、手段先进、经费充足、监管有力的种子管理体系；建立健全种子质量可追溯制度、属地管理责任制度、重大突发事件应急预案制度。

15.3 建立"十大保障机制"，助推成渝地区农业高质量一体化发展

15.3.1 建立税收与地方总产值的分享机制

跨行政区域合作能否成功并持续良性发展的关键就在于能否协调好各城市政府的利益，实现参与主体的互利和共赢。成渝地区双城经济圈建设过程中的地方政府利益主要表现为税收的共享和分配，因此，为了增强双城经济圈内城市政府的合作水平，实现利益共享，就必须设计构建税基分享机制。通过税基分享机制按特定比例配置收益。税基分享机制可有效避免地方保护主义。

就成渝地区而言，解决区域税源和税收背离问题的关键在于构建与区域协调发展、政府权力配置相适应的横向财税关系。在当前的财政分权体制下，成渝地区的财政收入和支出权力分配存在不平衡和不协调的情况。这导致了税收与税源背离的问题，即成渝地区一些地方的税收收入与其拥有的税源不匹配。这种背离现象严重影响了成渝地区地方经济的发展和财政的可持续性。而要解决这一问题，需要进一步完善成渝地区区域政府之间的事权与财权划分。这意味着需要明确成渝地区各级政府的财政支出责任与支出范围，确保财政事权与权力相匹配。同时，还需要遵循"责任与财权相一致、事权与财力相匹配"的原则，确保责任与财权能够相互对应，并且地区各级政府有足够的财力来承担相应的事权。只有这样，才能够实现成渝区域间的税收与税源的匹配，促进区域间协同发展和资源优化配置。以成渝地区高质量一体化发展为机遇，加大跨区域所得税分配体系

完善力度，并发布相关政策文件。具体来说，农业企业各级机构的经济活动贡献度、企业性质、实际运营规模、生产的外部性和农业企业保护性税源前期的投入成本等因素均可以归入分摊比例的范围。鉴于跨区域经营企业在税收管理上仍任重道远，在长远的发展态势下可以考虑将各级机构税收收入的划分比例进行调整，进而加大区域间的转移支付力度。

探索建立招商引资的利益分享机制。鼓励各市（区、县）探索成本共担、利益共享的农业现代化园区（示范区）合作共建模式，研究建立"存量不动+增量分成"利益分享机制，对共同招商引进企业形成的税收增量地方收入部分实行跨地区分享。联合创办农业投资企业，通过市场化经营模式筹措建设资金，进一步有效推动区域间重大平台和重大项目建设。

15.3.2　建立产业建圈强链的体制机制

以"农头工尾"和"粮头食尾"为核心，将农产品加工作为重点，发展与农业产业相衔接的加工环节，形成完整的产业链，实现农产品的附加值提升和产业的可持续发展。为了提升农产品加工产业的竞争力和创新能力，需要在成渝地区引进国家高水平科研机构和建设相关研究中心创新平台，加强技术研发和装备研发，加快推动农产品加工技术升级和创新。为了推动川渝地区农产品加工产业的发展，需要建立农产品生产基地和加工园区，为加工企业提供良好的生产环境和配套设施，同时促进川渝特色饮料食品产业集群发展，形成农产品规模效应和产业集聚效应。通过实施示范企业发展培育工程，培育一批具有示范和引领作用的农产品加工企业，推动企业规模化发展，提高生产效率和产品质量，进而带动整个产业发展。川渝地区以川菜为代表的烹饪文化具有独特魅力，通过推进现代食品加工工程与川菜烹饪手法融合，可以提升农产品加工的技术水平和产品创新，进一步推动川渝地区农产品加工产业繁荣发展，提高农产品附加值，促进农业经济转型升级。

15.3.3　建立区域农业品牌的共享机制

做强成渝地区地理标志性农产品，宣传特色品牌，创建区域共享品牌，以建设新时代"川渝粮仓"样板区为目标，坚持连片成带成规模发展现代高效特色农业，推动农业规模化、标准化、品牌化发展。以展会为媒介，促进与会市（州）深入合作交流，共同携手打造川渝"米袋子""菜篮子""果盘子"。以展会为契机,积极推动川、渝两地农产品贸易与交流,助力川、渝两地优质农产品走出川渝、走向全国。举办特色农产品品牌推介活动,借助"线上+线下""网红+农博"等多种形式,全面展示川、渝两地农业发展成果及绿色食品、有机食品、农产品地理标志产品等农产品品牌发展成效,充分借助展会平台,促进"川渝"字号农产品品牌知名度、影响力有效提升。

15.3.4 建立农业对外开放拓展合作机制

积极发展对外农业交流与合作,推进成渝地区农业既"走出去"又"引进来"。加强与共建"一带一路"国家和地区的农业交流与合作,继续开发和利用中欧货运列车、西部新陆走廊等贸易路线,促进成渝地区农产品出口和农业文化的传播。充分发挥重庆江北以及成都天府国际机场的航空货运优势,使高档农产品的进出口业务快速发展。组织建立农业开放合作区和海(境)外农业合作示范园区试点区,建设高质量的国际农业贸易发展基地。支持建设中智、中法等农业产业园,并推动建设四川国际农产品交易服务中心、重庆双福国际农业贸易城、彭州蔬菜博览会园区和国际农产品加工产业园区。为加强涉农民营企业之间的互动与合作,成渝地区农业企业间形成"走出去"的联盟是关键。除此之外,通过举办一些农业展会活动,如中国西部国际农产品交易会(重庆)与中国天府田园农业博览会(四川)、"村长论坛"等活动,有助于支持特色农产品及农产品企业参与"万企出国门""川货全国行"等国内国际市场开拓活动。

15.3.5 建立农业重大项目的 AB 协同机制

对于重大农业项目在联合审批、联合贷款联动机制上的进程,要以改革的思维进行改革,加强协调、宣传和指导,增强银行、政府与企业的联系,促使农业项目初步审批制度得到优化,信贷融资得到有效实施。要加强政企银业联动,重视施策要分项、分行和分区,推动探索 AB 协同机制的建立,两地领导层亲自盯和全力抓、下属部门人员扎实干,成立特别工作组,明确各级责任,进行实地考察,着力解决农业重大项目开展过程中暴露出的问题,做好对接服务,从各方面落实领导在项目实施中分配的不同工作任务。

15.3.6　建立农业资金保障有效衔接机制

强化优先保障成、渝两地投资建设现代高效特色农业带的举措，进一步配置省市县农业农村投资。农业和农村土地出让收入资金应注重现代高效特色农业带建设。鼓励各市县协调整合农业相关资金建设重大现代高效特色农业带项目。鼓励各市县农村将新发政府债券支出、"三农"金融债券、农业专项基金多用于支持现代高效特色农业带发展。加大对农业、农村和农民的信贷支持，采用扩大农业产业化项目银行贷款贴现利率范围等互动式金融政策和措施，推动金融机构支持现代高效特色农业带的快速发展。支持地方政府扩大竞争性农产品保险的覆盖范围和规模。实施农村振兴农业发展的贷款风险补偿制度。支持政策性农业融资保障的发展，适度降低担保率。引导保险、银行机构探索和开发信贷及金融支持的农产品和服务。鼓励符合条件的农业相关企业发行债券、挂牌上市。共同开展"百万企业振兴百万村"治理，吸引民间资本参与农村发展。

15.3.7　建立农业干部交流互派的连心机制

探索建立一种人才培养机制，该机制针对农业干部人才进行定期培训和交流，大力推进农村人才振兴。探索建立跨区域临时干部人事交流机制，推动农业重大项目如现代化涉农合作园区的建设落地落实。共同实施优质农民和农村实用人才培养方案，重点培养农业管理者、家庭农民、农民合作社和集体经济组织负责人。构建有关初、中、高三级优质农民的管理教育培训体系，并推动建立农民职业技能教育培训制度。

15.3.8　建立农业科技创新一体化发展和激励机制

组建成渝地区农业科技创新联盟，整合科技资源，实施协同攻关。支持中国农科院、中国农业大学、川渝地区涉农科研院所共同打造都市现代农业产业科技高端要素聚集区。开展农业发展技术协同攻关，推进川渝地区共建西部蚕业科技创新中心。加快构建双城联动农业科技创新机制，实现科技创新与农业转型深度融合。

积极争取国家在川渝地区布局国家农业高新技术产业示范区。支持渝北、成都、宜宾等创建国家农业高新技术产业示范区，组织川渝地区科研院所、高等院校与园区开展科技对接，推动内江、荣昌共建现代农业高新技术产业示范区，建设成渝地区特色农产品供给基地和丘区"三产"融合发展示范基地。

15.3.9　建立农业政策协同机制、培育一体化农业市场机制

推进川渝地区农产品品牌网销行动，打造川渝地区农产品电商知名专区。大力推进成渝地区农产品、农资连锁经营，扶持一批跨区域农产品物流配送中心。推进农产品市场与农产品流通网络建设，共建农资及农产品信息公共服务平台。

依托成都农村产权交易所和重庆农村土地交易所，共建成渝地区农业资源资产信息共享平台，推动农村集体经营性建设用地、宅基地使用权等依法流转和有效配置。积极拓展产权交易品种范围，探索农业资源证券化。统筹开展农业资源资产网络"一站式"服务，实现成渝地区资源要素自由流动。构建城乡土地协同改革机制，推进土地承包再延长 30 年试点。

加强成渝地区农产品质量追溯一体化体系建设，以农业重点龙头企业和绿色食品企业为引领，打造追溯示范企业。推动域内重点领域与机关率先开展农产品全程追溯，创新农产品的市场化追溯机制。

15.3.10　建立成渝地区一体化农业市场

以消费需求为导向，深化农业供给侧结构性改革，建立科学合理的农业生产经营体系，促进农业结构高质化和生产经营市场化，实现农业生产经营组织的现代化，建立农业生产经营的标准化，统一农产品和农资生产、包装、物流等的标准，以"互联网+农业""公司+农户+科技服务+市场服务""农业实体+合作经济+行业组织"等为路径，建立成渝地区一体化农业市场。

参考文献

［1］佚名. 聚焦成渝现代高效特色农业带建设规划［J］. 四川农业与农机，2022（1）：4-13.

［2］蔡昉. 改革时期农业劳动力转移与重新配置［J］. 中国农村经济，2017（10）：11.

［3］曹宏鑫，王家利，郑宏伟. 发展数字农业，推动农村信息化［J］. 农业网络信息，2004（1）：17-20.

［4］陈晨. 我国农业高质量发展评价指标体系研究［J］. 北方经济，2020（8）：41-43.

［5］陈姣. 浅析日本农产品价格政策及其对中国的启示［J］. 经济与管理，2008（5）：43-48.

［6］陈明星. "十四五"时期农业农村高质量发展的挑战及其应对［J］. 中州学刊，2020（4）：49-55.

［7］程剑. 我国茶油产业链与协作模式研究［D］. 北京：北京交通大学，2011.

［8］戴雄武. 发展"三高农业"的几个问题［J］. 经济纵横，1992（12）：43-45.

［9］邓小平. 邓小平文选：第3卷［M］. 北京：人民出版社，1993.

［10］丁声俊. 站在新时代高度认识农业粮食高质量发展［J］. 价格理论与实践，2018（1）：5-9.

［11］丁一凡，戴冬梅. 法国发展报告［M］. 北京：社会科学文献出版社，2019.

［12］段莉. 典型国家建设农业科技创新体系的经验借鉴［J］. 科技管理研究，2010（4）：23-28.

［13］樊晶慧，朱方林. 中美农产品对日本市场出口优势比较研究［J］. 江苏农业科学，2022，50（3）：230-235.

［14］方合英. 积极构建金融服务乡村振兴新发展模式［J］. 中国金融，2021（17）：12-14.

［15］方晓红. 推进长三角地区农业一体化发展初探［J］. 农村经济与科技，2020，31（9）：230-231.

［16］丰志培. 中药材产业组织模式与企业组织绩效关系研究［D］. 南京：南京农业大学，2010.

［17］冯晟臻，王学华，黄蘋，等. 成渝农业现代化协同发展研究［J］. 中国国情国力，2022（7）：37-43.

［18］冯永泰，王丽铭，刘玲琳. 成渝地区双城经济圈协同推进乡村振兴研究［J］. 西部经济管理论坛，2022，33（5）：1-7.

［19］傅琳琳，黄祖辉，徐旭初. 生猪产业组织体系、交易关系与治理机制：以合作社为考察对象的案例分析与比较［J］. 中国畜牧杂志，2016，52（16）：1-9.

［20］高鸣，芦千文. 中国农村集体经济：70年发展历程与启示［J］. 中国农村经济，2019（10）：19-39.

［21］高鸣，郑庆宇. 党的十八大以来我国农村改革进展与深化方向［J］. 改革，2022（6）：38-50.

［22］高伟. 基于供应链一体化的农产品物流资源整合探究［J］. 现代营销：经营版，2021（9）：124-125.

［23］葛佳琨，刘淑霞. 数字农业的发展现状及展望［J］. 东北农业科学，2017，42（3）：58-62.

［24］耿鹏鹏，罗必良. 在中国式现代化新征程中建设农业强国：从产品生产到社会福利的发展模式转换［J］. 南方经济，2023（1）：1-14.

［25］龚锐，谢黎，王亚飞. 农业高质量发展与新型城镇化的互动机理及实证检验［J］. 改革，2020（7）：145-159.

［26］谷洪波. 我国中部六省农业高质量发展评价研究［J］. 云南农业大学学报（社会科学版），2019，13（6）：9.

［27］顾益康. 农业要从数量型向质量型转变［J］. 中国农村经济，1985（8）：28-31.

［28］管曦. 中国茶产业链纵向整合研究［D］. 南京：南京农业大

学，2012.

[29] 郭楚月，曾福生. 农村基础设施影响农业高质量发展的机理与效应分析 [J]. 农业现代化研究，2021，42 (6)：1017-1025.

[30] 觥佳花. 武汉市蔬菜供应链主体纵向协作影响因素分析 [D]. 武汉：华中农业大学，2008.

[31] 韩海彬，李谷成，何岸. 中国农业增长质量的时空特征与动态演进：2000—2015 [J]. 广东财经大学学报，2017，32 (6)：95-105.

[32] 韩磊. "一带一路" 倡议下中欧班列高质量发展分析 [J]. 中国储运，2023 (2)：57-58.

[33] 韩喜艳，高志峰，刘伟. 全产业链模式促进农产品流通的作用机理：理论模型与案例实证 [J]. 农业技术经济，2019 (4)：55-70.

[34] 韩一军. 提高产品附加价值+多方协作共赢农业产业一体化及其收益实现 [J]. 人民论坛，2020 (15)：54-55.

[35] 韩长赋. 大力推进质量兴农绿色兴农　加快实现农业高质量发展 [J]. 甘肃农业，2018 (5)：6-10.

[36] 韩长赋. 任何时候都不能忽视农业　忘记农民　淡漠农村 [J]. 云南农业，2015 (11)：7-8.

[37] 韩长赋. 实施乡村振兴战略　推动农业农村优先发展 [N]. 人民日报，2018-08-27 (07).

[38] 韩长赋. 做好新时代 "三农" 工作的行动指南 [J]. 农村工作通讯，2019 (15)：5-7.

[39] 郝一帆，王征兵. 生产性服务业集聚有助于农业高质量增长吗? [J]. 人文杂志，2019 (5)：8.

[40] 洪俊，郭文剑，林德明. 江苏省涉农高职教育助力长三角农业高质量一体化发展策略研究 [J]. 农业与技术，2022，42 (14)：174-177.

[41] 洪银兴. 长江三角洲经济一体化和范围经济 [J]. 学术月刊，2007 (9)：71-76.

[42] 侯淑霞. 乳品产业链纵向组织关系研究 [D]. 武汉：华中农业大学，2008.

[43] 胡亚兰，张荣. 我国智慧农业的运营模式、问题与战略对策 [J]. 经济体制改革，2017 (4)：70-76.

[44] 黄小柱，彭丽芬，李琳. 国外特色农业发展模式、经验与启示

［J］. 世界农业，2015（7）：149-153.

［45］黄修杰，蔡勋，储霞玲，等. 我国农业高质量发展评价指标体系构建与评估［J］. 中国农业资源与区划，2020，41（4）：124-133.

［46］黄炎忠，罗小锋，李兆亮. 我国农业绿色生产水平的时空差异及影响因素［J］. 中国农业大学学报，2017（9）：183-190.

［47］黄祖辉，郭红东，蔡新光. 浙江农业产业化经营：实践与对策［J］. 浙江学刊，1999（5）：21-28.

［48］晖峻众三. 日本农业150年［M］. 胡浩，译. 北京：中国农业大学出版社，2011.

［49］姜长云，杜志雄. 关于推进农业供给侧结构性改革的思考［J］. 南京农业大学学报（社会科学版），2017，17（1）：1-10，144.

［50］姜长云. 论农业生产托管服务发展的四大关系［J］. 农业经济问题，2020（9）：55-63.

［51］蒋欢. 国内外农业机械化发展研究［J］. 农业科技与装备，2013（3）：83-84.

［52］蒋鑫. 新发展阶段、新发展理念、新发展格局的系统性逻辑分析［J］. 经济纵横，2022（7）：20-26.

［53］蒋永穆，胡筠怡. 从分离到融合：中国共产党百年正确处理城乡关系的重大成就与历史经验［J］. 政治经济学评论，2022，13（2）：13-28.

［54］金玉姬，等. 荷兰农业教育对我国农业教育的启示［J］. 安徽农业科学，2014（36）：13162-13164.

［55］柯炳生. 落实乡村振兴战略　提升农业发展质量［J］. 农村工作通讯，2018（2）：1.

［56］寇建平. 新时期推动我国农业高质量发展的对策建议［J］. 农业科技管理，2018，37（3）：1-4.

［57］黎荣秋. "公司+合作社+农户"水稻生产商业模式设计：以亿资联米业马山有机稻生产基地为例［J］. 市场论坛，2017（6）：45-47.

［58］黎新伍，徐书彬. 基于新发展理念的农业高质量发展水平测度及其空间分布特征研究［J］. 江西财经大学学报，2020（6）：78-94.

［59］李芳芳. 成渝地区双城经济圈新型城镇化和乡村振兴耦合协调发展研究［D］. 南充：西华师范大学，2022.

［60］李国祥. 论中国农业发展动能转换［J］. 中国农村经济，2017

（7）：2-14.

［61］李丽纯. 后现代农业视角下的中国农业现代化效益水平测评
［J］. 农业经济问题，2013，34（12）：7-14，110.

［62］李松霞，吴福象. 我国新质生产力发展潜力及驱动因素［J］. 技
术经济与管理研究，2024（3）：7-12.

［63］李腾飞，周鹏升，汪超. 美国现代农业产业体系的发展趋势及
其政策启示［J］. 世界农业，2018（7）：4-11，222.

［64］廖时权. 产、加、销一条龙是发展"三高"农业的重要途径
［J］. 农村经济，1992（10）：13-14.

［65］刘峰. 中国茧丝绸产业链纵向合作关系研究［D］. 济南：山东
农业大学，2011.

［66］刘果承. 浅论发达国家农业机械化的发展模式及对我国农机化
发展的启示［J］. 农业开发与装备，2013（1）：20.

［67］刘金爱. "数字农业"与农业可持续发展［J］. 东岳论丛，2010，
31（2）：70-73.

［68］刘涛，李继霞，霍静娟. 中国农业高质量发展的时空格局与影
响因素［J］. 干旱区资源与环境，2020，34（10）：1-8.

［69］刘文，周薪薪，梅冬. 成渝地区双城经济圈农业协同发展困境
与突破思路［J］. 西部经济管理论坛，2023，34（4）：1-7，49.

［70］刘颖娴. 农民专业合作社纵向一体化研究［D］. 杭州：浙江大
学，2015.

［71］刘远. 现代农业促进城乡一体化发展的内在机理及策略分析
［J］. 南京社会科学，2011（12）：22-27.

［72］刘云中，杨继瑞. "十四五"规划笔谈：新型城镇化与高效特色
农业发展［J］. 西部论坛，2021，31（2）：54-60.

［73］刘志彪，孔令池. 长三角区域一体化发展特征、问题及基本策
略［J］. 安徽大学学报（哲学社会科学版），2019，43（3）：137-147.

［74］刘志彪. 区域一体化发展的再思考：兼论促进长三角地区一体化
发展的政策与手段［J］. 南京师大学报（社会科学版），2014（6）：37-46.

［75］刘志迎. 长三角一体化面临的"剪刀差"难题及破解对策［J］.
区域经济评论，2019（4）：54-62.

［76］卢江，郭子昂，王煜萍. 新质生产力发展水平、区域差异与提

升路径 [J]. 重庆大学学报（社会科学版），2024，30（3）：1-17.

[77] 卢钰，赵庚星."数字农业"及其中国的发展策略 [J]. 山东农业大学学报（自然科学版），2003（4）：485-488，498.

[78] 吕美晔. 我国蔬菜产业链组织模式与组织效率研究 [D]. 南京：南京农业大学，2008.

[79] 吕小刚. 数字农业推动农业高质量发展的思路和对策 [J]. 农业经济，2020（9）：15-16.

[80] 马克思，恩格斯. 马克思恩格斯全集：第26卷 [M]. 北京：人民出版社，1957.

[81] 中央党史和文献研究院. 中国共产党简史 [M]. 北京：中共党史出版社，2010.

[82] 马克思. 资本论：第1卷 [M]. 北京：人民出版社，2004.

[83] 马洌扬. 水肥一体化在河南的探索与实践 [J]. 河南农业，2022（16）：25.

[84] 毛烨，王坤，唐春根，等. 国内外现代化农业中物联网技术应用实践分析 [J]. 江苏农业科学，2016，44（4）：412-414.

[85] 牟锦毅，赵颖文，许钰莎. 新时期成渝农业高质量协同发展：基础、挑战及其战略选择 [J]. 决策咨询，2022（4）：1-5.

[86] 牛若峰，夏英. 农业产业化经营的组织形式和运行机制 [M]. 北京：北京大学出版社，2000.

[87] 农业农村部关于印发《"十四五"全国农业农村科技发展规划》的通知 [EB/OL]. https://www.gov.cn/zhengce/zhengceku/2022-01/07/content_5666862.htm.

[88] 裴长洪，彭磊. 中国共产党和马克思主义政治经济学：纪念中国共产党成立一百周年 [J]. 经济研究，2021，56（4）：24-40.

[89] 彭锐，张婷，张秋玲，等. 大城市近郊都市现代农业多功能实施路径探究：以苏州高新区通安现代农业示范园为例 [J]. 中国农业资源与区划，2021，42（10）：11-18.

[90] 沈琦，胡资骏. 我国农业现代化指标体系改进的新思路 [J]. 统计与决策，2012（15）：25-27.

[91] 盛楚雯，朱佳，于滨铜，等. 中国渔业产业化：发展模式、增效机制与国际经验借鉴 [J]. 经济问题，2021（6）：47-54.

［92］施海波，滕晨光，刘桂民. 新时期"藏粮于技"战略：理论特征、实现步骤和政策方向［J］. 农业经济，2022（10）：6-8.

［93］石爱虎，霍学喜. 论我国农业增长方式的转变［J］. 农业经济问题，1996（4）：9-13.

［94］石青川. 陆海新通道持续赋能西部进出口贸易高速增长新引擎［J］. 中国经济周刊，2022（24）：92-94.

［95］舒惠国. 发展"三高"农业 振兴农村经济［J］. 江西政报，1992（5）：32-38.

［96］四川省人民政府办公厅 重庆市人民政府办公厅关于印发《成渝现代高效特色农业带建设规划》的通知［EB/OL］. https://www.sc.gov.cn/10462/zfwjts/2021/11/23/9d42b236fc5e420d893937fdcf331749.shtml.

［97］宋洪远. 推进农业高质量发展［J］. 中国发展观察，2018（23）：49-53.

［98］孙芳，刘立波. 日本农业组织体系协调运行的启示［J］. 农业经济与管理，2014，27（5）：90-96.

［99］孙贺. 习近平经济思想教学发微［J］. 思想理论教育导刊，2021（12）：91-95.

［100］孙江超. 我国农业高质量发展导向及政策建议［J］. 管理学刊，2019（6）：28-35.

［101］孙炜琳，王瑞波，姜茜，等. 农业绿色发展的内涵与评价研究［J］. 中国农业资源与区划，2019，40（4）：14-21.

［102］孙艳华. 江苏省肉鸡行业垂直协作关系研究［D］. 南京：南京农业大学，2007.

［103］唐世浩，朱启疆，闫广建，等. 关于数字农业的基本构想［J］. 农业现代化研究，2002（3）：183-187.

［104］万俊毅. 准纵向一体化、关系治理与合约履行：以农业产业化经营的温氏模式为例［J］. 管理世界，2008（12）：93-102，187-188.

［105］汪晓文，李明，胡云龙. 新时代我国农业高质量发展战略论纲［J］. 改革与战略，2020，36（1）：96-102.

［106］汪洋. 关于全面推进乡村振兴的对策思考［J］. 中国市场，2022（1）：25-27.

［107］王丹丹，等. 荷兰现代农业与高等农业教育的发展［J］. 世界

农业，2014（6）：197-199.

［108］王桂霞.中国牛肉产业链研究［D］.北京：中国农业大学，2005.

［109］王建峰.区域产业转移的综合协同效应研究［D］.北京：北京交通大学，2013.

［110］王静.我国农业高质量发展测度及评价分析［J］.江西财经大学学报，2021（2）：93-106.

［111］王珏，王荣基.新质生产力：指标构建与时空演进［J］.西安财经大学学报，2024，37（1）：31-47.

［112］王力年.区域经济系统协同发展理论研究［D］.长春：东北师范大学，2012.

［113］王孟华.农产品必须实现由数量型向质量型转变［J］.湖湘论坛，1992（2）：74-76，62.

［114］王念，车耳.法国农业合作社的形成、特点及其前景［J］.世界经济，1988（12）：65-68.

［115］王帅.扎实推进农业绿色发展　开启乡村振兴新征程［J］.农银学刊，2018（1）：8-11.

［116］王欣，宋燕平，陈天宇，等.中国农业绿色技术的发展现状与趋势：基于 CiteSpace 的知识图谱分析［J］.中国生态农业学报（中英文版），2022，30（9）：1545-1554.

［117］王兴国，曲海燕.科技创新推动农业高质量发展的思路与建议［J］.学习与探索，2020（11）：120-127.

［118］魏后凯，崔凯.面向 2035 年的中国农业现代化战略［J］.China Economist，2021，16（1）：18-41.

［119］吴宣恭.新发展格局及对构建中国特色社会主义政治经济学体系的启示［J］.经济纵横，2021（2）：1-7，137.

［120］吴学兵，乔娟，刘增金.养猪场（户）纵向协作形式选择及影响因素分析：基于北京市养猪场（户）的调研数据［J］.中国农业大学学报，2014，19（3）：229-235.

［121］西南财经大学成渝地区双城经济圈建设课题组，郭仕利，丁祥宇，胡智勇.成渝地区双城经济圈迈入绿色发展新阶段的现状、问题与路径［J］.经济研究参考，2021（24）：5-26，45.

［122］习近平. 不断开拓当代中国马克思主义政治经济学新境界［J］. 前进论坛，2022（10）：14-16.

［123］习近平. 论"三农"工作［M］. 北京：中央文献出版社，2022.

［124］习近平. 论坚持全面深化改革［M］. 北京：中央文献出版社，2018.

［125］国家林业和草原局管理干部学院原山分院. 绿水青山就是金山银山［M］. 北京：中共中央党校出版社，2019.

［126］2015年7月，习近平在吉林考察时提出：中国有13亿人口，要靠我们自己稳住粮食生产。粮食也要打出品牌，这样价格好、效益好［N/OL］. http://www.moa.gov.cn/ztzl/nyppzt/zyjs/201508/t20150817_4791739.htm.

［127］夏薇，朱信凯，杨晓婷. 法国重农学派经济思想及对中国农业改革的启示［J］. 政治经济学评论，2017，8（5）：171-188.

［128］夏显力，陈哲，张慧利，等. 农业高质量发展：数字赋能与实现路径［J］. 中国农村经济，2019（12）：2-15.

［129］夏英，丁声俊. 论新时代质量兴农绿色发展［J］. 价格理论与实践，2018（9）：5-13，53.

［130］夏英，牛若峰. 农业产业一体化理论及国际经验［J］. 农业经济问题，1996（12）：2-7.

［131］谢艳乐，祁春节. 农业高质量发展与乡村振兴联动的机理及对策［J］. 中州学刊，2020（2）：33-37.

［132］辛岭，安晓宁. 我国农业高质量发展评价体系构建与测度分析［J］. 经济纵横，2019（5）：109-118.

［133］辛岭，王济民. 我国县域农业现代化发展水平评价：基于全国1 980个县的实证分析［J］. 农业现代化研究，2014（6）：673-678.

［134］徐光平，曲海燕."十四五"时期我国农业高质量发展的路径研究［J］. 经济问题，2021（10）：104-110.

［135］杨坤，李玲玲，叶国伟，等. 成都市农业科技发展对策建议［J］. 四川农业科技，2019（7）：5-7.

［136］杨伟民. 中国乳业产业链与组织模式研究［D］. 北京：中国农业科学院，2009.

［137］叶敬忠，张明皓. 恰亚诺夫主义视角的农政问题与农政变迁［J］. 开放时代，2021（3）：47-59，6-7.

[138] 叶前林, 何伦志. 美国推进农业现代化发展的做法及启示 [J]. 经济纵横, 2014 (4): 105-108.

[139] 叶祥松. 国外农业组织理论的新发展及其应用 [J]. 甘肃社会科学, 2015 (5): 198-203.

[140] 易淼. 新时代推动成渝地区双城经济圈建设探析: 历史回顾与现实研判 [J]. 西部论坛, 2021, 31 (3): 72-81.

[141] 于法稳, 黄鑫. 新时代农业高质量发展的路径思考 [J]. 中国井冈山干部学院学报, 2019 (6): 128-135.

[142] 于亢亢. 农产品供应链信息整合与质量认证的关系: 纵向一体化的中介作用和环境不确定性的调节作用 [J]. 南开管理评论, 2020, 23 (1): 87-97.

[143] 张春玲, 刘秋玲. 乡村振兴战略背景下农业高质量发展评价及路径研究 [J]. 经济论坛, 2019 (4): 141-146.

[144] 张峰. 长三角农业高质量一体化发展评价研究 [J]. 中国农业资源与区划, 2021, 42 (1): 197-202.

[145] 张建杰, 崔石磊, 马林, 等. 中国农业绿色发展指标体系的构建与例证 [J]. 中国生态农业学报 (中英文版), 2020 (8): 1113-1126.

[146] 张露, 罗必良. 中国农业的高质量发展: 本质规定与策略选择 [J]. 天津社会科学, 2020 (5): 84-92.

[147] 张旭, 王天蛟. 魁奈经济思想的批判性审视与中国溯源: 以中国特色社会主义政治经济学构建为观照 [J]. 当代经济研究, 2020 (11): 26-35, 113.

[148] 张莹. 中国羊绒产业链主要环节及纵向协作研究 [D]. 北京: 中国农业大学, 2015.

[149] 赵爱英, 吕学山. 农业产业化的理论分析与对策研究 [J]. 齐鲁学刊, 1998 (4): 100-103.

[150] 赵丹丹, 刘春明, 鲍丙飞, 等. 农业可持续发展能力评价与子系统协调度分析: 以我国粮食主产区为例 [J]. 经济地理, 2018 (4): 157-163.

[151] 赵亮. 乡村振兴视域中数字农业高质量发展探析 [J]. 人民论坛, 2023 (2): 81-83.

[152] 郑莘. 习近平新时代中国特色社会主义思想对发展马克思主义

的原创性贡献［N］. 光明日报，2020-11-23（15）.

［153］中共中央办公厅，国务院办公厅. 关于创新体制机制推进农业绿色发展的意见［EB/OL］. https://www. gov. cn/gongbao/content/2017/content_5232360.htm.

［154］中共中央关于制定国民经济和社会发展第十三个五年规划的建议［J］. 实践（思想理论版），2015（11）：9-20.

［155］中共中央，国务院. 成渝地区双城经济圈建设规划纲要［EB/OL］. https://www.gov.cn/zhengce/2021-10/21/content_5643875.htm.

［156］钟甫宁. 从要素配置角度看中国农业经营制度的历史变迁［J］. 中国农村经济，2021（6）：2-14.

［157］钟钰. 向高质量发展阶段迈进的农业发展导向［J］. 中州学刊，2018（5）：40-44.

［158］周立. 从农业大国迈向农业强国：兼论大农业、大安全、大食政［J］. 求索，2023（1）：105-112.

［159］周涛. 贯彻绿色发展理念　开创农村经济发展新局面［J］. 农业经济，2018（7）：51-52.

［160］周心昊. 湖北省农业高质量发展评价指标体系构建与测度研究［J］. 湖北农业科学，2020，59（18）：181-184，190.

［161］朱程昊，张群祥，严响. 基于生态位理论的浙江省区域农产品质量竞争力评价研究［J］. 中国农业资源与区划，2018，39（8）：30-39.

［162］朱富显，李瑞雪，徐晓莉，等. 中国新质生产力指标构建与时空演进［J］. 工业技术经济，2024，43（3）：44-53.

［163］朱金海. 论长江三角洲区域经济一体化［J］. 社会科学，1995（2）：11-15.

［164］朱晓明. 中国农业现代化评价指标体系的建立与实证研究［D］. 武汉：华中农业大学，2013.

［165］曾德鹏，马瑛，李婷，等. 中国农业绿色发展研究的特征与趋势分析：基于 CiteSpace 的数据分析［J］. 湖北农业科学，2022，61（8）：13-19.

［166］曾刚，杨舒婷，王丰龙. 长江经济带城市协同发展能力研究［J］. 长江流域资源与环境，2018，27（12）：2641-2650.

[167] ANDOH J, LEE Y. Forest transition through reforestation policy integration: a comparative study between Ghana and the Republic of Korea [J]. Forest Policy and Economics, 2018 (90): 12-21.

[168] BROWING H C, SINGELMANN J. The Emergence of a Service Society National Technical Information Service [M]. Richmond: Springfield Virginia, 1975.

[169] CHAKRAVORTY U, EMERICK K, RAVAGO M L. Lighting up the last mile: the benefits and costs of extending electricity to the rural poor [J]. Discussion Papers, 2016: 16-22.

[170] COASE R H. The nature of the firm [M]. London: Macmillan Education UK, 1995.

[171] DANIELS. Service industries: a geographical appraisal [M]. London: Routledge, 1985.

[172] EDDY, DAVID. Vertical integration [J]. Western Fruit Grower, 2004, 124 (3): 8-9.

[173] GRAAFF R P M D, VLIEGER J J D. Vertical coordination in the Dutch livestock industry: determinants, developments and performance [M]. Amstdam: Physica Verlag HD, 1999.

[174] GREENFIELD H I. Manpower and the growth of producer services [J]. Economic Development, 1966: 163.

[175] HALL J, LANGFORD M C H. Social exclusion and transgenic technology: the case of brazilian agriculture [J]. Journal of Business Ethics, 2008, 77 (1): 45-63.

[176] HOUGHTON A M, KNIGHT B E A. Precision farming: farmer and commercial opportunities across Europe [J]. 1996: 1121-1126.

[177] KEY N D, ROBERTS M J. Do government payments influence farm size and survival [J]. Western Journal of Agricultural Economics, 2007: 330-348.

[178] M KILEY-WORTHINGTON. Ecological agriculture: what it is and how it works [J]. Agriculture and Environment, 1981 (4): 349-381.

[179] MARION B W, ARTHUR H B. Dynamic factors in vertical commodity systems: a case study of the broiler system [R]. Ohio Agricultural Re-

search & Development Center, 1973.

[180] MIGHELL R L, JONES L A. Vertical coordination in agriculture [R]. Farm Economics Division, Economic Research Service, US Department Agriculture, 1963.

[181] OLIVER E WILLIAMSON. The Economic Institutions of Capitalism [M]. The Political Economics Reader: Markets as Institions, 2008: 27.

[182] OUDEN M D, DIJKHUIZEN A A, HUIRNE R B M, et al. Vertical cooperation in agricultural production-marketing chains, with special reference to product differentiation in pork [J]. Agribusiness: An International Journal, 1996, 12 (3): 277-290.

[183] PARVIZ KOOHAFKAN. Green agriculture: foundations for biodiverse, resilient and productive agricultural systems [J]. International Journal of Agricultural Sustainability, 2012, 10 (1): 61-75.

[184] PAUSTIAN M, THEUVSEN L. Adoption of precision agriculture technologies by german crop farmers [J]. Precision Agriculture, 2017 (18): 701-716.

[185] REGANOLD J P, WACHTER J M. Organic agriculture in the twenty -first century [J]. Nature Plants, 2016, 2 (2): 15221.

[186] RIORDAN M H, WILLIAMSON O E. Asset specificity and economic organization-sciencedirect [J]. International Journal of Industrial Organization, 1985, 3 (4): 365-378.

[187] SILVA C B, MÁRCIA AZANHA FERRAZ DIAS DE MORAES, JOSÉ PAULO MOLIN. Adoption and use of precision agriculture technologies in the sugarcane industry of São Paulo State, Brazil [J]. Precision Agriculture, 2011, 12 (1): 67-81.

[188] SIMON T. Modern Agriculture [M]. Nashville: Tennessees Hall, 2009.

[189] UCHIDA Y, COOK P. The effects of competition on technological and trade competitiveness [J]. Quarterly Review of Economics & Finance, 2005, 45 (2/3): 258-283.

[190] VERHOOG H, MATZE M, VAN BUEREN, et al. The role of the

concept of the natural (naturalness) in organic farming [J]. Journal of agricultural & environmental ethics, 2003 (16): 29-49.

[191] PURCELL W D. An approach to research on vertical coordination: the beef system in Oklahoma [J]. America Journal of Agricultural Economics, 1973, 55 (1): 65-68.

[192] ZUURBIER P JP. Supply chain management in the fresh produce industry: a mile to go? [J]. Journal of Food Distribution Research, 1999, 30 (1): 20-30.

后记

为了持续深入推进成渝地区双城经济圈建设研究，在四川省社科联、重庆市社科联的支持下，由西南财经大学、重庆工商大学、成都外国语学院、成都大学四所高校牵头，组成了《成渝地区双城经济圈农业高质量一体化发展研究》专著撰写组（以下简称"专著撰写组"）。专著撰写组在成渝地区双城经济圈范围内开展了大量深入的调查研究、座谈会，在此基础上完成了本书的撰写工作。

《成渝地区双城经济圈农业高质量一体化发展研究》包括理论篇、实证篇、案例篇、建议篇共四篇。绪论部分由罗志高、黄潇、杨继瑞执笔。第1章由杨继瑞、耿颖强、黄潇执笔，第2章由罗志高执笔，第3章、第4章由王平、杨继瑞执笔，第5章、第6章、第7章由付莎执笔，第8章由杜晓执笔，第9章、第10章由曾蓼执笔，第11章由余玉湖执笔，第12章由曾蓼执笔，第13章由付莎执笔，第14章由罗志高、袁免涛、白佳飞执笔，第15章由杨继瑞、韩宏文执笔。最后由杨继瑞、罗志高、黄潇修改、统稿。

《成渝地区双城经济圈农业高质量一体化发展研究》在撰写和出版过程中，得到了杜受祜、丁任重、张卫国、温涛、李敬、郭晓鸣、吕火明、任毅、文传浩、张克俊、蒋永穆、毛中根、汪希成、黄善明、邵腾伟、杨奇才、王博等专家学者的指导，还有不少专家为本书的撰写和出版提出了宝贵的意见和建议。在此，专著撰写组向各位专家学者表示衷心的感谢！

专著撰写组成员水平有限，书中一定还存在挂一漏万和若干不足之处，恳请专家学者以及广大读者批评指正。愿这本书能够为成渝地区双城经济圈农业高质量一体化发展的理论和实践贡献一份力量。

《成渝地区双城经济圈农业高质量一体化发展研究》专著撰写组

2024 年 10 月